W0078515

S. FISCHER

HARALD WELZER

Nachruf auf mich selbst.

Die Kultur des Aufhörens

S. FISCHER

Aus Verantwortung für die Umwelt hat sich der S. Fischer Verlag zu einer nachhaltigen Buchproduktion verpflichtet. Der bewusste Umgang mit unseren Ressourcen, der Schutz unseres Klimas und der Natur gehören zu unseren obersten Unternehmenszielen. Gemeinsam mit unseren Partnern und Lieferanten setzen wir uns für eine klimaneutrale Buchproduktion ein, die den Erwerb von Klimazertifikaten zur Kompensation des CO_2-Ausstoßes einschließt.

Weitere Informationen finden Sie unter:
www.klimaneutralerverlag.de

MIX
Papier aus verantwor-
tungsvollen Quellen
FSC® C083411

Erschienen bei S. FISCHER
3. Auflage Oktober 2021

© 2021 S. Fischer Verlag GmbH,
Hedderichstr. 114,
D-60596 Frankfurt am Main

Satz: Dörlemann Satz, Lemförde
Druck und Bindung: CPI books GmbH, Leck
Printed in Germany
ISBN 978-3-10-397103-3

Für Nicholas Czichi-Welzer

INHALT

NACHRUF AUF MICH SELBST

I *Weg von hier*

Ich befahl mein Pferd aus dem Stall zu holen. Der Diener verstand mich nicht. Ich ging selbst in den Stall, sattelte mein Pferd und bestieg es. In der Ferne hörte ich eine Trompete blasen, ich fragte ihn, was das bedeute. Er wußte nichts und hatte nichts gehört. Beim Tore hielt er mich auf und fragte: »Wohin reitest du, Herr?« »Ich weiß es nicht«, sagte ich, »nur weg von hier, nur weg von hier. Immerfort weg von hier, nur so kann ich mein Ziel erreichen.« »Du kennst also dein Ziel?« fragte er. »Ja«, antwortete ich, »ich sagte es doch: ›Weg-von-hier‹, das ist mein Ziel.« Franz Kafka, Der Aufbruch.

Die tote Masse und das Leben

Die Masse der von Menschen hergestellten Objekte hat sich seit 1900 etwa alle 20 Jahre verdoppelt. Damals betrug sie etwa drei Prozent der Biomasse, drei Prozent also alles dessen, was lebt. Im Jahr 2020 hat die tote Masse – also Häuser, Asphalt, Maschinen, Autos, Plastik, Computer usw. usf. – die Biomasse erstmals übertroffen. Die Biomasse aller Wildtiere ist in den letzten 50 Jahren dagegen um mehr als vier Fünftel geschrumpft. Ein atemberaubender Vorgang: Während die Biomasse durch Entwaldung und Zerstörung von Böden und Meeren und Artensterben weiter sinkt, wächst

11

die menschengemachte Masse immer schneller an. So berichten Wissenschaftlerinnen und Wissenschaftler vom israelischen Weizmann-Institut.[1]

Man hat versucht, diesen Vorgang dadurch zu veranschaulichen, dass jede Woche für jeden Menschen auf der Welt Produkte geschaffen werden, die seinem Körpergewicht entsprechen. 52 Mal im Jahr kommt das Äquivalent von einem selbst zur toten Masse dazu. Das ist ziemlich gruselig, scheint mir, wobei betont werden muss, dass diese 52-mal-ich-Produktmenge aus Substanzen besteht, die den lebendigen Böden, den Wäldern, den Meeren und Flüssen entnommen werden – woanders können sie ja nicht herkommen. Mit anderen Worten: Die Welt wird in immer noch wachsender Geschwindigkeit von einer natürlichen in eine künstliche oder besser: von einer lebendigen in eine tote umgewandelt. Hergestelltes schlägt Biomasse. Totes schlägt Lebendiges.

Am 23. März 2021 geschah etwas, was die Sache mit der toten Masse live und in Farbe illustrierte: Das 400 Meter lange und fast 60 Meter breite Containerschiff »Ever given« blieb im 1869 eröffneten und für diese bombastische Größe nicht ausgelegten Suezkanal buchstäblich hängen und blockierte auf diese Weise einen erheblichen Teil des globalen Güterverkehrs. Schon nach kurzer Zeit stauten sich 150 weitere Frachter zu beiden Seiten des Kanals, also im Mittelmeer und im Roten Meer. Die durch einen solchen Stau entstehenden Kosten sind gigantisch, weil das ganze Zeug in den Containern und Tanks ja nun nicht pünktlich dort ankommt, wo es nach der auf knappe Umschlagszeiten geeichten globalen Logistik ankommen soll – und Chemie-, Auto- und Elektronikproduzenten warteten entsprechend händeringend darauf, dass das Monsterschiff bitte sofort freikommen möge. Kam es aber nicht. Denn zu seinem Eigengewicht von 220 000 Tonnen trug es noch einmal mehr

Abb. 1: Ever given, leider eingeklemmt

als 20 000 Container, und wenn eine solche Masse erst einmal auf Grund gelaufen ist, hebt sie so schnell keiner raus.

Wie um die Absurdität unserer Lebens- und Wirtschaftsform auf den Punkt zu bringen, trägt dieses Schiff auch noch den Namen »Ever given – ewig gegeben«, und so wie das Ding da hilflos eingeklemmt war, so scheint die Fortsetzung unseres Kulturmodells genauso hilflos eingeklemmt zwischen Vergangenheit und Zukunft.

Die radikalisierte Stoffumwandlung verarbeitet ihre eigenen Voraussetzungen – irgendwann geht es einfach nicht mehr weiter mit diesem »Ever Given«. Ich habe gerade bei dem Anthropologen Michael Tomasello gelesen, dass die menschliche Kultur zu dem faszinierenden koevolutionären Prinzip der kulturellen Vererbung geführt hat. Neue Menschenkinder wachsen immer in eine Welt hinein, in der sie an den jeweiligen Errungenschaften der kulturellen Evolution der vorangegangenen Generationen anknüpfen können. Tomasello nennt das den »Wagenhebereffekt« der menschlichen Lebensform: Die jeweils neue Generation fängt nie von vorn an, sondern immer dort, wo die vorangegangene angelangt ist. Das unterscheidet die menschliche Lebensform von der aller anderen Lebewesen. Sie ist koevolutionär – Menschen existieren nicht nur in einer natürlichen Umwelt, sondern immer auch in einer selbst erschaffenen. Die nennen wir Kultur.

Was Tomasello sich nicht fragt: Was, wenn die kulturelle Entwicklung eine falsche Richtung eingeschlagen hat, wenn sie nicht lebensdienlich war? Dann geht das Ganze ein paar Generationen so weiter, und da die Welt, in die die jeweils Nächsten hineingeboren werden, »ihre« Welt ist, die einfach so ist, wie sie sie kennenlernen, bleibt natürlich lange Zeit unerkennbar, wenn die Entwicklungsrichtung ohne Zukunft ist. Denn die Kultur, in die man hineinwächst, ist nichts Äußerliches – sie sitzt nicht nur in unseren Infrastrukturen und Institutionen, in unserem Grundgesetz, unseren Lehrplänen und Verkehrsregeln, sondern in unseren Gewohnheiten, in unseren Wahrnehmungen und Deutungen, in unserer Psyche, unserem Selbst. Wir sind ja nicht nur Gestalterinnen und Gestalter dieser Lebensform, sondern gleichzeitig von ihr gestaltet, und diese Gestaltung erfolgt nicht bewusst und absichtsvoll, sondern durch die Praxis.

Zum Beispiel durch die, dass man in modernen Hyperkonsumgesellschaften alles immer und immer alles haben kann. Das scheint uns ganz selbstverständlich, und nur wenn es durch eine Havarie wie der im Suezkanal zu »Engpässen« kommt, wird einem gelegentlich klar, dass all das Zeug in den Einkaufszentren nicht einfach »da«, sondern irgendwo hergekommen ist. Unser Kulturmodell blendet die Frage, wo das alles herkommt, systematisch aus. Das ist das kulturell Unbewusste, und daher sind wir alle, als Mitglieder dieser Kultur, gut durchtrainierte Vergessenskünstler – denn wenn wir so ein schönes neues iPhone in Händen halten, interessiert uns die Frage nach seiner höchst vielfältigen und komplexen Herkunft durchaus nicht. Wir kommen nicht mal drauf, uns für diese Frage zu interessieren, so selbstverständlich ist Verfügbarkeit für uns.

Oder: Wie sich wirtschaftlicher Erfolg quantitativ bemisst und in Börsenkursen und im Bruttoinlandsprodukt seinen Ausdruck findet, so hat sich das Messen in fast jede Facette unserer Leben eingeschrieben – von den Schulnoten und *credit points* bis hin zur Zahl der absolvierten Dates oder der Schritte, die man am Tag zurückgelegt hat. Besonders für die Kontrolle des Körpers mittels iPhone, Apple-Watch und Peloton-Heimtrainings gilt, dass Zahlen sich ganz selbstverständlich in die Darstellung, aber auch in die Wahrnehmung des eigenen Selbst eingefügt haben. Auch diese Einwanderung von Quantitäten in das eigene Selbst und seinen mentalen Haushalt macht klar, dass eine Kultur nie etwas Äußerliches ist, was um die Menschen herum existiert wie eine möblierte Umwelt, sondern sich immer auch in die Innenwelten, in die Psyche und in den wahrgenommenen Selbstwert übersetzt. Und weil sich die Kultur wandelt, sind wir immer schon andere als unsere Vorgängerinnen und Vorgänger, bis in unsere Sinneswahrnehmungen, unsere Gefühle und unsere Selbstbilder hinein.

Deswegen ist es so schwer, sich vorzustellen, dass die Kultur, der man angehört, eine »falsche« Richtung eingeschlagen haben könnte. Diese Kultur ist ja für jeden von uns immer schon »da«, eine Selbstverständlichkeit, so wie für einen Fisch das Wasser. Aber vielleicht kann man so viel sagen: Eine Kultur, die wie unsere ihre eigenen Voraussetzungen konsumiert, muss im Irrtum sein. Das wäre auch menschheitsgeschichtlich gar nichts Neues. Wir haben massenmörderische Kulturen gesehen, wahnhafte und solche, die ihr kulturelles Gepäck in Lebensräume getragen haben, wo es nicht hinpasste. Oder die einen Weg eingeschlagen haben, der ins Desaster und in die Selbstabschaffung führte.

Jared Diamond hat über untergegangene Kulturen das wichtige Buch »Kollaps« geschrieben, wobei das, was in der historischen Rekonstruktion als Irrtum erscheint, in der Wahrnehmung der Zeitgenossen keiner ist, sondern – einfach das, was man immer schon so gemacht hat. Entwaldung, Bodenerosion, Versalzung, Überjagung und Überfischung, Bevölkerungszunahme und wachsender Wohlstand[2] haben ja in der individuellen Wahrnehmung keinen Zeitindex. Unsere Wahrnehmung verändert sich mit der sich verändernden Umwelt, und allenfalls wird in der Rückschau mit Erschrecken registriert, dass man den falschen Pfad eingeschlagen hatte. Im Normalfall aber surfen wir gewissermaßen mit den sich verändernden Verhältnissen mit – und dann fehlen uns die Referenzpunkte, an denen man festmachen könnte, was sich verändert hat und ab welchem Punkt eine Sache aus dem Ruder gelaufen ist. Solche »shifting baselines«[3] verstellen die Einsicht in einen sich abspulenden Niedergang oder gar einen Untergang regelmäßig, weshalb zum Beispiel so ein epochales Ereignis wie der Untergang des kompletten Ostblocksystems inklusive der DDR 1989 nicht einmal von den zuständigen Wissenschaften – Geschichte, Politologie, Soziologie, Ökonomie – vorhergesehen wurde, sondern scheinbar einfach so und ziemlich plötzlich geschah. Ups.

Wenn man also Fragen stellt wie: »Was hat der Mann gedacht, der die letzte Palme auf der Osterinsel gefällt hat?«, »Was dachten die grönländischen Wikinger, als sie unter höchstem Ressourcenaufwand unter arktischen Bedingungen Viehwirtschaft zu treiben versuchten?«, »Was hatten Ingenieure im Sinn, die in Zeiten des Klimawandels tonnenschwere Geländewagen für Stadtbewohner entwickelten?«, dann lautet die Antwort jedes Mal: gar nichts. Denn alles dieses basiert ja auf Entwicklungen, die sich über lange Zeit hinweg vollzogen und als kulturelle Praxis eingeschrieben haben. Und in deren Fließen die neu Dazukommenden, also die Kinder, gleichsam eingefügt werden – wie heute jedes Kind in eine Welt voller Autos und Bildschirme. Heißt: Tomasellos Wagenhebereffekt vollzieht sich unabhängig davon, ob die jeweils sich entwickelnde Kultur langfristig lebensdienlich ist oder nicht. Wo man immer Bäume gefällt hat, fällt man Bäume.

Kulturelle Praxis ist gelebte Praxis, keine diskursive, reflektierte, gedachte Angelegenheit, wo man einfach sagen kann: Moment, hier stimmt was nicht! Deshalb wird eine solche Praxis manchmal auch um die Gefahr der Selbstaufgabe nicht verlassen. Auf unsere heutige Form von Wirtschaft übertragen: Wo man immer mehr produziert hat, produziert man immer mehr – ein Rückgang des Bruttoinlandsprodukts gilt als um jeden Preis zu vermeidende Katastrophe. Als die Coronakrise ausbrach, war die Zunft der Ökonomen zwar komplett unfähig, auch nur eine einzige Idee zur Krisenbewältigung vorzulegen, konnte aber flugs ausrechnen, dass die Wirtschaft im vierten Quartal um soundsoviel Prozent wachsen würde, mit Kommastelle. Und 2021 um soundsoviel Prozent. Das war zwar falsch, wie meistens, was aber komischerweise nichts macht. Die Standardökonomie betrachtet sich als Wissenschaft und wird auch von der Gesellschaft als solche betrachtet, ist aber nichts anderes als Priestertum. Sie hat Rituale der Verkündigung (des Ratschlusses der »Wirtschaftsweisen«), Wallfahrten (zum World Economic Forum in Davos) und magische Erklärungen für die Einrichtung der Welt (der Markt hat ...), nicht anders als die Priesterschaft der Osterinsel. Ihr Gott heißt Wachstum.

Es könnte sein, dass das Prinzip des Wachstumskapitalismus zur Kategorie der irrtümlichen Kulturmodelle zählt. Und das ist insbesondere deshalb sehr schwer zu begreifen, weil der Kapitalismus ja so konkrete Verbesserungen von

Bildung, Gesundheit, Recht, Freiheit mit sich gebracht hat, wie man sie sich zuvor kaum hätte vorstellen können. Die Menschen in den reichen Gesellschaften leben heute allesamt besser als Ludwig der XIV., keine schlechte Bilanz für den Kapitalismus. Aber seine Geschichte ist, gemessen an den 200 000 Jahren Geschichte des Homo sapiens, sehr kurz, schlappe 200 Jahre; seine globale Verbreitung zählt erst ein paar Jahrzehnte.

Die meisten untergegangenen Kulturen haben länger durchgehalten, 800, 900 oder auch ein paar tausend Jahre. Das vermag den Eindruck einer Nachhaltigkeit unseres Kulturmodells nochmals zu relativieren. Vielleicht ist ja der Anfang von seinem Ende genau damit markiert, dass die tote Masse größer geworden ist als die lebendige. Vielleicht ist das ein *tipping point*, einer jener Punkte, von dem aus man nicht mehr zurück in den vorherigen Zustand kommen kann, ab dem etwas unkorrigierbar wird. Aber vielleicht gibt es in der Geschichte der Menschen solche Punkte gar nicht, weil ihre Lebensform, wie gesagt, ohnehin in permanenter Veränderung und Anpassung besteht.

Und in Techniken der Vorausschau. Was den nieder- und untergegangenen Gesellschaften gefehlt hat, war die Möglichkeit, sich wie in einem Gedankenexperiment von außen zu betrachten – so, wie ich mir manchmal vorstelle, wie Historikerinnen und Historiker in 300 oder 500 Jahren versuchen, unsere zuweilen seltsame Welt im ersten Viertel des 21. Jahrhunderts zu verstehen. Ein solcher Verfremdungseffekt wäre aufschlussreich und hilfreich dafür, Pfade zu finden, die von falschen Richtungen hinwegführen. Eigentlich müssten moderne Gesellschaften Nachrufe auf sich selbst schreiben, in denen sie entwerfen, wie sie sich entwickelt haben werden wollen. Das hört sich grammatisch schwierig an, aber so eine Rückschau aus einer imaginierten Zukunft bricht die Diktatur der Gegenwart, in der zu viele Entscheidungen aus dem kulturellen Unbewussten heraus getroffen werden. Und es bricht den horizontlosen Katastrophismus, in dem wir uns kulturell eingerichtet haben, weil wir fürchten, dass die Zukunft auf jeden Fall eines sein wird: schlechter als die Gegenwart. Wir müssen Zukunft wieder als Gestaltungsaufgabe sehen lernen, nicht als etwas, was man am liebsten vermeiden möchte, weil so vieles – Erderhitzung, Artensterben, Konjunktur der Diktatoren – so düster aus einer kommenden Zeit heraufscheint.

Aber es gibt kein Ende der Geschichte. Die Geschichte ist nur dann zu Ende, wenn die Menschen sich abgeschafft haben. Werden. Die Geschichte wird dann zu Ende gewesen sein, wenn die Menschen sich abgeschafft haben werden. Das ist ein sinnloser Satz. Denn wenn das der Fall ist, gibt es ja niemanden mehr, der das zur Kenntnis nehmen könnte. Jeder sinnvolle Satz setzt eine zukünftige Welt voraus.[4] Solange wir miteinander sprechen, ist die Geschichte nicht zu Ende.

Die Zeit davor

Es wäre also ziemlich blöd, ein Buch für die Zeit danach zu schreiben. Was wir brauchen, sind Bücher für die Zeit davor. Also nicht noch eins zum Verhängnis der Welt, zur Klimakatastrophe, zum Artensterben, zur Plastikflut, zum Untergang. Letztlich sind das ja Bücher für die Zeit danach, wenn es niemanden mehr gibt, der sie lesen könnte.

Freundinnen und Freunde: Lasst uns uns besser um *die Zeit davor* kümmern! Lasst uns aufhören, Abgesänge auf die Zukunft zu schreiben. Die sind nur rituelle Beschwörungen dessen, dass es das Ende der Geschichte nicht geben kann, weil es das nicht geben darf. Aber alle diese Beschwörungen – es ist noch nicht zu spät, wir haben gerade noch Zeit, es ist ganz kurz vor zwölf (wie lange eigentlich schon?) – lenken permanent von dem einfachen Sachverhalt ab, dass das Leben *vor* dem Tod spielt. Deshalb sollten wir, individuell wie gesellschaftlich, das Leben vor dem Tod nach der Maßgabe dessen gestalten, wer und wie wir gewesen sein wollen.

Ich war selten melancholischer als in den Tagen nach dem Tod von Frank Schirrmacher. Kaum jemand hat jemals so viele Nachrufe bekommen wie er, der Mitherausgeber der *Frankfurter Allgemeinen Zeitung* und ihr Feuilletonchef. Sein Wirken war so eindrucksvoll und wichtig, dass man sich nach seinem »viel zu frühen« Tod kaum genug daran tun konnte, alles aufzuzählen, was er Wichtiges und Bedeutendes gesagt und getan hatte. Und wie groß der Verlust sei.

Undsoweiterundsoweiter. Was mich so melancholisch machte, war der Umstand, dass es nur einen einzigen Menschen gab, der alle diese Verdienste nicht zur Kenntnis nehmen, nicht in all den Nachrufen nachlesen konnte. Dieser Mensch war ausgerechnet Frank Schirrmacher selbst, den seine Nachrufe nicht mehr erreichen konnten, denn er war ja nun mal tot. Wie gesagt: Jeder sinnvolle Satz setzt eine zukünftige Welt voraus. Insofern wären Nachrufe nur dann sinnvoll, wenn sie für das Leben davor geschrieben würden, nicht für das danach, das es ja nicht gibt.

Deshalb sollte jede und jeder einen Nachruf über sich selbst schreiben, darüber, wie sie oder er gelebt zu haben hofft, wenn er noch lebt. Danach schreiben die Nachrufe andere, und dann ist es einem zwangsläufig nicht nur egal, was da drinsteht, man hat auch keinen Einfluss darauf. Ich habe den Verdacht, dass die Aufgabe, einen Nachruf auf sich selbst zu schreiben, eine sehr produktive Sache wäre, denn in gewisser Weise würde man sich ja selbst verpflichten, so werden zu sollen, wie man gewesen zu sein gehofft hatte. Dabei kommt natürlich viel mehr heraus, als wenn man nur so vor sich hinlebt und gelebt wird, und dann kriegt man einen Nachruf. Wenn es hoch kommt. Die meisten kriegen ja keinen. Den Nachruf auf mich selbst können Sie ab S. 207 lesen, erst möchte ich Ihnen aber noch ein paar Geschichten erzählen.

Der große Refraktor

Eine der zahllosen Tagungen zum Klimawandel und zur notwendigen Klimapolitik fand im Großen Refraktor auf dem Telegraphenberg in Potsdam statt, keine Ahnung, wann genau das war. Sagen wir, vor zehn Jahren, im Grunde ist es auch egal. Der Große Refraktor ist so etwas wie das Teleskop an sich, 1899 von Kaiser Wilhelm eingeweiht, ein Monument des wissenschaftlich-technischen Zeitalters, noch heute das viertgrößte Teleskop der Welt, tolle Sache.

Ich erinnere mich an diese Konferenz nicht nur wegen des wahrlich eindrucksvollen Ortes, sondern auch deswegen, weil sie als *open space* organisiert war, also ausnahmsweise kein festgelegtes Programm – Vortrag, Diskussion, Vortrag, Diskussion usw. – hatte, sondern die Teilnehmerinnen und Teilnehmer selbst Themen für Sessions vorschlagen konnten, deren Ergebnisse dann wiederum vorgestellt und debattiert wurden. Es gab eine Menge Themen – CO_2-Bepreisung, bessere Kommunikation der Klimaproblematik, Strategien der Einwerbung von Forschungsgeldern –, die gut angenommen und bearbeitet wurden. Ich hatte das Thema »What if we fail?« vorgeschlagen. Es schien mir sinnvoll, dieses *open space* einmal dafür zu nutzen, ganz »open« die Möglichkeit zu besprechen, dass nach Lage der Dinge alle Anstrengungen, das damals noch postulierte

Abb. 2: Schöner ist es immer draußen: Großer Refraktor

2-Grad-Ziel zu erreichen, ebendieses Ziel verfehlen könnten, dass man mithin den Klimawandel *nicht* einbremsen würde – was dann?

Auch heute noch, mindestens ein Jahrzehnt später, bin ich der Auffassung, dass die Möglichkeit, Zukunft zu gestalten, davon abhängt, die Bedingungen dafür realistisch zu betrachten, also nicht nur von dem Wunsch getrieben, dass das doch bitte irgendwie gutgehen möge, trotz aller Daten, die dagegensprechen. Und ein solcher Realismus muss das Scheitern einkalkulieren, sonst weiß man gar nicht, welche Maßnahmen und Forderungen entwickelt werden müssen, um das Scheitern zu verhindern oder dessen Folgen zu vermindern. Es ist ja erheblich wahrscheinlicher, dass es nicht gelingen wird, die Klimaerwärmung bei 2 Grad plus einzubremsen, als dass es gelingen wird[5] – was aber dann? Ist dann die Welt zu Ende? Oder nur die Klimapolitik? Macht es dann keinen Sinn mehr, menschliches Handeln so zu modernisieren, dass die große Zerstörung der Lebensgrundlagen aufhört oder wenigstens zurückgefahren wird? Und dass wir ruinierte Wälder, Gewässer, Moore, Böden wieder restaurieren?

Also schien mir die Frage »What if we fail?« gerade für eine Konferenz zum Klimawandel höchst naheliegend zu sein, und im Übrigen interessierte mich die Antwort auf diese Frage selbst brennend. Schließlich ist sie als Überlebensfrage alles andere als trivial, besonders wenn sie unbeantwortet bleibt. Aber außer mir gab es nur einen einzigen anderen Teilnehmer, der dieses Thema interessant fand, also plauderten wir ein bisschen, verpassten alles andere und hatten zum abschließenden Plenum nicht ernsthaft etwas beizutragen. Die Abstimmung mit den Füßen hatte ja die Relevanz der Frage nach dem Scheitern empirisch schon hinreichend dementiert. »What if we fail?« war als Thema abgewählt worden.

Inzwischen ist bekanntlich das 2-Grad-Ziel auf das 1,5-Grad-Ziel erhöht worden, ganz unbeschadet der Tatsache, dass die Emissionen zwischenzeitlich in einem Ausmaß weiter angewachsen sind, dass bereits die 2 Grad noch unrealistischer geworden sind als zum Zeitpunkt ihres ersten Ausrufens. Aber solche sozialen Tatsachen stören eine naturwissenschaftliche Vernunft nicht, die auf der Grundlage höchst komplexer Mess- und Berechnungsverfahren einfach die Notwendigkeit einer solchen Begrenzung festlegt.[6] Wenn es 1,5 Grad sein müssen, müssen es 1,5 Grad sein, fertig. Leider jedoch nimmt das Klimasystem eine solche wissenschaftlich unbestechliche Festlegung nicht zur Kenntnis, sondern verarbeitet die ganz ungebrochen wachsende Emissionsmenge von Treibhausgasen, indem es sich munter weiter erwärmt.

Dass das Ganze noch an einem historischen Ort der Huldigung der modernen Wissenschaft stattfand, erschien mir durchaus symbolisch. Denn der riesige Raum, in dem der große Refraktor stand, war ja ausschließlich dafür geschaffen, aus ihm hinauszublicken, in die unendlichen Weiten des Universums. Um in sich und in das eigene Tun hineinzublicken, dafür war er nicht gedacht. Deshalb heißt er ja auch Refraktor und nicht Reflektor.

Seit diesem Erlebnis denke ich darüber nach, was es bedeutet, dass es innerhalb der wissenschaftlichen Vernunft nicht möglich zu sein scheint, für denkbar zu halten, dass die ganze Sache schlecht ausgehen könnte. Einfacher gesagt: Innerhalb dieser an die Geschichte der Aufklärung gebundenen Vernunft gibt es einfach keine Kategorie der Endlichkeit und keine Strategie des Aufhörens mit irgendetwas, das man mal begonnen hat. Soweit ich sehe, gibt es auch keine wissenschaftliche Disziplin, die sich mit der Endlichkeit menschlicher Bemühungen befasst. Zwar gibt es Regalmeter apokalyptischer Schriften, nicht nur aus der esoterischen Abteilung, sondern vor allem aus der öko- und klimatologischen, aber die enden dann alle nicht mit einem »Lasst fahren dahin«, sondern mit dem unvermeidlichen »Es ist noch nicht zu spät.« Und dann folgen ebenso unvermeidlich »die gemütlichen kleinen Gesten des Fahrradfahrens, Energiesparlampen-Benutzens, Kurzduschens und Elektrogeräte-Reparierens«, wie Eva Horn angemessen wütend formuliert.[7]

Das Ende und die Endlichkeit kommen nur unwissenschaftlich vor, in der Lebenserfahrung, in der Literatur oder in der Kunst. Und, natürlich, in der Religion und damit in der Apokalypse. In der wissenschaftlich-technischen Welt gibt es dafür keinen Platz, was ungünstig für den Fall ist, in dem man es tatsächlich mit einem Endlichkeitsproblem zu tun hat. Und damit zurück zum Refraktor: In dem blickt man nach draußen, weil man entdecken möchte, was es außerhalb der Welt gibt. Außerhalb der Welt gibt es erfreulicherweise die Unendlichkeit, das Universum, und damit nichts, was eine Grenze bilden würde. Und tatsächlich ist ja die Unbegrenztheit des Fortschritts, das Überschreiten von Grenzen des für möglich Gehaltenen, die mythische Voraussetzung der modernen Wissenschaft – mit Nobelpreisen ausgezeichnet wird ja niemand, der festgestellt hat, dass etwas nicht geht. Nobelpreise bekommt man, wenn man es geschafft hat, eine Grenze der Erkenntnis oder des für machbar Gehaltenen zu überschreiten. Nicht zufällig datiert man ja den Beginn der modernen Wissenschaft auf die Dezentrierung des Weltbildes, die mit Kopernikus die Erde aus dem Zentrum des Sonnensystems rückte und zu der Galilei das Teleskop lieferte. Seit wir nicht mehr das Zentrum sind, schauen wir lieber nach draußen. Dafür steht der Große Refraktor: für den grenzenlosen Blick.

Würde man dagegen nach innen blicken, also auf sich selbst und das eigene Tun, Hoffen und Streben, käme man am Sichten zumindest einer Grenze definitiv nicht vorbei. Denn man würde unausweichlich mit einer simplen Tatsache konfrontiert werden: dass es auf jeden Fall *eine* Sache gibt, die endlich ist, und das ist leider ausgerechnet das eigene Leben. Wir alle wissen, dass wir sterblich sind, und das ist eine höchst unangenehme Tatsache. Der Tod passt nicht ins Leben, weil er sein Gegenteil ist, und ich werde noch ausführen, weshalb er besonders in der Moderne nicht ins Leben passt und gerade hier, in unserer Epoche, als so ausgesprochen fehl am Platze, furchterregend und als Antithese zu allem, was man versucht, empfunden wird. Aber ja, das Leben ist endlich, und die grotesken Ideen, dass man es verewigen könne, indem man seinen Geist, oder was man dafür hält, auf eine Festplatte lädt, sprechen ja nur Bände darüber, wie furchterregend der Tod gerade für diejenigen ist, die ihn technisch zu überwinden hoffen und sich notfalls dafür zu Lebzeiten kryokonservieren lassen möchten, um wieder aufgetaut zu werden, wenn die Wissenschaft dann schon mal ein Stückchen weiter ist.

Bevor in unserem Kulturmodell eine Endlichkeitskrise auch nur in Sicht kommt, werden technische Phantasien mobilisiert: Die Digitalisierung wird ein Wunder der Energieeinsparung vollbringen, Wasserstoff wird die Rettung sein, das E-Auto wird den Klimawandel abwenden, und so wird es grüner Treibstoff für die Flugzeuge tun. Statt es für möglich zu halten, dass in Zukunft weniger Energie erzeugt und verbraucht wird, weil es zum Beispiel keine Autos und Flugzeuge mehr gibt, werden um zwei Generationen zu spät gekommene Techno-Helden wie Elon Musk glühend verehrt, hofiert und mit Geld zugeschissen, obwohl sie nichts anderes zu bieten haben als die Mobilitätsutopien der 1950er Jahre: Raketen, Autos und Hyperloops, alles Dinge, mit deren Hilfe man rasend schnell irgendwo hinkommen soll, ohne dass auch nur einmal die Frage gestellt wurde, was man da denn soll. Diese Zukunft ist höchst antiquiert und erzählt eigentlich nur eine Geschichte vom Verlust der sozialen und moralischen Intelligenz im 21. Jahrhundert.

Denn die wesentlichen Fortschritte im Zivilisationsprozess basierten auf der Verbesserung der Verhältnisse zwischen den Menschen, und die Technik kam dabei nur dann zur Hilfe, wenn man wusste, wie man sie zu dieser Verbesserung einsetzen konnte. Dass es in modernen Gesellschaften so viel weniger Gewaltopfer als im Mittelalter gibt, liegt nicht an besserer Waffentechnik oder an Überwachungskameras, sondern am Gewaltmonopol des Staates, und das ist das Ergebnis sozialer Intelligenz, nicht wissenschaftlicher. Solche Intelligenz muss sich immer auf einen normativen Zweck hin begründen, was dann herauskommt, ist nicht Innovation, sondern Fortschritt.

Dass gegenwärtig der Begriff der Innovation den des Fortschritts ersetzt zu haben scheint, ist kein Zufall: denn die Innovation braucht keine normative Referenz, sie ist ja schon erreicht, wenn etwas neuer ist als etwas anderes, unabhängig von der Frage, ob es überhaupt der Erneuerung bedurfte. Die Verkehrsunfallstatistiken führen vermehrt Unfälle auf, die dadurch entstehen, dass Autofahrer heute etwa die Einstellung des Scheibenwischers auf eine andere Intervallgeschwindigkeit in Untermenüs auf Touchscreens suchen müssen und dabei dann leider nicht auf die Straße gucken und irgendwo dagegensemmeln. Einen klassischen Hebel am Lenkrad kann man einstellen, ohne hinzusehen. Seine Bedienfunktion auf einen Bildschirm zu verlagern ist zwar innovativ, aber idiotisch. Fortschritt entscheidet sich demgegenüber an der Frage, ob eine Erneuerung etwas zu einem normativ begründeten Zweck beisteuert. Wenn nicht, kann man ihn auch sein lassen. Genauso wie man sinnlos oder obsolet gewordene Entwicklungen abbrechen und sein lassen könnte.

Aber wir haben leider keine Methodik des Aufhörens, weil es dem magischen Denken unserer gegenwärtigen Sinnwelt nach ja immer weitergeht und Endlichkeitsprobleme systematisch nicht existieren. Weg-von-hier, das ist das Ziel. Weil wir keine Methodik des Aufhörens haben, hören wir auch nicht auf.

Auf das Problem der Erderhitzung bezogen: Um das zu bewältigen, müsste man mit vielem aufhören, dem Bergen von immer mehr Rohstoffen zur Erzeugung von immer mehr Produkten und Dienstleistungen zum Beispiel. Man müsste aufhören, den Umfang unseres wirtschaftlichen Stoffwechsels zu vergrößern, und damit beginnen, ihn zu verringern. Man müsste Endlichkeit methodisch übersetzen, und das bedeutet eben nichts anderes als lernen aufzuhören. Man müsste anzuerkennen lernen, dass Leben

Sterben bedeutet, unausweichlich. Als Individuum kommt man um dieses Lernen nicht herum, auch wenn man sich noch so sehr dagegen sträubt. Als Gesellschaft verfügen wir über eine riesige, ausgebaute und höchst komplexe Apparatur, um dieses Lernen um jeden Preis zu vermeiden. Wir sind in diesem Sinn keine »Wissensgesellschaft«, sondern eine »Wissensvermeidungsgesellschaft«. Als Kultur haben wir kein Konzept unserer eigenen Endlichkeit; der Tod ist keine kulturelle Kategorie, gesellschaftlich gibt es ihn gar nicht.

Media in vita

Als kleines Zwischenspiel zwei Strophen aus dem Gedicht »Media in vita« von Theobald Tiger (Kurt Tucholsky) 1931:

> Jeden Morgen, wenn ich mich rasiere,
> denk ich in dem Glanz des Lampenscheins,
> während ich mich voller Seife schmiere:
> jetzt sinds nur noch x-mal minus eins.
> Und da steh ich voller Schaum und Frömmigkeit,
> und ich tu mir außerordentlich leid.
> Da, wo sich die Parallelen
> schneiden, fliege ich dann hin.
> Ach, ich werde mir doch mächtig fehlen,
> wenn ich einst gestorben bin,
> Andern auch –? Wer seine Augen aufmacht, sieht:
> Sterben ist, wie wenn man einen Löffel aus dem
>   Kleister zieht.

Tote Menschen haben keine Probleme

»Der Tod ist ein Problem der Lebenden. Tote Menschen haben keine Probleme.« So lakonisch sagt es Norbert Elias und zeigt sich damit ganz als Mitglied einer aufgeklärten, nachmetaphysischen Kultur, in der der tote Mensch glasklar als lebloser Körper, als Materie ohne Bewusstsein betrachtet wird, der dementsprechend auch keine Empfindungen und somit keine Probleme haben kann. Rational, also im Rahmen seiner modernen Vernunft, wird man dieser Sicht zustimmen, emotional ist das aber gar nicht so sicher – wahrscheinlich ertappt man sich gelegentlich, bei einer Beerdigung oder bei einem Spaziergang über einen Friedhof, doch bei der unangenehmen Frage, wie es denn wohl ist, wenn man tot ist. Und diese Frage ist unangenehm nur deshalb, weil man sich ja doch unwillkürlich irgendwie irgendwo so eine Art Bewusstsein über sich selbst unterstellt, wenn man an sich als Gestorbenen denkt. Daher sind scheinbar klar zu beantwortende Fragen, etwa nach der Organspende, nach Erd- oder Feuerbestattung, nach Patientenverfügungen, Testamenten usw. usf., bei reflexiver Betrachtung gar nicht so klar: Denn schließlich denkt man bei Fragen solcher Art ja über sich selbst in einem Zustand nach, den man aus seinem Leben nicht kennt. Sagen Sie es nicht weiter, aber ich ertappe mich auf Friedhöfen bei der Frage, ob es nicht unangenehm ist, im Grab nebenan einen Gestorbenen liegen zu haben, den man nicht ausstehen kann. Oder zu dicht an der Straße beerdigt zu sein. Seltsam: Wir alle müssen sterben, das weiß man sicher; aber niemand weiß, wie es ist, tot zu sein.

Genau aus diesem Grund betrachtet die wissenschaftliche Auseinandersetzung mit dem menschlichen Verhältnis zum Tod, egal ob sie philosophischer, soziologischer oder psychologischer Natur ist, ebendieses Verhältnis als höchst spannungsvolles: Denn die Menschen sind, vermutlich, die einzigen Tiere, die um ihren eigenen künftigen Tod wissen, aber sie können gegen dessen Unabänderlichkeit am Ende so wenig ausrichten wie alle anderen Tiere auch. Beim Nachdenken über »die letzten Dinge« kommt unausweichlich eine andere Kategorie ins Spiel, über die, vermutlich, auch nur die Menschen sich den Kopf zerbrechen, nämlich: der Sinn des Lebens. Auch wenn man Douglas Adams und seine Geschichte vom Computer mag, der mit der Beantwortung der Frage nach dem »Sinn des Lebens, des Universums und dem ganzen Rest« befasst ist und schließlich nach mehreren Millionen Jahren Rechnerei als Ergebnis »42« ausspuckt, mithin das Leben und das Universum für prinzipiell sinnlos hält, wird man es doch unbefriedigend finden, auch sein eigenes geliebtes Leben, seine Hoffnungen, Enttäuschungen, das Gelingende, Gelungene, Misslungene, Glänzende und Peinliche unter »42« einzuordnen. Denn egal ist es einem ja durchaus nicht, das eigene Leben. Den meisten jedenfalls.

Zweifellos: Der Tod steht als »großes Umsonst« (Ernst Bloch) unseren ganzen Wünschen nach Dauer, Ewigkeit, Unsterblichkeit kühl und sachlich entgegen, und die schon erwähnte heutige Phantasie, sich postmortal geistig auf eine Festplatte geladen und gewissermaßen ewig weiterdenkend anzustreben, ist auch nicht vielversprechender als die Hoffnung, man werde als ein anderes Wesen wiedergeboren, erreiche eine nächste Seinsform als Licht-, Geist- oder Astralwesen, komme in den Himmel oder in die Hölle oder habe Sex mit 72 Jungfrauen, falls man ordentlich als Märtyrer abgetreten ist. Egal wie die Aussichten sind: Sicher sind sie in keinem Fall, und auch der IS-Kämpfer hat entsetzliche Angst davor, zum Beispiel ausgerechnet von einer kurdischen Peschmerga zur Strecke gebracht zu werden und deswegen postmortal kein Ticket für den hübschen Platz im

Macho-Märtyrerhimmel zu bekommen. Das Jenseits ist ein unsicherer Ort.

Die bedrückende Unsicherheit gegenüber dem Tod und der wahrscheinlich sehr langen Zeit, die danach auf einen wartet, ist natürlich in der säkularisierten Moderne besonders ausgeprägt, in der der Tod insbesondere deshalb keinen rechten Ort hat, weil man ja weder Himmel noch Hölle noch irgendein anderes Jenseits empirisch auffinden kann und ihn, den Tod, dementsprechend in einer Abteilung unterbringen muss, die dem ganzen rationalen Normalbetrieb nicht zugehört und in die man nicht gern geht, eigentlich nur, wenn man muss. Das heißt, der Tod steht schon erkenntnismäßig außerhalb der Moderne, deren Selbstverständnis ja darin liegt, dass alle natürlichen Vorgänge durch eine fortschreitende Wissenschaft wenn nicht gleich, dann doch peu à peu restlos aufzuklären seien. Aber auch wenn das Genom entschlüsselbar ist, schwarze Löcher fotografiert und Hirnaktivitäten mit bildgebenden Verfahren sichtbar gemacht werden, künstliche Intelligenz bei der Tumorerkennung hilft und Impfstoffe in zuvor für unmöglich gehaltenen Zeiträumen entwickelt werden: Was der Tod ist, das weiß immer noch niemand. Und wie man ihn abschaffen könnte, schon gar nicht. Da muss alle Wissenschaft passen. Mit anderen Worten: Der Tod ist das Andere der Aufklärung, der unaufklärbare Rest, eine lästige Erinnerung daran, dass Wissenschaft Grenzen hat und, leider, auch daran, dass jedes Leben endlich ist.

Ich habe jetzt das eine oder andere Werk zur »Geschichte des Todes« oder zu »Tod, Modernität und Gesellschaft« gelesen, weil mich der Gedanke beschäftigt, dass unsere moderne Gesellschaft *kein* Verhältnis zum Tod und damit zur Endlichkeit hat und dass dieser merkwürdige Sachverhalt viel mit dem Unvermögen zum Aufhören zu tun hat, das unser Kulturmodell seit dem Aufstieg des Wachstumskapitalismus mehr und mehr prägt. Und wenn wir nicht aufhören können, können wir mit Endlichkeitsproblemen wie dem Klimawandel oder dem Artensterben auch nicht fertigwerden. Das ist eigentlich sehr einfach.

Umgekehrt ist es zweifellos so, dass die vormodernen Gesellschaften ein Verhältnis zum Tod hatten und auch haben *mussten*, und zwar aus ganz verschiedenen Gründen. In Zeiten, in denen die Lebenserwartung wie um 1700 bei unter 30 Jahren oder – wie in Deutschland noch vor nur 150 Jahren – bei unter 40 Jahren liegt, ist man dem Tod gewissermaßen immer nahe, näher jedenfalls, als wenn einem wie heute statistisch mehr als die doppelte Lebenszeit zur Verfügung steht. Das Anwachsen der durchschnittlichen Lebenserwartung vollzieht sich parallel zum Aufstieg des Industriekapitalismus und damit der modernen Gesellschaft westlichen Typs; allein zwischen 1871/1881 und 1949/1951 hat sich, wie Statista schreibt, »die durchschnittliche Lebenserwartung bei Geburt für Männer um 29 Jahre und für Frauen um 30 Jahre erhöht. In der zweiten Hälfte des 20. bis hinein ins 21. Jahrhundert, von 1949/1951 bis 2016/2018, ist die durchschnittliche Lebenserwartung bei Geburt für Männer um 13,9 Jahre und für Frauen um 14,8 Jahre gestiegen.«[8]

Ein solcher Anstieg der Menge an Zeit, die ein Leben bereithält, wäre zu Beginn des 19. Jahrhunderts für völlig unmöglich gehalten worden, und er ist nicht allein, obwohl das meist gesagt wird, auf den medizinischen Fortschritt zurückzuführen. Zwar kann man heute viele Krankheiten heilen, an denen die Menschen vor ein paar Jahrzehnten noch gestorben sind, aber schon wenn man an die gigantischen Erfolge bei der Eindämmung von Infektionskrankheiten denkt, kommen statistische Effekte in den Blick. Denn richtig alt geworden sind einzelne Menschen auch früher schon, aber eben nur wenige. Die meisten raffte es schon in jüngeren Jahren dahin, sei es wegen einer entzündeten Zahnwurzel, einer Blinddarmentzündung, einer Cholera-Infektion, aber eben auch wegen eines allgemeinen Gewaltniveaus, das die Wahrscheinlichkeit, eines »unnatürlichen« Todes zu sterben, um ein Vielfaches höher gemacht hat, als es heute in modernen Rechtsstaaten der Fall ist.[9]

Mit anderen Worten: Es war nicht der wissenschaftliche Fortschritt allein, der die Lebenszeit für sehr viele Menschen verlängert hat – es waren auch Fortschritte in der Organisation des menschlichen Zusammenlebens, also des Zivilisationsprozesses, die den Abstand von der Geburt zum Tod so außerordentlich vergrößert haben.

Psychologisch bedeutet es aber, wenn der eigene Tod nicht schon kurz nach dem Eintritt ins Erwachsenenalter in den Horizont des Erwartbaren rückt, sondern normalerweise eine Angelegenheit des »Alters« ist, dass man sich erst mal fünf, sechs Jahrzehnte darüber keine ernsthaften Gedanken machen muss. Der Tod ist für den Hauptteil des Lebens nicht so wichtig.

Eine andere statistische Größe, die sich auf die durchschnittliche Lebenserwartung auswirkt, ist die Säuglings- und Kindersterblichkeit. Um 1820 stirbt jedes fünfte Kind im ersten Jahr nach der Geburt, etwa ein weiteres Drittel erreicht das Erwachsenenalter nicht. Unter solchen Bedingungen ist der Tod eines Kindes eine Normalität, was nicht heißt, dass das kein höchst schmerzhaftes Ereignis für die betroffenen Eltern gewesen wäre. So schreibt etwa Karl Marx 1855 nach dem Tod seines achtjährigen Sohns Edgar an Friedrich Engels: »Es ist fast unbeschreiblich, wie das Kind uns überall fehlt. Ich habe schon allerlei Pech durchgemacht, aber erst jetzt weiß ich, was ein wirkliches Unglück ist.«[10]

Heute, wo die Säuglingssterblichkeit in einem Land wie Deutschland unter 0,4 Prozent liegt und 99 Prozent eines

Geburtsjahrgangs das Erwachsenenalter erreichen, ist der Tod eines Kindes eine schreckliche Ausnahme, bis weit in das 19. Jahrhundert hinein war sie eine – wenngleich im konkreten Fall traurige – Normalität. Und dies gilt über den ganzen Lebenslauf: Die Lebenssicherheit insgesamt ist unter den medizinischen, hygienischen und rechtlichen Bedingungen des Mittelalters und der frühen und beginnenden Neuzeit im Vergleich zu heute extrem niedrig, der Tod daher viel gegenwärtiger im Alltag. (Welche Rolle Rechtsstaatlichkeit, Ernährungssicherheit und Schutz vor Gewalt spielen, zeigt sich auch heute noch in den sogenannten *failed states*, in denen – wie zum Beispiel in Nigeria – die Lebenserwartung etwa um 30 Jahre niedriger liegt als in Deutschland.)

Der Tod gehört in vormodernen Gesellschaften in den Referenzrahmen von jederzeit erwartbaren Ereignissen, ganz gleich, ob er einen selbst oder andere betrifft. Es wäre emotional sicher schwer aushaltbar gewesen, in ihn jenes Maß an Furcht und Grauen zu investieren, das einen heute schon beim Gedanken an den Tod befällt, geschweige denn, wenn man mit dem Tod einer nahestehenden Person konfrontiert ist, besonders dann, wenn diese »viel zu früh« stirbt oder gestorben ist. Es gibt eine Grenze für das Maß an Unglück, mit dem man sich noch auseinandersetzen kann; wo der Tod allgegenwärtig ist, muss der emotionale Umgang mit ihm gewissermaßen herunterreguliert sein.

Norbert Elias hat in seiner Zivilisationstheorie gezeigt, dass die Veränderungen in den sozialen Verhältnissen und im Umgang der Menschen miteinander immer mit Veränderungen in den psychischen Haushalten einhergehen – Soziogenese und Psychogenese sind, in seinen Worten, die beiden Seiten derselben Medaille. Deshalb fällt in historischer Perspektive das Empfinden eines Verlustes, die Erfahrung von Gewalt und Zwang, das Gefühl von Zuneigung und

Liebe im Vergleich zu heute genauso unterschiedlich aus wie das Verhältnis, das man zu sich selbst hat. Elias hat das etwa am Beispiel von Tischsitten und Höflichkeitsnormen im Zusammenhang mit sich verändernden Gewaltverhältnissen im Detail gezeigt, und man kann sich die Verbindung von Psycho- und Soziogenese einfach anhand dessen vorstellen, wie sich unsere Toleranz gegenüber schlechten oder als unangenehm empfundenen Gerüchen im Vergleich zu Zeiten reduziert hat, als es noch keine Kanalisationen gab und die Menschen sich eher selten gewaschen haben. Oder daran, dass den Menschen bei den ersten Eisenbahnreisen wegen der exorbitanten Geschwindigkeit furchtbar schlecht geworden ist.

Elias zeigt in seinen Arbeiten vor allem, wie längere Interdependenzketten – also die Kooperation und wechselseitige Abhängigkeit von immer mehr Menschen – ganz neue Wahrnehmungs- und Gefühlsmuster ausprägen, wozu dann etwa die Fähigkeit zur »Langsicht«, zum Aufschub von unmittelbaren Bedürfnissen nach Hass, Rache, Vergeltung führen und Verhaltensweisen der Distanz und Höflichkeit ausbilden, gespiegelt etwa an den sich verändernden Tischsitten. Seine vielleicht wichtigste Erkenntnis ist, dass sich im Laufe des Zivilisationsprozesses Zwangs- und Gewaltverhältnisse verändern, und zwar so, dass Menschen lernen, sich auch ohne äußere Gewaltandrohungen an Normen und Gesetze zu halten, Tugenden wie Pünktlichkeit oder Höflichkeit zu trainieren, sich weiterzubilden und vieles mehr. Aus Fremdzwang wird im Lauf dieses Prozesses Selbstzwang, und je mehr das Verhalten der Menschen durch solche Selbstzwänge reguliert und choreographiert ist, desto gewaltloser wird ihr Zusammenleben. Solche psychologischen und soziologischen Folgen des Zivilisationsprozesses darf man sich nicht als unumkehrbar vorstellen; Elias selbst hat auch von Entzivilisierungsprozessen wie etwa im Rahmen der nationalsozialistischen Herrschaft gesprochen, aber über längere Zeiträume betrachtet, sinkt unter Normalbedingungen der Zivilisierung das Gewaltniveau erheblich und agieren die Menschen unter größeren Selbstzwängen.

Das heißt auch: Die emotionalen Ausschläge in Richtung unbändigen Hasses oder grenzenloser Freude werden geringer, der emotionale Haushalt wird gedämpfter, und vieles von dem, was etwa im Mittelalter als direkte Aggression gegen einen anderen zum Ausdruck kam, ist nun nach innen verlegt und kann der oder dem Einzelnen, wie die reich ausgebaute und blühende Therapielandschaft zeigt, durchaus heftige Probleme bereiten. Auch was im Gehirn passiert, verändert sich in der Moderne, bis in seine neuronale Organisation hinein (vgl. S. 133).

Dies alles bedeutet nur, dass Normalitätserwartungen extrem veränderlich sind, wie wir gerade im Zuge der Coronapandemie selbst erlebt haben, und mit ihnen die Verhaltensnormen und ihre emotionalen Entsprechungen: Was im Jahr 2021 als »neue Normalität« annonciert wurde – Maskentragen, Abstandhalten, sich permanent die Hände desinfizieren, zu Hause bleiben etc. etc. –, wäre im Jahr 2019 als komplett unnormal empfunden worden. Und auch wenn es sich hierbei um eine vorübergehende Erfahrung gehandelt haben mag, werden sehr viele Menschen sehr deutliche Veränderungen auch in ihrem Gefühlshaushalt erlebt haben. Um wie viel mehr prägen dann langfristig sich vollziehende Veränderungen in den sozialen Beziehungen, in ihren Verkehrsformen und Interdependenzen, im erwarteten und erwartbaren Verhalten die psychischen Strukturen, also auch das Verhältnis zum Tod?

Der gezähmte Tod

Das Monumentalwerk »Die Geschichte des Todes« von Philipp Ariès macht den Versuch, auf diese Frage materialreiche Antworten zu geben: Dabei zeichnet er anhand der Entwicklung der Friedhöfe, der Grabmale, der Trauerrituale, der Testamente (vor allem in der Perspektive der Geschichte Frankreichs) bedeutende Gestaltwandlungen des Todes nach – oder präziser: Gestaltwandlungen des gesellschaftlichen Umgangs mit dem Tod. Der hervorstechendste Unterschied zu heute ist, was Ariès die »Öffentlichkeit des Todes« nennt.

Der Tod ist vormodern nicht nur der Sache nach, wie schon ausgeführt, allgegenwärtig, er ist auch in dem Sinn öffentlich, dass beim Sterben wie bei der Totenwache zum Teil viele Menschen anwesend sind, von den Familienangehörigen, dem Priester, eventuell einem Arzt, bis hin zu Freunden oder Nachbarn. Diese Öffentlichkeit des Todes zieht sich Ariès zufolge bis ins späte 19. Jahrhundert hinein, übrigens in einem Ausmaß, dass die Ärzte und Hygieniker sich darüber beklagten, ohne dass sich freilich viel daran geändert hätte. Und sie hat mit der schieren Präsenz des Todes im Leben zu tun; es wäre schon zahlenmäßig gar nicht denkbar, das Sterben und den Tod auf komplexe Weise hinter die Kulissen des Alltags zu legen. Die Öffentlichkeit des Sterbens und des Todes ging so weit, dass sich auch Unbekannte auf der Straße dem zu einem Sterbenden eilenden Priester anschließen und Haus und Zimmer der betroffenen Person betreten konnten. Oder dass eigens »Klageweiber« rituell die Rolle der Trauernden und Klagenden übernahmen, ohne dass sie mit der verstorbenen Person persönlich etwas zu tun gehabt hätten – weitere Hinweise auf die Alltäglichkeit des Todes.[11] Die Vorstellung, dass jemand allein, etwa im Zimmer eines Krankenhauses oder Pflegeheims, auf seinen Tod wartet, wäre den Menschen bis vor drei, vier Generationen als ebenso abwegig erschienen wie uns heute die Anwesenheit einer völlig fremden Person beim Betrauern eines verstorbenen Angehörigen.

Ich selbst war übrigens völlig überrascht, dass ich nach dem Tod meines Vaters in den frühen Morgenstunden im Haus eine Gruppe von Nachbarn vorfand, als ich zwei, drei Stunden nach der Todesnachricht dort ankam. Ich kann mich noch sehr gut erinnern, wie ungewöhnlich, aber auch extrem hilfreich ich es fand, dort Teil einer trauernden Gruppe sein zu können, obwohl ich die meisten Anwesenden eher nur von Ferne kannte. Auch hier war der Tod in gewissem Sinn noch eine öffentliche Angelegenheit im Sinn von Ariès, aber das war in den 1990er Jahren in einer ländlichen Gemeinde, und mein Vater war nicht im Krankenhaus gestorben. Es ist sicher wichtig, nach lokalen Unterschieden in den Gepflogenheiten und Traditionen zu sehen, die pauschale Geschichtsurteile differenzieren können. Jedenfalls würde ich aufgrund dieser persönlichen Erfahrung sagen: Die Öffentlichkeit des Todes machte die Situation für die Lebenden sicher leichter, als wäre das alles eine rein private Angelegenheit, gar in einem Krankenhaus oder Pflegeheim, gewesen.

Ein anderer signifikanter – aus meiner Sicht der bedeutendste – Unterschied im Vergleich zum Tod heute ist der Glaube an die Fortsetzung des Lebens nach dem Sterben des Körpers. Natürlich ist den Menschen schon immer klar gewesen, dass der verfaulende und verwesende Körper eines Gestorbenen nicht – oder nur für eine kurze Übergangszeit – weiterlebt, aber je nach den Jenseitsvorstellungen gab es immer die Aussicht auf ein Überdauern der Seele oder des Geistes oder irgendetwas anders Spirituellem nach dem biologischen Ende der körperlichen Existenz. Entsprechend fielen die Umgangsformen mit dem toten Körper, die

Konservierungs- und Bestattungsformen aus – sie variieren historisch und kulturell ganz erheblich. Man hat Leichen verbrannt, zusammen mit Angehörigen oder Kindern oder Tieren bestattet, unterschiedliches Begleitmaterial für die Reise in eine jenseitige Existenz mitgegeben, man hat Leichname gekocht, um das Fleisch gleich vom dauerhaften Skelett zu lösen, in der Erde bestattet, in Höhlen, Häusern, Gruften, unter Bäumen, in Kirchen usf. Konstant sind dabei eigentlich nur zwei Dinge: Erstens drückt sich schon in den frühesten nachgewiesenen Bestattungen (die mehr als 100 000 Jahre zurückreichen; auch die Neandertaler haben ihre Toten schon beerdigt) das Wissen um den Tod und die Sterblichkeit aus; Todesbewusstsein ist also eine der wenigen anthropologischen Konstanten.

Zweitens ist die Vorstellung, dass nach dem Tod *nichts* kommt, eine eindeutig moderne Idee – die Jahrtausende vor der Aufklärung hatten in der Regel den angenehmen Vorteil, dass das individuelle Leben in eine Kosmologie eingebettet schien, die das Ende des irdischen Lebens nicht als Finale des Lebens überhaupt betrachtete und die, je nach religiösem Überbau und Elendigkeit der irdischen Existenz, die jenseitige Existenzform als durchaus attraktiver erscheinen lassen konnte als das Leben, das man auf Erden hatte.

Und auch wenn sich diese Vorstellungen stark unterscheiden und auch die Formen des Sterbens – vom Hinüberleiten ins Totenreich über transitorische Zustände bis zum medizinisch nach Kriterien festgestellten Hirntod – variieren, kann Ariès wohl mit Recht die Feststellung machen: »Bis ins Zeitalter des wissenschaftlichen Fortschritts haben die Menschen bereitwillig an eine Fortsetzung des Lebens nach dem Tode geglaubt.«[12] Und bis dahin fügte sich dieser Glaube auch in eine alles überwölbende Sinnwelt ein, die das individuelle Schicksal in eine gottgegebene Ordnung einbettet und »für die Integration des Todes

Abb. 3: Denkender Neandertaler:
Gibt es das Nichts?

in die oberste Wirklichkeit des gesellschaftlichen Daseins«
gesorgt hatte.[13]

Die »symbolische Sinnwelt« ist den Soziologen Peter
Berger und Thomas Luckmann zufolge ein Orientierungs-
rahmen, in den die Mitglieder einer jeweiligen Gesellschaft
die Bedingungen ihres Daseins und die Erklärungen von
Phänomenen einordnen können – also den Einzelnen ermöglichen, den Sinn ihres Soseins und Daseins innerhalb

einer fraglosen Ordnung zu verstehen und zu leben. Die Moderne bietet eine symbolische Sinnwelt, die von Kategorien wie Kausalität, Ursache und Wirkung, Naturgesetzen, Berechenbarkeit, Ordnung, Logik usw. charakterisiert ist und in der nicht existiert, was wissenschaftlich nicht festgestellt werden kann. In dieser Sinnwelt gilt Unerklärliches lediglich als Noch-nicht-Erklärtes. Eine solche symbolische Sinnwelt hat keinen Platz für ein Jenseits, sie ist reines und permanentes Diesseits. Symbolische Sinnwelten vormoderner Epochen hatten dagegen die Kapazität, ein alles überwölbendes Deutungssystem anzubieten – also zum Beispiel einen göttlichen Ratschluss und Willen, der im Tod eines Menschen zum Ausdruck kommt. Religionen bieten die Einordnung der eigenen Existenz in ein sinnhaftes Ganzes und lassen beunruhigende Fragen nach dem Sinn des Lebens gar nicht erst entstehen. Dagegen besteht die symbolische Sinnwelt der Moderne gerade in der Differenzierung und *nicht* in der Einheitlichkeit der Sinndeutung. Deshalb scheint alles auch immer so kompliziert, selbst das, was eigentlich ganz einfach ist. Schon Kant hatte in seiner Schrift »Anthropologie in pragmatischer Hinsicht« auf das daraus resultierende Phänomen der Übervernunft hingewiesen und vom »Rasen der Vernunft« gesprochen (ironischerweise ist es gerade diese Schrift, die in der heutigen antikolonialen und antirassistischen Übervernunft den Aufklärungsdenker als rassistisch und sexistisch in Verruf gebracht hat – eine hübsche Illustration dessen, wohin Differenzierung führen kann).

In einem vormodernen Ganzen schützt die symbolische Sinnwelt »den Menschen vor dem absoluten Grauen, indem sie den schützenden Strukturen der institutionalen Ordnung die absolute Legitimation verleiht«.[14] Dass diese Ordnung gilt, wird durch die dominierenden Institutionen der Kirche und des Adels auch ganz handfest erfahrbar.

Und die symbolische Sinnwelt ist erfahr- und erlebbar auch darin, dass diese Ordnung nicht individuell aufzulösen oder zu durchbrechen ist – die Tochter eines leibeigenen Bauern kann sich nicht durch den Besuch einer weiterführenden Schule und das Absolvieren eines Studiums von ihrer vorgegebenen Lage emanzipieren und etwas anderes werden, als es für sie schon bei ihrer Geburt festgelegt war. Es gibt in einer solchen vormodernen Ordnung keine individuellen Aufstiegskanäle und keine Karrieren im heutigen Sinn. Dass es so ist, wie es ist, bestätigt sich immer auch dadurch, dass es für die Ausgestaltung des eigenen Lebens, also für das Entwerfen einer eigenen Autobiographie im heutigen Sinn, gar keinen Raum gibt.

Immerhin: In einer solchen Ordnung, die mit der Aufklärung, der Industrialisierung, mit dem Aufstieg der Wissenschaft, dem Entstehen einer bürgerlichen Gesellschaft in eine tiefgreifende Transformation gerät, können Tod und Sterben als Teil des Soseins der Welt eingeordnet werden. Deshalb nennt Ariès den vormodernen Tod auch den »gezähmten Tod«. Den von heute nennt er den »wilden Tod«, weil er dem Einzelnen als eine Übermacht entgegentritt, die ihn angreift und die er nicht besiegen kann.

Die Schlünde des Nichts

Erst die Säkularisierung und damit die Entbindung der menschlichen Existenz aus den Fremdbestimmungen kirchlicher Dogmen und daran orientierter weltlicher Ordnungen lässt die Menschen plötzlich ihren je eigenen, persönlichen Tod sterben. Zwar ist spätestens seit dem 6. Jahrhundert und der Regel des heiligen Benedikt die Frage nach der Rechenschaft und Gottgefälligkeit der einzelnen Lebensführung in der Welt, aber bis zur Individualisierung des jeweiligen Lebens und der Entwicklung von Autonomievorstellungen der individuellen Existenz und damit der Übernahme von Verantwortung für das eigene Leben dauert es von da an noch ein gutes Jahrtausend. Dann etabliert der Vernunftglaube der Aufklärung langsam jenes Menschenbild vom autonom urteilsfähigen, sich selbst und der Allgemeinheit verantwortlichen Erwachsenen, der durch Bildung und Erziehung in jenes Stadium zu gelangen vermag, in dem er so von seiner Vernunft Gebrauch machen kann, dass er zur besseren Einrichtung der Welt seinen Beitrag leistet. Frei und nach bestem Wissen und Gewissen, im Idealfall nur dem kategorischen Imperativ verpflichtet, wie ihn Kant formuliert hat: »Handle nur nach derjenigen Maxime, durch die du zugleich wollen kannst, dass sie ein allgemeines Gesetz werde.«

Die Entwicklung der menschlichen Gesellschaften ist durch Individualisierungsschübe gekennzeichnet, in denen die Menschen ihre Selbstbilder und ihre Verhältnisse zu- und miteinander verändern. Solche Individualisierungsschübe hängen von kulturellen Entwicklungen ab – so braucht eine hochgradig differenzierte und arbeitsteilige Gesellschaft Menschen, die »aus sich etwas machen« wollen; eine mittelalterliche Ständegesellschaft ohne soziale Mobilität kann solche Menschen gerade nicht gebrauchen. Und besonders als die Aufklärung zu einem dominierenden Paradigma, ja zum Rahmen der symbolischen Sinnwelt der Moderne wurde, setzte ein Individualisierungsschub ein, der bis heute anhält. Individuum sein zu sollen bedeutet keineswegs ein einfacheres Leben, weil es mit größeren Zwängen der Ausgestaltung eines Lebenslaufs und dem Aushalten von Freiheit und Selbstverantwortung einhergeht. Die Zumutungen der Moderne sind immer auch die Zumutungen der Freiheit und Verantwortung, und viele von uns spüren gelegentlich den Drang, sich diesen Zumutungen zu entziehen und Entlastung im Fußballstadion, mit exzessiven Partys oder berauschenden Mitteln jeder Art zu suchen. »Escape from freedom« heißt ein Buchtitel von Erich Fromm, und genauso wie etwa Hannah Arendt hat er gesehen, dass Freiheit nicht nur Entlastung von Zwang, sondern auch Belastung durch Verantwortung für eigene Entscheidungen bedeutet. Und mit der Individualisierung in der Moderne mussten die Menschen auch noch damit beginnen, nicht nur ein eigenes Leben zu leben, sondern auch einen »eigenen Tod« zu sterben.

Einen, der sich nicht mehr in der Selbstverständlichkeit einer allgegenwärtigen Erwartung und eines öffentlichen Eintretens abspielte, sondern auch mehr und mehr zur eigenen Sache wurde, also weniger Teil einer umfassenden und intakten symbolischen Sinnwelt war, sondern individuell gestorben werden musste. Das heißt, die Frage nach dem Sinn des Lebens und die Konfrontation mit dem eigenen Sterben musste bewältigt werden, ohne dass es eine kollektive Einbettung gab, die die bedrückende Aussicht auf Annullierung der eigenen Existenz mildern konnte. »Im Laufe des gesamten 17. und 18. Jahrhunderts« jedenfalls, so fasst es Ariès mit einem starken Hang zur poetischen Formulierung zusammen, »treibt die Gesellschaft an steil abschüssigem Hang den Schlünden des Nichts entgegen.«[15]

Auch wenn das etwas sehr pathetisch formuliert ist: Wenn man einerseits konstatiert, dass die modernen Menschen in weit höherem Maße für sich selbst verantwortlich sein müssen und für das, was sie sind und sein werden, nicht mehr ohne weiteres ein übermächtiges Schicksal oder einen göttlichen Willen in Anspruch nehmen können, und andererseits den Bedeutungsschwund jener Institution sieht, die immer für die Deutung und Ritualisierung von Geburt, Lebensereignissen und Tod zuständig war, nämlich der Kirche, dann sind die modernen Menschen schon vergleichsweise sehr allein gelassen mit dem Sinn, den sie ihrem Leben und besonders dem Tod geben sollen. Berger und Luckmann haben, wie neuerdings auch Peter Sloterdijk,[16] darauf hingewiesen, dass mit dem Verlust der integrativen Funktion des religiösen Deutungsangebots auch die Kirche ihre gesellschaftliche Funktion stark verändert hat: Sie ist nicht mehr Repräsentant und Agent einer allgemeingültigen und selbstverständlichen Ordnung, sondern in der gesellschaftlichen Arbeitsteilung nur noch zuständig für die Ritualisierung von Lebensereignissen wie Geburt, Konfirmation oder Kommunion, Hochzeit und Tod. Je mehr sich solche Lebensereignisse aus der vormodernen Ordnung und Sinnwelt befreit haben, desto privater werden sie als Ereignisse, die man übrigens begehen kann oder auch nicht – verpflichtend sind sie nicht. In pluralisierten Lebenswelten wird die Kirche vor allem zum Begleiter in Lebenslagen, für die private oder staatliche Institutionen nichts im Angebot haben. Sie hat noch ein Ritualmonopol, ist aber keine Ordnungsmacht mehr.

Die Philosophie hilft auch nicht

Alles dies geschieht nicht als plötzlicher Umsturz, sondern als schnellerer oder langsamerer und ungleichzeitiger Prozess der Veränderung der Lebenswelten über Jahrhunderte hinweg, und für die Deutung solcher Veränderungen wechseln dann auch die Zuständigkeiten. Je mehr die religiös beglaubigte und kirchlich orchestrierte Überzeugung schwand, dass der Tod ein in die symbolische Sinnwelt zu ordnendes Schicksal sei und dass es eine Fortsetzung des Lebens nach dem Tod geben würde, desto mehr musste auch das Problem des Todes zum Gegenstand der Philosophie werden. Plakativ gesagt: Erst mit der Aufklärung wurde der Tod in diesem Sinn überhaupt zum Problem, nämlich der oder des Einzelnen, und musste durch diverse gedankliche Anstrengungen zu lösen versucht werden.

Wer sich damit in der philosophiegeschichtlichen Abfolge befassen möchte, dem sei die glänzende Übersicht von Armin Nassehi und Georg Weber[17] empfohlen – ich bin sicher nicht in der Lage, die philosophischen Exerzitien zur menschlichen Erkenntnis dessen, was der Tod ist und was er bedeutet, angemessen wiederzugeben, von Heideggers »Sein zum Tode« über Ernst Blochs »rotem Helden«, der »eingeschreint im Herzen der Arbeiterklasse« die Nachteile des individuellen Todes zugunsten seiner Aufhebung im weiterlebenden Kollektiv überwindet, bis hin zu Sartre, bei dem sich dann alles in der Absurdität auflöst: »… es ist widersinnig, daß wir geboren sind, es ist widersinnig, daß wir sterben.«

Halleluja. Mir scheint, trotz all dieser philosophischen Anstrengungen ist der Tod in der Moderne ein ungelöstes Problem geblieben, das jeder Aufklärung deswegen widerspricht, weil er außerhalb des Denkens und des Denkbaren angesiedelt ist. Es gibt eine philosophische Linie, die das immer betont hat. Sie reicht von Epikur (»Der Tod geht uns nichts an, denn solange wir sind, ist der Tod nicht da; und wenn der Tod da ist, sind wir nicht mehr. Er geht also weder die Lebenden an noch die Toten.«) über Ludwig Wittgenstein (»Die Lösung des Rätsels des Lebens in Raum und Zeit liegt außerhalb von Raum und Zeit.«) bis zu Groucho Marx (»Was kümmert mich die Nachwelt? Hat sich die Nachwelt je um mich gekümmert?«) und scheint mir erkenntnistheoretisch am sympathischsten.

Gerade bei dem Versuch, im Modus aufgeklärten Denkens den Tod zu erfassen, wird die vielleicht unauflösbare Spannung sichtbar, dass die Menschen Tiere und als solche den Gesetzen der Biologie unterworfen sind und dass sie andererseits eine koevolutionäre Lebens- und Überlebensform entwickelt haben, die sie von der Natur emanzipiert. Der Tod markiert exakt den Punkt, an dem sich das Naturwesen Mensch der Natur trotz aller Beherrschungstechniken des Natürlichen, trotz aller Kultur fügen muss. Der Tod ist als biologische Tatsache akulturell, reine Natur. Dort, wo das Leben aufhört, hört auch die Koevolution auf. Ein toter Körper hat eine Biochemie, aber keine Kultur. Diese Tatsache wird von der Aufklärung nicht erreicht.

Niemand hat diese absolute Grenze der Aufklärung klarer formuliert als Max Horkheimer und Theodor W. Adorno in ihrer »Dialektik der Aufklärung«: »Jeder Versuch, den Naturzwang zu brechen, indem Natur gebrochen wird, gerät nur umso tiefer in den Naturzwang hinein.«[18] Hier liegt der Punkt, den die Aufklärung nicht überschreiten kann. Und an dem die individuelle Unsterblichkeitsphantasie mit einer kulturellen Phantasie der Überwindung von Endlichkeit zusammenfällt.

Jedenfalls löst auch die Philosophie keineswegs das übrig bleibende Problem, dass man selbst ja leider derjenige ist, der höchstpersönlich sterben muss und weder weiß, wie das geht noch worauf das hinausläuft. Genau das ist ja das Angstmachende an der Tatsache des Todes, und je weniger man an Gott und an Himmel und Hölle glauben kann, desto beängstigender und desto ärgerlicher ist die Tatsache des Todes. Das heißt: Was ein paar tausend Jahre die Menschen deshalb weniger beunruhigt hat, weil sie an etwas glauben konnten, »was außerhalb von Raum und Zeit« liegt, ist erst in der säkularisierten Moderne zu einem echten Problem geworden, das nur durch zwei Strategien gelöst werden konnte: erstens durch das Unsichtbarmachen des Todes, zweitens – wie schon angedeutet – durch seine Privatisierung.

Wie gesagt, die Verlängerung der Lebenserwartung und das Aufhalten des Alterungsprozesses durch die eklatanten medizinischen und naturwissenschaftlichen Fortschritte haben geholfen, die Tatsache des Todes den jeweils aktuellen Anforderungen des Lebens nachzuordnen – er kommt dann irgendwann mal, der Tod, aber vorerst gibt es Wichtigeres. Zudem sind, abgesehen von Staatsbegräbnissen oder Todesanzeigen, die Tode ganz und gar privat – jemand stirbt, und wenn man mit ihm oder ihr nichts zu tun gehabt hat, ist das kein Ereignis, das Aufmerksamkeit beanspruchen kann. In der Bundesrepublik sterben unter normalen Bedingungen jedes Jahr etwas mehr als 900 000 Menschen, das sind durchschnittlich fast 2500 Menschen jeden Tag, aber man nimmt, außerhalb von Zeiten der Pandemie oder von Katastrophenereignissen wie etwa einem Flugzeugabsturz, keine Kenntnis davon. Sogar die Leichenwagen sind verschwunden; man liest die eine oder andere Todesanzeige, das war's. Einer der Gründe dafür ist, dass sich rund vier Fünftel der Sterbefälle in Krankenhäusern oder Pflegeeinrichtungen ereignen, wo das Sterben des jeweiligen Menschen und die Versorgung seines Leichnams in professionellen Händen stattfindet, also so wenig Berührung zum Alltag draußen aufweist wie nur irgend denkbar.

Und diese Berührungslosigkeit und Unsichtbarkeit des privaten Todes führt auch dazu, dass es eine merkwürdige Unsicherheit im Umgang mit sterbenden oder sehr kranken Menschen gibt. Wir haben gewissermaßen durch die Abwesenheit des Todes im Alltag kein Script dafür, wie über den Tod zu sprechen ist: Soll man ihn erwähnen, den Tod, wenn man sich mit jemand Todkrankem unterhält? Soll man das Thema um jeden Preis vermeiden, weil weder die betroffene Person noch man selber weiß, wie darüber zu sprechen wäre? Ich habe das selbst im letzten Gespräch mit einem sterbenskranken Freund erlebt, der euphorisch davon sprach, im nächsten Frühjahr diese Gastprofessur in Kanada anzutreten, und auf jeden Fall solle ich mitkommen, wir würden da richtig etwas auf die Beine stellen. Eine Woche später war er tot, und ich kann nicht sagen, dass wir eine Form gefunden hatten, über seinen bevorstehenden Tod zu sprechen. Wir haben sogar ganz bewusst an ihm vorbeigesprochen, uns gegenseitig belogen, vielleicht in einem Bedürfnis nach wechselseitiger Verschonung. Zwei sehr erwachsene Männer, intellektuell, tatkräftig, schlagfertig, aber hier fiel uns nichts ein, was gepasst hätte.

Man könnte auch sagen: Die Unsichtbarkeit des Todes hat uns die passende Emotion dafür aus den Händen geschlagen, wie mit ihm – da er ja nun mal eine unvermeidliche Tatsache ist – umzugehen sei. Die Sterbesituation und der Tod bilden, wie Norbert Elias gesagt hat, »einen weißen Fleck auf der sozialen Landkarte«.[19] Auch wenn sich die Situation gegenüber der Zeit, in der Elias seine Überlegungen zur »Einsamkeit der Sterbenden« angestellt hat, deutlich verändert hat und wir heute auf die Entwicklung einer ausgebauten Palliativmedizin zurückblicken können und die Einrichtung von Hospizen einen deutlichen Fortschritt gegenüber der Zeit des Entstehens seiner Schrift markieren, lässt sich doch nicht verkennen, dass der Tod und der Umgang mit Sterbenden sich nicht zu einer alltäglichen Angelegenheit verallgemeinert, sondern professionalisiert haben: Neben das medizinische und pflegerische Personal und die Seelsorge sind jetzt Therapeutinnen und Sterbebegleiter getreten, die den Sterbenden zur Seite stehen. Und sogar Sterbehelfer. Das Bundesverfassungsgericht hat am 26. Februar 2020 das Recht auf selbstbestimmtes Sterben festgestellt und damit auch die Tür zur professionellen Sterbehilfe aufgemacht, die in Deutschland bis dahin illegal war. Mit diesem Urteil ist von höchster Stelle entschieden worden, dass »der Mensch nun nicht nur (...) souveräner Herr seines Lebens, sondern auch und in jeder Beziehung seines Todes« sei. So schreibt der Rechtsphilosoph Uwe Volkmann, und schließt an: »Zugleich wird dieser Tod dadurch auf eine vollständige Weise verweltlicht; in ihm wohnt nun kein transzendentaler Rest mehr, als sei er eine Brücke zu einer anderen Welt. Der Tod ist ein Gegenstand menschlicher Verfügung, eine Sache individueller Entscheidung, deren Verwirklichung man sogar – wie die kommerziellen Sterbehilfeorganisationen – zu einem anerkannten Beruf machen kann.«[20] Das nennt man die funktionale Differenzierung moderner Gesellschaften – für neue Probleme werden neue Institutionen und neue Berufe geschaffen. Man könnte auch sagen: Zuständigkeiten, die dabei helfen, dass der Tod zwar in guten Händen ist, aber gerade deshalb außerhalb des Alltags, unsichtbar im Normalbetrieb bleiben kann. Der Tod ist Privatsache.

Beerdigungen finden, wie es oft in Traueranzeigen heißt, »im engsten Kreise« statt, und auch für ihre Durchführung gibt es Profis – vom Pastor über die Trauerrednerin bis zum Bestattungsunternehmen, die für die professionellen Aspekte des Todesfalls zuständig sind. Und je mehr im Zuge der Individualisierung der öffentliche Tod zum eigenen Tod geworden ist, desto privater ist der Umgang mit ihm für die meisten geworden: *ars moriendi*, also die Kunst des Sterbens, gibt es heute genauso wenig noch wie die Multifunktionalität von Friedhöfen, die phasenweise nicht nur zur Bestattung der Toten dienten, sondern auch Zonen des Kirchenasyls waren und im Übrigen Ort und Gestalt historisch durchaus gewechselt haben: die stille, etwas abgelegene Gartenanlage mit einer Kapelle, als die wir heute die meisten Friedhöfe kennen, sind eine historisch relativ junge Erscheinung – Ariès beschreibt sie als Ergebnis einer zwischen dem 15. und 19. Jahrhundert langsam ablaufen-

Abb. 4: Mitten im Leben: Massengräber New York 2020

den Entwicklung, in der sich erstens die Personengruppen erweitern, derer überhaupt gedacht wird, und sich zweitens die Friedhöfe von den Kirchen und damit aus den Ortszentren entfernen. Die Abgeschiedenen bekommen einen abgeschiedenen Ort.

Gerade wegen dieser Unsichtbarkeit und Privatheit des Todes hatten übrigens die Bilder der Stapel von Särgen in Bergamo und der Massengräber und Kühllastwagen in New York eine so schockierende Wirkung: dass kollektiv und massenweise gestorben wird, und zwar so, dass die vorhandenen Einrichtungen des Todesmanagements dafür nicht hinreichen und man – wie mit den Kühllastern – improvisieren muss, das ist in unserer symbolischen Sinnwelt, zu der der Tod eben nicht gehört, nicht vorgesehen.

Das war die eigentliche Provokation der Coronapandemie, dass sie den alltäglichen, jederzeit geschehenden und nicht aufzuhaltenden Tod zurück in die Lebenswelt geholt hat, wo er ja in den modernen Gesellschaften eben gar keinen Platz hat. Deshalb ist es auch nicht erstaunlich, dass es keinen erinnerungskulturellen Umgang mit den Millionen von Coronatoten gibt: Für den individuellen Tod einer Prominenten wie Lady Diana gibt es inzwischen standardisierte Rituale, man legt Blumen ab, stellt Kerzen auf, twittert seine Betroffenheit. Für den Umgang mit Katastrophenereignissen wie Flugzeugabstürzen gilt dasselbe wie auch für *school shootings* oder Terroranschläge, man trauert aus der Ferne, und Bundespräsidenten sprechen standardisierte Sätze.

Aber in all diesen Fällen ist der Tod und sind die Tode außeralltägliche Ereignisse, radikale Ausnahmen, die mit der gewöhnlichen Lebenswelt nichts zu tun haben. Gesellschaftlich ist der Tod in der Moderne nicht vorgesehen. Er ist per definitionem eine individuelle Angelegenheit, das Ende eines privaten Lebens, mit Tragweite nur für die individuellen Angehörigen, Freunde, geliebten Menschen. Und ist es nicht über alle Maßen erstaunlich, dass in der Coronakrise Schulen und Betriebe geöffnet blieben, als Besuche bei Sterbenden und Beerdigungen in größeren Gruppen schon längst verboten waren? Nichts könnte die Privatisierung des Todes ja deutlicher machen als der Umstand, dass Sterben und Tod in der Pandemie jenen privaten Kontakten zugeordnet waren, die als vermeidbar galten. Während Bundesligaspiele genauso stattfinden durften wie Fließbandarbeit in Fleischfabriken und Shopping in Baumärkten.

Und über jedem privaten Tod liegt mit der Atmosphäre der Stille die Ästhetik einer Sache, über die man besser nicht spricht, die man »in stiller Andacht« mit sich auszumachen hat, die auf merkwürdige Weise nicht in den kommunikativen Haushalt des Alltags und der Normalität gehört. »Jeder stirbt für sich allein«, lautet der Buchtitel eines Romans von Hans Fallada, und damit ist die Privatisierung des Todes bündig formuliert. Wir sterben sogar so sehr für uns allein, dass wir uns erstens kaum etwas anderes vorstellen können, als dass unser persönlicher Tod etwas ist, was man mit sich selbst abzumachen hat. Und dass wir zweitens darüber besser nicht reden und nachdenken, weil die Präsenz des Todes etwas aufdringlich Beängstigendes hat. Das Wissen um den Tod gibt es aber leider trotzdem, und deshalb kann man psychologisch mit Gewinn eine Praxis einüben, die so tut, als sei man in Wirklichkeit unsterblich, und diese Praxis kann man *als Lösung der grundlegenden Aporie der Aufklärung* auch gesellschaftlich, ja kulturell wenden und kollektiv so tun, als gäbe es kein Ende, keine Grenze, keine Begrenztheit. Dann ist man dort angekommen, wo wir heute alle sind.

Also, außer man stirbt zufällig trotzdem. Wie ich, am 22. April 2020.

Herzinfarkt

Der 22. April 2020 war ein Mittwoch. Schon zwei Tage zuvor, am Montagmorgen, hatte ich ein komisches Gefühl beim Radfahren gehabt, als würde ich an einem Gummiband nach hinten gezogen, während ich gegen den Widerstand antrat. In der darauffolgenden Nacht dann leichte Atemnot. Gut, dachte ich, Allergie, Pollenflug, ist ja Frühjahr. Am nächsten Tag hatte ich ein langes Telefonat, während dem ich spazieren ging, da war wieder ein beklemmendes Gefühl, unspezifisch, aber unangenehm. Vorbei nach einer halben Stunde.

Okay, mach mal wieder einen Check-up beim Internisten, dachte ich, besser ist besser. Termin bekommen für Donnerstag, wunderbar, was soll sein. Aus irgendeinem Grund die begriffliche Assoziation: Angina pectoris. Ich google, dabei lese ich über Symptome, die ich eher nicht habe, aber den Hinweis, Angina pectoris sei nicht die Krankheit, sondern lediglich das Symptom für eine koronare Herzerkrankung. Okay, aber war das jetzt Angina pectoris?

Mittwoch. Am Morgen habe ich eine Fernsehaufzeichnung per zoom, »Sternstunde Philosophie« beim Schweizer Fernsehen, mit der wunderbaren Moderatorin Barbara Bleisch. Da alle Leute – wir befinden uns in der ersten Coronawelle – noch schlampig vor ihren Homeoffice-Bildschirmkameras sitzen, möchte ich das konterkarieren und trage Anzug, Hemd, Krawatte (trag ich sonst nie). Die Aufzeichnung verläuft ohne Probleme. Anschließend mache ich mir einen Kaffee, ziehe mich um, setze mich auf den Balkon. Nächster Beklemmungsanfall, dieses Mal sehr unangenehm, verbunden mit einem deutlichen Angstgefühl. Ich google erneut, mit noch schwacher Beunruhigung: Wo gibt es in der Nähe einen Kardiologen? Okay, ein Stück Wegs entfernt, aber es ist mittags, die Praxis laut Internet geöffnet.

In meinem Stadtteil kann man nicht radfahren, überall brutales Kopfsteinpflaster. Also mache ich mich zu Fuß auf den Weg, etwa eine halbe Stunde Entfernung zum »Kardiologischen Zentrum«. Die Angst wächst. Etwa auf halber Strecke kommt mir ein Polizeiwagen entgegen, ich überlege, ob ich ihn anhalten soll, entscheide mich dagegen. Lächerlich, wahrscheinlich ist ja nichts. Ich gehe weiter, die Angst wächst. Bei der Adresse endlich angekommen, verwechsele ich die Hausnummer, finde das Kardiologische Zentrum nicht. Bei der Suche, es handelt sich um einen Platz, treffe ich Phil, einen guten Bekannten. Der will plaudern. Ich sage, ich weiß nicht, warum: »Phil, ich hab keine Zeit, ich verrecke gerade.« Und finde endlich den Eingang zur Praxis. Erste Etage, ich klingele. »Ich möchte in die Sprechstunde«, sage ich, und bekomme die üblichen Formulare zum Ausfüllen. Meine Hände zittern leicht, diese

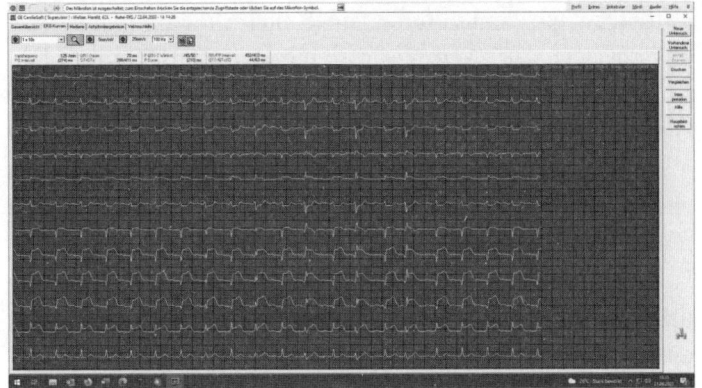

Abb. 5: Mein EKG: »Oh Gott!«

Einträge werden kaum leserlich sein. Aber noch bevor ich fertig bin, ruft mich die Ärztin in ihr Sprechzimmer. Ich setze mich, der Besucherstuhl steht coronamäßig weit von ihrem Schreibtisch entfernt. Als ich meine Symptome schildere, unterbricht sie mich: »Wir machen jetzt keine lange Anamnese, sondern gleich ein EKG. Kommen Sie bitte mit.« Beim Empfang gibt sie der Schwester Anweisungen, zusammen mit ihr gehe ich in einen anderen Raum, lege mich auf die Liege, die Schwester legt mir das EKG an. Einige Minuten später kommt die Ärztin in den Raum, schaut auf den Bildschirm und sagt: »Oh Gott!«

Ich liege da und denke, wenn eine Ärztin »Oh Gott!« sagt, ist das kein gutes Zeichen. Sie schaut mich an – es ist Coronazeit, wir alle tragen Masken, man sieht nicht viel Gesicht – und sagt: »Es tut mir leid, aber Sie haben einen Herzinfarkt.« Mein Verstand steht still. ICH habe einen Herzinfarkt? ICH? Wieso? Das kann doch nicht sein. Wie das? ICH bin doch gerade noch ganz normal hier hereingekommen. Die Ärztin registriert mein Unverständnis: »Ja, es tut mir leid, Sie haben einen akuten Herzinfarkt. Wir rufen jetzt den Notarzt, und sie kommen sofort zum Herzkatheter.« Ich denke immer noch nicht, mein Hirn ist wie anästhesiert. Die Ärztin verschwindet (später erfahre ich, sie hat einen Defibrillator geholt und bereitgestellt), kommt zurück, spritzt mir irgendetwas. Wahrscheinlich erklärt sie alles, ich checke nichts, gar nichts. Als ich irgendwann aus einem kleinen Lichtspalt durch meine spontane Debilität hindurch frage, was denn jetzt passieren wird, sagt sie: »Ich hab ja schon gesagt, jetzt kommt der Notarzt, die fahren Sie dann zum Herzkatheter, dort werden sie alles Weitere veranlassen.« Ich verstehe nur Bahnhof, wahrscheinlich frage ich noch nach, was das heißt, aber ehrlich gesagt, habe ich alle Details vergessen. Ein paar Minuten später kommen zwei Sanitäter, rotgelb, wie sie so aussehen, haben etwas Klappbares dabei, stehen rum. Man wartet auf den Notarzt. Ich liege auf der Liege, geistige Kapazität null. Frage irgendwann, ob ich mein Hemd wieder anziehen darf. Ich darf. Ich glaube, alle um mich herum wissen professionell Bescheid, wie es weitergeht, ich bin der Einzige hier, der nichts weiß. Herzinfarkt. Ich habe einen Herzinfarkt. Anscheinend komme ich jetzt ins Krankenhaus, sonst wären ja die Rettungssanitäter nicht hier. Mein Gott. Niemand macht jetzt irgendwas, wir warten.

Die Notärztin kommt, spricht mit der Kardiologin, es geht um das anzusteuernde Krankenhaus, ich glaube, ich werde etwas dazu gefragt, ich habe keine Meinung (ich kenne keine Krankenhäuser), die Sanitäter klappen ihre Liege auseinander, ich wechsele die Liege – wieso darf ich nicht gehen? Was passiert jetzt? Die Sanis rollen mich zum Ausgang, dort steht die Ärztin, sie hat Tränen in den Augen! Sie trägt eine Brille und einen Mundschutz, aber sie sieht sehr desperat aus. Ich schaue sie an. Sie sagt: »Ich drücke Ihnen so die Daumen! Ich drücke Ihnen so die Daumen!« Zweimal. Mit Tränen in den Augen. Ich denke: Scheiße, Alter, du stirbst gerade.

Die Sanis rollen mich zum Fahrstuhl, nach unten geht's. Surreal, dort wo ich vor einer halben Stunde auf zwei Beinen hineingegangen bin, werde ich nun auf einer Liege herausgefahren. Es ist helllichter Mittag, die Leute machen ihre Einkäufe, voll der Alltag, da vorn steht mit rotierendem Blaulicht der Rettungswagen. Ich werde hineingeschoben, die Notärztin steigt zu, telefoniert. Der Wagen fährt los, lalülalü, man sieht von der Liege aus nur oben, am obersten Rand der blinden Fenster Hausfassaden, Himmel, Baumkronen. Ich liege da, der Wagen biegt ab, links, links, rechts, irgendwann sind wir auf der Autobahn. Ich denke, irgendwie sachlich: So ist das, wenn man stirbt? So läuft das ab? Ich frage die Notärztin, ob ich telefonieren darf, rufe meine Frau an, Schock am anderen Ende, werde nach dem Krankenhaus gefragt, frage die Notärztin (ich weiß ja nix), Westendkrankenhaus? Westendkrankenhaus. »Ich weiß nichts, Herzinfarkt, ich rufe wieder an.« Ruf ich wieder an? Ich rufe meinen Sohn an, derselbe Dialog. Großer Schock, auch hier. Klar. Und ich fühle mich immer noch merkwürdig sachlich, denke wieder dasselbe: Ist das so, wenn man stirbt?

Er fährt ganz schön lange, der Rettungswagen. Irgendwann scheinen wir abzubiegen von der Autobahn, der Wagen hält, es ist merkwürdig still. Von vorn höre ich: »Scheiße, das Martinshorn ist ausgefallen!« Jemand steigt aus, läuft am Wagen vorbei, ruft: »Fahr du vor, unser Martinshorn geht nicht.« Komisch, anscheinend fahren wir mit zwei Wagen, hatte ich gar nicht mitbekommen. Endlich wieder lalülalü, dann kurven wir auf einem Gelände, das stark nach Krankenhaus aussieht, ich sehe da oben Backsteinfassaden, altertümlich. Der Wagen hält, ich höre einen Dialog, »nein, nicht hier, ihr müsst da hinten ...« Türen schlagen, der Wagen startet wieder, schnelles Gekurve. Dann hält er zum zweiten Mal, jetzt werden die Türen hinten aufgemacht, die Sanis holen mich, auf der Liege liegend, heraus, rollen mich zu einem großen Eingang. Dort stehen drei, vier Menschen vermummt in diesem OP-Grün, das man aus Filmen kennt, einer schaut mich an und sagt: »Hallihallo.« Ich sage auch hallihallo. Immerhin, zu Toten sagt man nicht »Hallihallo«.

Ich werde umgebahrt und in einen riesigen Raum gerollt, dort von Bahre zwei auf einen Tisch gehoben. Das grüne Team macht unheimlich viel gleichzeitig, so kommt es mir vor. Ich bekomme Kanülen gelegt, irgendwelche Infusionen, man erklärt mir, dass ein Katheter durch meine Arterie am Handgelenk zum Herzen geführt wird, falls das nicht geht, von der Leiste aus. Gut. Ich werde abgedeckt (hab ich mich ausgezogen?), beantworte Fragen (ich weiß keine einzige mehr), dann beginnt der Herzkatheter. Irre: Man sieht am Bildschirm, wie der Katheter zum eigenen Herzen geführt wird. Ich weiß nicht, ob ich das sehen will oder nicht. Der Katheterarzt, Dr. Wensel laut Namensschild, macht, was er macht, mit einer faszinierenden Ruhe und Sicherheit, überhaupt hat die ganze Professionalität seit dem Hallihallo etwas ungeheuer Beruhigendes. Niemand ist aufgeregt, alle scheinen zu wissen, was sie tun und zu tun haben. Man setzt mir einen Stent, eines meiner Herzkranzgefäße war komplett verschlossen, daher der Herzinfarkt. Die Leute des Teams wirken zufrieden. Dann komme ich auf die Intensivstation. Heißt es. Okay. In diesem Stadium denke ich nicht mehr, weil mein Verstand stillsteht, sondern ich denke nicht mehr, weil ich jetzt im Status des Patienten angekommen bin. Man wird wissen, was mit mir zu tun ist.

Ein osteuropäischer Pfleger holt mich mit einem Bett, in das ich verfrachtet werde. Gänge, Aufzüge, unterirdische Gänge, Aufzüge, zwischendurch jede Menge Türen, diese Reise ist lang. An einer Abzweigung, ich traue meinen Augen nicht, steht meine Frau. Sie darf aber nur schauen, es ist

Corona, keine Besuche gestattet, schon gar nicht zwischen OP und Intensivstation. Wahrscheinlich sage ich, dass alles in Ordnung ist. Wave bye bye. Der Pfleger schiebt ohne Unterbrechung weiter, Gänge, Türen, Türen, Gänge, Aufzug. Dann Intensivstation, für mich erst mal Endstation. Es ist jetzt vielleicht halb vier, vier Uhr nachmittags. Vor ein paar Stunden saß ich noch an meinem Schreibtisch und hab Fernsehen gemacht.[21] (Dr. Opitz, der Chefarzt, erklärte mir nach einigen Tagen, dass 40 Prozent derjenigen, die denselben Befund wie ich haben, nicht überleben. Schluck. Im Westendhospital war ich »der Typ, der mit einem akuten Infarkt noch mal eine halbe Stunde zu Fuß zum Arzt geht«.)

Aber jetzt liege ich auf der Intensivstation, benommen, unverständig, immer noch mit sehr langsamem Verstand. Rechts neben mir liegt eine Oma. Was ich als Nähe-Neurotiker sofort registriere: Hier gibt es keinerlei Intimität. Man sieht, riecht, hört alles, ungefiltert. Zwischen uns hängt so ein Vorhang, aber man bekommt seine Spritzen, verrichtet seine Notdurft, stellt seine Fragen, gibt seine Antworten total öffentlich. Hier gibt es nichts Privates. Mein Leben ist plötzlich ganz anders. Aber es ist Leben.

Wie unglaublich dieses Leben ist, stellt sich spätabends heraus. Etwa um 22 Uhr kommt die Nachtschwester, stellt sich vor: »Guten Abend, ich bin Barbara, die Nachtschwester. Kann ich irgendetwas für Sie tun?« Ich fasse mir ein Herz: »Barbara, ich traue es mich kaum zu sagen. Aber ich hätte so wahnsinnig gern ein Bier.« Antwort Barbara: »Da gibt es ein Problem.« Klar, denke ich, Intensivstation, wie soll es da ein Bier geben. Blöder Versuch. »Da gibt es ein Problem«, sagt also Barbara und fährt fort: »Ich hab nur Schultheiss.«

Für Menschen, die sich mit Berlin nicht auskennen: Das ist wirklich kein gutes Bier. Aber DAS ist der gute, originale, verblüffende, wortwitzige, souveräne Humor Typ Berlin.

Gibt es nur da. Nirgendwo sonst. Fünf Minuten später bringt mir Barbara eine Flasche Schultheiss, eiskalt, Kondenswasser perlt an der Flasche. Ich mache Barbara einen Heiratsantrag, den sie ablehnt. Am Tag meines überlebten Herzinfarktes bekomme ich nachts auf der Intensivstation ein Bier. Das ist meine neue Definition von Glück.

An dieser Stelle ist festzuhalten: Ich habe nie in meinem Leben eine zugewandtere, lebenesklügere und witzigere Personengruppe kennengelernt als die Pflegerinnen, Pfleger, Ärztinnen und Ärzte auf der Intensivstation. Mir schien es unglaublich, mit welcher Zugewandtheit sie mit durchaus anstrengenden Menschen (die zweite Oma, die neben mir zum Liegen kam, war zum Beispiel ein wahrer Schrecken für die Mitwelt) umgingen, welche Sorgfalt und Lässigkeit sie bei all ihren zum Teil ja wirklich nicht schönen Arbeiten an den Tag legten und wie witzige Dialoge ich dort hatte. Ich erspare an dieser Stelle die Defäkationssituationen, aber selbst etwas, was ansonsten nur demütigend sein kann, kann extrem witzig über die Bühne gebracht werden, wenn es wie ein Stück gespielt wird.

Kurz: vom Hilfspfleger bis zur Chefärztin eine Sensation. Und an keiner Stelle ließ einen jemand von diesen wunderbaren Menschen das Gefühl haben, lästig zu sein. Obwohl man ja genau dies in seinem Selbstgefühl so vollkommen war, nutzlos, abhängig, nichts zu bieten, nur Bedürfnisse. Und ein Satz hat sich mir eingeprägt, der vom Chefarzt der Kardiologie, Dr. Opitz, ausgesprochen wurde und der ein Standardsatz von Kardiologen ist: »Seien Sie nicht tapfer!«

Aber hier muss zu Protokoll gegeben werden, was ich mir nach diesen zwei Tagen auf der Intensivstation geschworen habe: Werde ich irgendwann in einer öffentlichen Situation sein, in der irgendein Idiot darüber schwadroniert, dass in diesem Land nichts funktioniere und überall nur Schwachsinn und Unfähigkeit herrsche, stehe ich auf und haue ihm ansatzlos und erklärungsfrei eine vors Maul. I swear. Ich bin das diesen Menschen schuldig. Danke an Sie alle! (Und falls Ihnen, liebe Leserin oder lieber Leser, jemals etwas Ähnliches passiert wie mir, und das zufällig in Berlin, sagen Sie dem Rettungsteam: DRK-Kliniken Westend, merken!)

Wie es weiterging, ist nicht so arg interessant: Ich bekam noch zwei weitere Stents, weil irrsinnigerweise alle drei Kranzgefäße um mein armes Herz herum zugesetzt waren, musste mit einem Permanent-EKG 24/7 überwacht werden und bekam nach meiner Entlassung eine Life-Vest, was man sich etwa so vorstellen muss wie die Sprengstoffweste eines islamistischen Attentäters. Nur dass die Life-Vest gerade nicht tötet, sondern im Fall eines plötzlichen Herzstillstands einen ordentlichen Stromschlag losjagt und einen nicht nur ins Leben zurückholt, sondern auch gleich noch 112 anruft. Man kann sich vorstellen, mit welchen Gefühlen man sich abends zur Ruhe bettet, wenn man eine solche Weste trägt. Nach vier Wochen bekam ich zur Life-Vest noch ein Dauer-EKG umgehängt, womit ich mich dann endgültig wie ein Cyborg fühlte. Aber dann, nachdem Frau Dr. Sonja Diekmann, die weltbeste Ärztin, meine Lebensretterin nämlich, alle Daten von Life-Vest und EKG akribisch ausgewertet hatte, durfte ich das Zeug ablegen und mich unversehrt fühlen.

Dr. Diekmann nämlich hatte ich nach meiner Entlassung zu meiner betreuenden Ärztin auserkoren. Ist ja ein altes indianisches Gesetz: Wenn man jemandem das Leben gerettet hat, ist man für ihn bis ans Ende aller Zeiten verantwortlich. Und das mit dem Retten meines Lebens, das hatte sie ja wirklich getan. Sie hatte sich sogar bei den Kollegen im Krankenhaus erkundigt, ob ich es überlebt hätte, und diese Kollegen wiederum konnten das bestätigen, ihr aber zugleich versichern, »dass der (also ich) überhaupt noch nicht kapiert hat, was mit ihm los ist«. Exakt. Während ich mich seit dem Bier von Nachtschwester Barbara schon wieder super fühlte, wussten alle anderen, dass ich zwar dem Teufel gerade noch so aus der Kiepe gesprungen war, aber nun erst mal eine echt gefährdete Existenz war. Weder hatte ich verstanden, wie fragil mein Zustand aussah, noch dass ich auf dem besten Weg zum Pflegefall war. So ein Infarkt hinterlässt eine Narbe am Herzen, und je länger es bis zur Rettung dauert (time is muscle, sagen die Kardiologen), desto größer kann die Narbe werden. Und vernarbtes Gewebe pumpt nicht, verringert also die Herzleistung. Ich hielt mich schon für geheilt, als ich noch im Krankenhaus lag, obwohl es durchaus passierte, dass eine Schwester völlig panisch ins Zimmer gestürzt kam, während ich gerade E-Mails las oder so, weil der Monitor Herzrythmusstörungen anzeigte. Ich hielt das für übertrieben. Es ist höchst erstaunlich, wie wenig man hört und verstehen will, wenn es um einen selbst und sein Leben geht, zumal dann, wenn die Lage schlecht ist. Selektive Aufmerksamkeit. Schlechte Nachrichten kommen nicht durch. Auf keinen Fall.

Einblendung zwischendurch: Ich habe vorher keine Herzbeschwerden gehabt, mein Internist hat nie irgendetwas in dieser Richtung gesagt oder gefragt (wahrscheinlich fahrlässigerweise), ich wusste von keinen Risikofaktoren (außer bis vor 15 Jahren beidhändiger Raucher gewesen zu sein), die Symptome, die mich schließlich zur lebensrettenden Kardiologin getrieben hatten, waren keine Schmerzen, kein Druck in der Brust, nichts, was ich zuordnen konnte. Der Infarkt kam in derselben Unvermitteltheit wie ein Blumentopf, der einem von irgendeinem Fensterbrett auf den Kopf fällt. Jeder normale Mensch googelt dann nicht die Adresse der nächsten kardiologischen Praxis, sondern wählt 112. Aber jeder normale Mensch landet auch nicht bei einer Ärztin, die alles so schnell und richtig macht wie die weltbeste Ärztin. Mehrere Kollegen im Westend versicherten mir, dass ich das ohne ihre Blitzreaktionen wahrscheinlich nicht überlebt hätte. Ich verdanke ihr mein Leben.

Heute, etwa zehn Monate später, geht es mir glänzend. Ich nehme noch allerlei Medikamente, aber eine abschließende Untersuchung mit der netten Erfahrung eines Stress-MRT hatte nur Erstaunliches erbracht: Ich habe heute eine »geringgradig eingeschränkte« Herzleistung, die zwar dagegen spricht, dass ich auf den Kilimandscharo steige, aber davon abgesehen kann ich alles, Sport machen, Wein trinken, wandern gehen, was auch immer. Glück gehabt, unendlich viel Glück, und eine wahnsinnig gute Betreuung. Ein Gefühl von großer Dankbarkeit. Auf den Kilimandscharo wollte ich ohnehin nicht.

Ich hatte in meinem Leben zwei schwere Sportunfälle, bin mit einem alten Käfer bei Glatteis gegen einen Baum gefahren, mit dem Motorrad verunglückt und bei einem Fahrradcrash so schwer gestürzt, dass ich erst im Krankenhaus aufgewacht bin und keinerlei Erinnerung an den Unfall habe. Trotzdem oder vielleicht gerade deswegen habe ich mich bis zum 22. April 2020 für unsterblich gehalten. An diesem Tag habe ich meine Unsterblichkeitsillusion verloren. Genauer gesagt, ein bisschen später, als mein zerebrales System so langsam begann, die Realität wieder wahrzunehmen.

Seither glaube ich nicht mehr, dass alle Menschen sterben müssen, nur ich nicht. Okay, ich bin eine narzisstische Persönlichkeit, und normalere Menschen, als ich es bin, glauben vielleicht nicht so fest an ihre Unsterblichkeit, wie ich das getan habe. Aber irgendwie sortiert man negative Informationen doch unwillkürlich nach dem Maß, mit dem sie einen betreffen könnten, und jeder Kelch, der an einem vorübergeht, ist eine Bestätigung für die Hoffnung, davonzukommen. Unnachahmlich karikiert das Tolstoi in seiner Erzählung »Der Tod des Iwan Iljitsch«, wenn er beschreibt, wie die Nachricht vom Tode Iwan Iljitschs von seinen Kollegen aufgenommen wird: »Außer den Gedanken an Versetzungen oder Möglichkeiten von Veränderungen im Dienst, die dieser Todesfall nach sich ziehen musste, rief die Tatsache des Verscheidens eines nahen Bekannten in jedem, der davon erfuhr, wie immer das Gefühl einer gewissen Freude darüber hervor, dass man nicht selber gestorben war, sondern jener. ›Was sagt man dazu, er ist gestorben, und ich bin nicht gestorben‹, dies dachte und fühlte wohl ein jeder.«[22]

Und gleichgültig, wie ergebnislos die Verdrängung der Tatsache der eigenen Sterblichkeit ist, wir betreiben sie doch alle mit Leidenschaft. Oder jedenfalls die meisten von uns. Was wiederum damit zu tun hat, dass es in unserer Kultur, wie gesagt, kein Konzept für die Tatsache der Endlichkeit gibt, weshalb sie gesellschaftlich so wenig als Tatsache berücksichtigt wird wie der Tod auf der individuellen Ebene. Wir führen unser Leben so, als ob wir nicht sterben müssten. Weshalb so absurde Erfindungen für selbstverständlich und normal gehalten werden wie das »lebenslange Lernen« – wofür sollte das, bitte schön, gut sein? Weshalb es einen Kult der Jugendlichkeit gibt, der »best ager«, des Nichtalterns, der Faltenfreiheit, der Sportlichkeit, der Hyperaktivität bei Rentnern. Jedenfalls in den modernen Gesellschaften, und das sind immer auch die reichen, in denen man sich das leisten kann. Das ist ein geradezu manisches Suchen nach Hinweisen darauf, dass man die biologischen Gesetze des Alterns von Organismen außer Kraft setzen kann, und je drahtiger und geglätteter einem Siebzigjährige entgegenkommen und voller Vorfreude von ihrem nächsten Halbmarathon erzählen, desto verrückter kommt mir das vor. Es kann ja alles das Ende nicht verhindern.

Und eine Erfahrung, wie ich sie habe machen dürfen – die Psychologie nennt das ein »kritisches Lebensereignis« –, verändert das Leben fundamental, das man ab da noch leben darf. Ich finde seither auch schlechtes Wetter gut und nehme vieles von dem, was großmaßstäblich um mich herum geschieht, nicht mehr so dramatisch wichtig, jedenfalls nehme ich es nicht persönlich. Auch meine Bereitschaft, jede E-Mail zu lesen, hat stark abgenommen. Anderes ist dafür umso wichtiger geworden, etwa die Freundschaften, die sich während des kritischen Lebensereignisses als belastbar, nein, als wunderbar erwiesen haben. Da entpuppten sich plötzlich Menschen, zu denen ich gar nicht so ein enges Verhältnis zu haben glaubte, als extrem einfühlsam und hilfsbereit, und manche riefen täglich an, nur um zu fragen, wie es mir geht. Andere erwiesen sich in dieser Hinsicht als Totalausfall, und das finde ich nicht traurig, sondern vor allem informativ. Wir leben ja unser normales Leben, solange nichts Gravierendes passiert, gewissermaßen im Modus der Probe und haben das Gefühl, es wird noch unendlich lange dauern, bis das Stück dann tatsächlich aufgeführt wird. Eine Krankheit, wie ich sie überstehen durfte, ist aber nicht die Probe, sie ist das Stück. Mit wem man das gut spielen kann, das weiß man dann. Ich halte es ja mit Kurt Wallander, Henning Mankells fiktionalem Kommissar, der immer dann, wenn sein Team eine falsche Spur verfolgt hat, sagt: »Dann wissen wir das.« Genau, wenn sich etwas als nicht haltbar erwiesen hat, dann weiß man das. Da liegt mehr an Erkenntnis drin, als wenn man glaubt, es würde sich etwas als haltbar erweisen, wenn es darauf ankäme. Das ist bis zum Ernstfall nur ein Glaube.

Wie gesagt, ich habe meine Unsterblichkeitsillusion verloren. Zum Glück. Denn das Bewusstsein, dass mein Leben endlich ist, mehr noch, ganz direkt, von einem Moment auf den anderen zu Ende sein kann, ist ja kolossal wichtig dafür, was ich mit ihm mache. Lebe ich weiterhin im Vorentwurf auf das, was dann irgendwann mal kommt (wie ein Sechzehnjähriger, der das mit Recht macht – aber für jemand 60 plus ein wenig albern, nicht wahr)? Glaube ich weiterhin, ich habe die Wahl, Menschen auszuprobieren, anzuziehen wie Kleider (das war jetzt von Max Frisch geklaut)? Macht es Sinn, meine Eitelkeit zu zelebrieren, auch wenn mich schon niemand mehr attraktiv findet? Gibt es eine Gymnastik, mit der man sich für die Endlichkeit des Lebens geschmeidig trainieren kann? Hat das Bewusstsein von der eigenen Sterblichkeit statt Schrecken womöglich – Schönhei?

Und könnten wir nicht, wenn wir jetzt von meinem Fall in die Gesellschaft zurückblenden, viel besser und womöglich auch schöner auf unsere ökologischen Herausforderungen reagieren, wenn wir sie als Endlichkeitsphänomene akzeptieren und endlich Konzepte des Aufhörens entwickeln würden, als immer nur wie in einer immerwährenden Beschwörung der Grenzenlosigkeit weiterzumachen und zu optimieren, was man in Wahrheit aufgeben müsste?

Reste

Auch wenn ich geschrieben habe, dass der Tod in der Moderne privatisiert worden ist und die Kultur der Moderne den Gedanken an jede Endlichkeit scheut wie der Teufel das Weihwasser, so finden sich doch zahlreiche Reste nichtrationalen Denkens in der modernen Gegenwart: »Wie sich jüngst auf den Ozeanen gigantische Wirbel aus Plastikabfällen gebildet haben, deren biologischer Abbau Jahrhunderte, wenn nicht Jahrtausende dauern wird, so können auf den Weltmeeren des Seelischen gewaltige Wirbel aus Götter-Rückständen entstanden sein, mögen sie auch seltener bemerkt werden. Deren Entgiftung und Rezyklierung ist

theologisch, ethnologisch, psychologisch, kulturgeschicht-
lich und ästhetisch unerledigt.«[23]

Solche Götter-Rückstände finden sich naturgemäß dort,
wo man von »Schicksal« spricht, wenn jemandem scheinbar grundlos etwas zustößt, wo Menschen Homöopathie
der Schulmedizin vorziehen, wo man sich etwas wünscht,
wenn man eine Sternschnuppe fallen sieht, oder wo von
Niels Bohr, dem Nobelpreisträger und Erfinder des Atom-
modells, die folgende Anekdote berichtet wird: Von einem
erstaunten Besucher seines Labors, über dessen Tür ein
Hufeisen hängt, wird Bohr gefragt, ob er etwa abergläu-
bisch sei. »Natürlich nicht«, antwortet Bohr, »aber es kann
ja sein, dass es trotzdem hilft.« So ähnlich betrachte ich die
Astrologie oder auch telepathische Phänomene, ich denke,
ist ja Quatsch, gibt es aber vielleicht trotzdem.

Und, unter uns, sind die Theorien vom Urknall oder die
von den schwarzen Löchern nicht mindestens so metaphy-
sisch wie die Idee, dass die Konstellation der Sterne zum
Zeitpunkt meiner Geburt irgendetwas mit meinem Leben
zu tun haben könnte? Ist das CERN, dieser Teilchenbe-
schleuniger von 27 Kilometer Umfang, der 100 Meter tief
in der Erde vergraben ist und mit dem 15- oder 20 000 Wissenschaftlerinnen und Wissenschaftler mit einem Jahres-
budget von einer Milliarde Euro arbeiten, rationaler als
kultische Handlungen, mit denen man Regen oder eine gute
Ernte beschwört? Okay, man konnte für dieses Geld zum
Beispiel das Higgs-Teilchen, dessen Existenz man schon in
den 1960er Jahren theoretisch erfunden hatte, 2013 dann
in echt nachweisen (oder so ähnlich), dafür gab es dann
den Nobelpreis, aber ist das wirklich so viel besser als magisches Denken? Oder die vielen Milliarden, die in den ab-
surden Fusionsreaktor Iter versenkt wurden, wo die beteiligten Wissenschaftler inzwischen mehr Kreativität in die
Begründungen für weitere Milliarden investieren als in die

ganz offensichtlich sinnlose Weiterforschung an dem Ding, dem man schon ansieht, dass es nie funktionieren wird. Hier konvergiert moderne Wissenschaft mit der Kunst eines Panamarenko oder Jean Tinguely: sehr hübsch, aber doch flugunfähig.

Oder welche Rationalität liegt dem unablässigen Versuch zugrunde, an einem politischen, nicht wissenschaftlichen Wert wie dem berühmten 1,5-Grad-Ziel manisch festzuhalten, obwohl die Voraussetzungen, dieses noch zu erreichen, so zahlreich sind, dass das Vorhaben völlig illusorisch ist – oder ist es rational, zu glauben, dass die Weltwirtschaft innerhalb weniger Jahre sich so umstellt, dass sie Frieden mit dem Klima schließen würde? Oder dass man, um die Absurdität perfekt zu illustrieren, behauptet, man könne mit der Produktion von Elektroautos das Klima schützen? Weit mehr Vernunft liegt in dem Vorschlag eines jungen Automechanikers, die bislang gebauten Autos so lange zu reparieren und zu erhalten, sie als Taxis und Car-Sharing-Fahrzeuge einzusetzen, bis die in sie investierte Energie und in ihnen verbauten Rohstoffe final verbraucht sind – stattdessen geben Regierungen Prämien dafür, neue zu kaufen.

Eine höchst eigentümliche Reaktionsbildung auf die Dissonanz, die daraus entsteht, dass man um jeden Preis ein Kulturmodell fortsetzen möchte, obwohl es auf objektive Grenzen, also auf die Tatsache der Endlichkeit stößt, ist diese: Man ersetzt Handlungen durch Ziele. Nur dann ist das 1,5-Grad-Ziel systemkonform: Indem man das Problem von der Gegenwart in die Zukunft verschiebt, kann man Konferenzen veranstalten, Unterziele vereinbaren, die Autoindustrie fördern, Kohleausstieg 15 Jahre später oder auch früher vereinbaren usw. usf. In den sogenannten Jamaika-Verhandlungen nach der Bundestagswahl 2017, so wurde mir berichtet, waren die Unterhändler der GRÜ-

Abb. 6: Panamarenkos Aeromodeller: Fliegen lernen

NEN verblüfft, dass die der CDU überhaupt kein Problem damit hatten, ambitionierte Klimaziele zu vereinbaren. Schwierig wurde es dann, wenn man darüber reden wollte, welche Notwendigkeiten aus diesen Zukunftszielen für das politische Handeln heute folgten. Ach, so war das doch nicht gemeint! Und als das Bundesverfassungsgericht am 29.4.2021 die Regierung darauf verpflichtete, die Freiheit nachfolgender Generationen zu schützen, indem sie rechtzeitig auf ökologische und klimatologische Probleme reagiert, setzte man in Rekordzeit – neue Ziele …

Die Kulturgeschichte des 21. Jahrhunderts wird diesen Move vom Handeln zum Zielesetzen dereinst vielleicht lustig finden, vielleicht aber auch nicht. Jedenfalls ist das Formulieren von Klimazielen die vornehme Fassung der klassischen Lebenslüge, da es ja dazu dient, trotz besserer Einsicht so weitermachen zu können wie bisher. Anders gesagt: Das Setzen des Ziels blockiert den Weg dahin. Weil es den Irrtum festschreibt, dass Zukunftsprobleme Probleme seien, die man in der Zukunft lösen muss.

Man sieht, in alle Versuche, ein offensichtlich in die falsche Richtung laufendes Zivilisationsmodell um jeden Preis und mit jedem Argument weiter zu betreiben, geht eine Menge magisches Denken ein. Mit Vernunft oder gar wissenschaftlicher Rationalität hat das nicht viel zu tun – wobei zugleich deutlich wird, dass der Begründungszusammenhang für diese oder jene Forschung ja in jedem Fall von außerhalb der Wissenschaft kommt, vonseiten der Wirtschaft, der Gesellschaft, der Politik, jedenfalls nicht aus der reinen Vernunft.

Genau der außerwissenschaftliche Begründungszusammenhang für Wissenschaft sorgt nicht nur für die interessanten Konjunkturen, die einzelne Fächer genießen und dann wieder nicht, er sorgt auch dafür, dass ein erheblicher Schuss Irrationalismus bei den meisten von uns auch im »Zeitalter der Vernunft« übrig geblieben ist. Und der tiefere Grund liegt vermutlich darin, dass sich die uns umgebende Wirklichkeit eben nicht vollständig entschlüsseln lässt. Die Wissenschaft korrigiert so einen Satz sofort, weil in ihm das »noch« fehlt. Karl Popper hat diese Haltung erkenntnistheoretisch mit seiner Setzung unterstrichen, dass mit dem Maß an Wissen auch die Menge des Nichtwissens zunimmt. Völlig zutreffend, das bringt die wachsende Komplexität der Erkenntnis dessen, »was die Welt im Innersten zusammenhält«, logisch mit sich und ist im Übrigen eine grandiose Arbeitsbeschaffungsmaßnahme für die Wissenschaft: Nicht umsonst enden alle Vorträge und Abhandlungen mit »more research is needed«. Und zwar, bitte schön, natürlich in der Richtung, die die Forschung bis dahin eingeschlagen hatte.

Hier zeigt sich ein unauflösbares Spannungsfeld zwischen der Eingebundenheit des gesellschaftlichen Teilsystems, das Wissenschaft heißt, in die jeweils aktuellen Interessen, Machtverhältnisse und Selbstbilder einer Kultur, zu der das Personal der Wissenschaft immer und unausweichlich gehört. Den Wahn erkennt natürlich niemals, wer ihn selbst noch teilt, hat Sigmund Freud gesagt, und so betrachten wir alle unsere Welt begrenzt durch unsere kulturellen Wahrnehmungs- und Deutungsformate. Deshalb stellt man sich das Gehirn wie einen Computer vor oder erfindet das Menschenbild des »Homo oeconomicus« und richtet dann die Welt danach zu.

Das alles ist, wie es ist. Das spezifische Spannungsfeld zum System Wissenschaft ergibt sich aber daraus, dass gerade dieses Teilsystem für sich in Anspruch nimmt, mit genau bestimmten Methoden und exakt festgelegten »Gütekriterien« gesichertes Wissen bereitzustellen. Das hat – wir haben es gerade in der Coronapandemie gesehen – seinen guten Sinn, denn wissenschaftliche Erkenntnis kann nur dann sinnvoll handlungsleitend sein, um ein Virus zu bekämpfen, wenn man weiß, wie es sich ausbreitet. Dasselbe Verfahren kann aber leider auch *sinnwidrig handlungsleitend* sein, wenn wissenschaftliche Erkenntnis zu Rassentheorie und Eugenik führt und »lebensunwertes« oder »gemeinschaftsfremdes« Leben bekämpft. In beiden Fällen bilden außerwissenschaftliche Werte und Politiken den Verwendungszusammenhang von ordnungsgemäß durchgeführter Wissenschaft, mit fundamental unterschiedlichen Ergebnissen. Aus diesem schlichten Grund übrigens ist eine Politik, die auf Wissenschaft gegründet wird, immer totalitär.[24]

Daneben wird aus Sicht der Wissenschaft oft übersehen, dass die von ihr bereitgestellten Daten, Befunde und Erkenntnisse eben in einen gesellschaftlichen Verwendungszusammenhang fallen, der mit ihnen Dinge anstellen kann, an die die Wissenschaftlerinnen und Wissenschaftler im

Traum nicht gedacht hätten. So kann die unablässige Mitteilung besorgniserregender Befunde aus der Klimaforschung – also etwa über das Abschmelzen der Gletscher oder des arktischen Eises – durchaus nicht zur Hinwendung zu wünschenswerten Verhaltensweisen, sondern zum genauen Gegenteil führen. Jemand kann ja den alarmierenden Befunden von Hans-Joachim Schellnhuber und den Kolleginnen und Kollegen vom Potsdam-Institut für Klimafolgenforschung ohne jeden Zweifel glauben und ehrlich erschrocken von den absehbaren Folgen eines ungebremsten Klimawandels sein – und gerade deswegen einen Langstreckenflug auf die Malediven buchen, weil man da ja nicht mehr hinkann, wenn sie denn einst wegen des ansteigenden Meeresspiegels untergegangen sein werden.

Wäre die Kreuzfahrtreederei Hurtigruten eigentlich ohne die Klimaforschung auf die geschäftsträchtige Idee gekommen, »wissenschaftlich begleitete« Kreuzfahrten anzubieten, etwa in die Antarktis? Ich zitiere aus einem Prospekt: »Als Nächstes steuern wir die legendäre Drake-Passage an. Während unserer Vortragsreihe erhalten Sie viele Informationen zur phantastischen Tierwelt und Geschichte der Antarktis. Außerdem bereiten wir Sie vor, wie Sie Ihren Besuch so nachhaltig wie möglich gestalten können. Wenn Sie an den Citizen-Science-Programmen teilnehmen, helfen Sie uns, Daten für aktuelle wissenschaftliche Forschung zu sammeln.« Citizen Science, das bedeutet, dass Menschen in ihrem Umfeld Daten zu wissenschaftlichen Zwecken sammeln – etwa Vögel oder Insekten zählen –, und diese Daten dann der Wissenschaft zur Verfügung stellen. Im Rahmen einer Antarktis-Kreuzfahrt bietet Citizen Science die Illusion, dass man etwas Sinnvolles gegen die Erderhitzung unternimmt, indem man mit einem Vergnügungsschiff zur Zerstörung eines Naturraums beiträgt. Auch hierin zeigt sich das magische Denken, dass schon etwas ausgerichtet wäre, wenn man beim falschen Tun das Richtige denkt. Das ist aber nicht der Fall.

Die Industriegewerkschaft Bergbau, Chemie, Energie (IGBCE) zum Beispiel darf sich zu den größten Nachhaltigkeitsverhinderern der Bundesrepublik zählen. Man muss dazu nur ein kafkaeskes Positionspapier lesen, das sie zum Kohleausstieg formuliert hat: »Schon heute zeigt sich, dass viele industriell gefertigte Produkte eine positive CO_2-Bilanz besitzen. Die durch ihren Einsatz vermiedenen CO_2-Mengen sind größer als die bei ihrer Herstellung verursachten. Diese Betrachtung ist zielführender als die isolierte Betrachtung des Ressourcenverbrauchs industrieller Produktionsprozesse.«[25] Mehr produzieren für weniger CO_2! Hier zeigt sich in intellektueller Brillanz, wie man Argumente aus der Klimawissenschaft aufnimmt und ins absurde Gegenteil verkehrt.

Also, etwas überpointiert könnte man sagen: Ohne alarmistische Mitteilungen aus der Klimawissenschaft gäbe es keine Kreuzfahrten in die Antarktis und würde Elon Musk keine Autofabrik in Grünheide in Brandenburg bauen und würde es keine politische Kommunikation geben, die behauptet, dass der ökologische Umbau der Industriegesellschaft deshalb gut ist, weil er uns wirtschaftlich nach vorn bringt. All dies sind kontraintuitive Reaktionen auf die Nachricht, dass wir im 21. Jahrhundert ein Überlebensproblem haben. Es geht aber auch durchaus noch schlimmer.

Weltreichweitengeschichten[26]

»Meine total verrückte Reise um die Welt«, hieß am 12.9.2017 eine ganzseitige Reportage in der *Bild-Zeitung*. Dort berichtete der Reporter Michael Quandt, dass er in nur fünf Tagen »vier Kontinente, acht Städte« bereist und

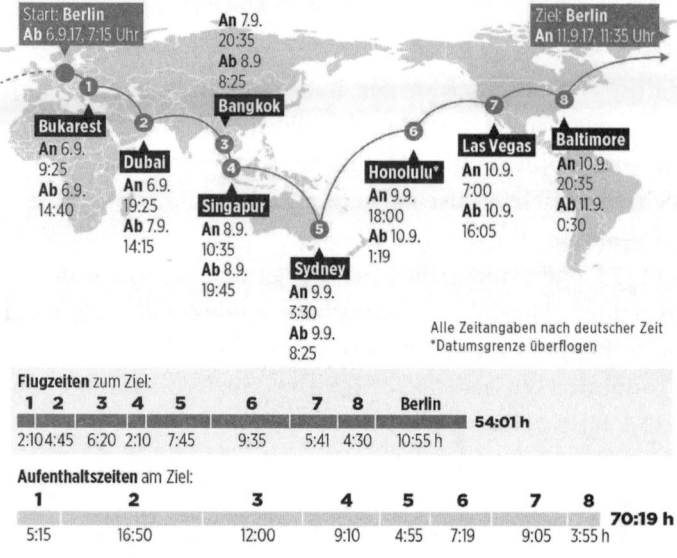

Die irre 124-Stunden-Reise um die Welt
BILD-Reporter besucht 8 Städte auf 4 Kontinenten – für nur 1827 Euro

Start: Berlin
Ab 6.9.17, 7:15 Uhr

An 7.9.
20:35
Ab 8.9
8:25

Ziel: Berlin
An 11.9.17, 11:35 Uhr

Bangkok

①

Bukarest
An 6.9.
9:25
Ab 6.9.
14:40

②

Dubai
An 6.9.
19:25
Ab 7.9.
14:15

③

④

Singapur
An 8.9.
10:35
Ab 8.9.
19:45

⑤

Sydney
An 9.9.
3:30
Ab 9.9.
8:25

⑥

Honolulu*
An 9.9.
18:00
Ab 10.9.
1:19

Las Vegas
An 10.9.
7:00
Ab 10.9.
16:05

⑦

⑧

Baltimore
An 10.9.
20:35
Ab 11.9.
0:30

Alle Zeitangaben nach deutscher Zeit
*Datumsgrenze überflogen

Flugzeiten zum Ziel:
1	2	3	4	5	6	7	8	Berlin
2:10	4:45	6:20	2:10	7:45	9:35	5:41	4:30	10:55 h

54:01 h

Aufenthaltszeiten am Ziel:
1	2	3	4	5	6	7	8
5:15	16:50	12:00	9:10	4:55	7:19	9:05	3:55 h

70:19 h

Abb. 7: Bild-Reportage: Weltreichweite 40 200 Kilometer

dafür 40 200 Flugkilometer zurückgelegt habe – und weil er ausschließlich Billigflieger benutzt hatte, kostete das Ganze lediglich 1827 Euro. Sein Reisebericht ist gespickt mit Ausflugsberichten – Dromedarreiten in Dubai und Shave-Ice-Essen in Waikiki Beach, selbstverständlich alles belegt durch die obligaten Instagram-Fotos. In Dubai geht's in die Rooftop-Bar »Level 43«, in Bangkok auf den Sampeng Night Market, in Singapur in den »coolen Infinity-Pool in der 57. Etage des Marina Bay Sands« undsoweiter undsoweiter. Alle Reisehöhepunkte, wie sie in Prospekten beworben werden und die demgemäß Insta-tauglich sind, werden absolviert und dokumentiert. Die Gesamtbilanz: »das unfassbar tolle Gefühl, für so wenig Geld so viel von der Welt gesehen zu haben«.

74

Abb. 8: Damen SeaXplorer 75: Weltreichweite extra groß

Ein ebenfalls ganzseitiger Artikel in der Sektion »Technik & Motor« der *Frankfurter Allgemeinen Zeitung* informiert am 14.5.2019 über die neue »Königsdisziplin des Yacht-baus«, sogenannte »Explorer«-Schiffe. Die sind gedacht für aktive, abenteuerlustige und sehr reiche Menschen, die sich gern in unbekannte Gefilde etwa der Arktis aufmachen. Die Schiffe haben für solche Leute eine Menge zu bieten: »Die Sea-Explorer 75 wird Suiten für bis zu zwölf Passagiere zur Verfügung stellen. Das erste Exemplar, exakt 76,9 Meter und 14 Meter breit, ist in Bau. Der Käufer, passionier-ter Skifahrer, Wellenreiter und Taucher, wird ein Arsenal an Sport- und Spaßgeräten dabeihaben, Surfequipment, Tauchkammer, Tauchbegleitboot, Skiraum mitsamt Lawi-nensicherheitsausrüstung, zwei Schneemobile, vier Jetski, U-Boot, Rettungsboot, Edel-Tender, zwei Außenborder-Schlauchboote. Die beiden Hubschrauber vom Typ Airbus ACH 125 bringt ein gut elf Meter messender Lift vom Dop-

75

pelhangar im Bauch des Schiffes aufs zertifizierte Helideck. Maximales Startgewicht 4000 Kilogramm.« Falls Sie jetzt überlegen: Warum zwei Helikopter? Ganz einfach: Die sind deshalb an Bord, damit der verwegene Abenteurer gerettet werden kann, wenn er bei einer Exkursion mit dem einen in Not geraten ist – der andere startet dann gleich zur Rettung.

Beide Geschichten berichten von heute je nach Einkommensgruppe unterschiedlich gegebenen Varianten der Vergrößerung von Weltreichweite. Mit diesem Begriff hat der Soziologe Hartmut Rosa treffend ein Merkmal der Moderne bezeichnet: Mit wachsendem Wohlstand und mit jeweils neuer Technologie wächst die Möglichkeit der Einzelnen, über die Welt zu verfügen. Galt es vor hundert Jahren noch absolut nicht als ungewöhnlich, wenn jemand noch nie aus seinem Dorf oder zumindest nicht über die nächstgrößere Stadt hinausgekommen war, wäre das heute eine absolute und erklärungsbedürftige Ausnahme. Fernerfahrungen machten bis in die erste Hälfte des 20. Jahrhunderts hinein vor allem Soldaten auf Feldzügen, alle anderen blieben, bis auf ein paar sehr reiche Menschen, ihr Leben lang zu Hause. Erst nach dem Zweiten Weltkrieg begann in Deutschland der Massentourismus, zunächst mit Italien als Sehnsuchtsland, dann je nach Preislage Spanien, Tunesien, die Türkei usw. Während der NS-Zeit hatten die KdF-Reisen den neuen Massentourismus schon angespielt, im Wirtschaftswunder ging es dann richtig los und hört seither nicht auf. Das Beispiel des *Bild*-Reporters zeigt eindrücklich, dass selbst Weltreisen heute keine exklusive Angelegenheit mehr für Oberschichten sind – für 1827 Euro geht das schon. Eine Reise um die Welt.

Das wiederum ist für die Superreichen unerfreulich, zählt doch solche Steigerung von Weltreichweite zum Statuskonsum, und wenn das alle machen, schwindet der Distinktionsgewinn gegen null. Man muss folgerichtig aufrüsten –

und macht das mit »Explorer«-Schiffen. Aber – ein Blick in die Reiseteile der Printmedien genügt – der Massenkonsum zieht selbstverständlich nach: Hurtigruten fährt in die Antarktis, und Helicopter-Skiing kann man auch in Georgien machen.

Warum erzähle ich das alles? Erstens deshalb, weil die ökologischen Probleme der Gegenwart und der Klimawandel nicht zuletzt exakt darauf zurückgehen, dass expansiver Luxuskonsum besonders dann seine zerstörerischen Wirkungen entfaltet, wenn er zum Massenkonsum wird. Selbstverständlich ist der Besitzer der Explorer 75 ein Umweltzerstörer ganz außergewöhnlicher Größenordnung, aber was Millionen von Billigtouristen auf den Spuren von dessen Modellsetzung anrichten, übertrifft seine Umweltwirkungen um ein Vielfaches. Zweitens, und das ist für die folgenden Überlegungen der wichtigere Aspekt, werden die *Bild-* und die *FAZ*-Geschichten ja deswegen erzählt, weil sie die vergrößerte Weltreichweite als gute Geschichten, zur Nachahmung empfohlen, erzählen.

Exakt auf diese Weise werden »imperiale Lebensweisen«, wie Ulrich Brand und Markus Wissen solchen Weltgebrauch zutreffend genannt haben, als erstrebenswert propagiert, und zwar permanent und kein bisschen gebrochen durch ein halbes Jahrhundert Ökokommunikation. Gesteigerter Weltverbrauch gilt in den Medien wie in der Werbung wie in der Wirtschaft wie in der Politik nach wie vor als wünschenswert und wird entsprechend subventioniert und beworben. Das »Traumschiff« gilt bis heute den Mehrheiten genauso wenig als Alptraum oder auch nur als Anachronismus wie der auf monströse Größe geschwollene Stadtgeländewagen, der wandfüllende Großbildscreen oder die riesenhafte Landhausküche, in der nie gekocht wird – im Gegenteil: Sie rufen bei den meisten ein spontanes Gefühl des »Habenwollens« hervor.

Und sie sollen es ja auch haben wollen: Denn die Standardökonomie geht wie die Standardpolitik nach wie vor davon aus, dass Wachstum volkswirtschaftlich nicht nur notwendig sei, sondern auch unabdingbar, will man die Gesellschaft stabil halten. Würde man statt »Wachstum« allerdings jedes Mal »gesteigerter Verbrauch« sagen, würde die zugrundeliegende Problematik sofort etwas deutlicher: Denn die Logik permanenter Steigerung des Weltverbrauchs ist es ja, was das zivilisatorische Modell der Moderne im 21. Jahrhundert in ganz erhebliche Schwierigkeiten bringt.

Wenn man also die Frage stellt, wie man Menschen in Hyperkonsumgesellschaften wie der Bundesrepublik zum nachhaltigen und klimafreundlichen Handeln motivieren soll, dann muss man ganz grundsätzlich in Rechnung stellen, dass die eigenen Bemühungen in starker, wenn nicht toter Konkurrenz stehen zu Geschichten wie den eben zitierten. Denn die Dominanz von Weltreichweitengeschichten Typ Explorer ist allumfassend, wie jeder Blick in die Reiseteile der Printmedien und die 24/7-Dauerbeschallung mit entsprechender Werbung im Internet zeigt. Da scheint es etwas verwegen, in Aufforderungen zur Genügsamkeit oder »Suffizienz« ein attraktives Gegenmodell zu sehen und auf Fans zu hoffen. Welcher Siebzehnjährige ist denn an »Genügsamkeit« interessiert?

Irreführend ist es auch, wenn man Besserung durch Bewusstseinsbildung anstrebt. Bewusstsein ist mit Handeln nur lose verkoppelt, was sich sofort erschließt, wenn man die Werte zur Umwelt- und Klimabesorgnis in Umfragen mit dem radikal gestiegenen Umweltverbrauch in den vergangenen Jahrzehnten korreliert. Parallel zum Anwachsen des Umweltbewusstseins ist das BIP kontinuierlich gewachsen, und das bedeutet: Mehr Material musste mit mehr Energieaufwand gewonnen und bearbeitet werden, mehr

Güter wurden global umgeschlagen und transportiert, mehr Emissionen und Müll fielen an – bis hin zu dem Punkt, an dem die tote Masse die Biomasse übertrifft. Und nach diesem Horizont geht es immer noch weiter. »Jede globale Fabrik braucht eine globale Farm.«[27] Das schreiben Raj Patel und Jason Moore in ihrem Buch »Entwertung« und weisen auf einen grundlegenden, aber meist absichtsvoll übersehenen Sachverhalt hin: »Industrie-, Dienstleistungs- und Technologiebetriebe sind auf die Aneignung von Arbeit und billiger Natur angewiesen, für die sie kaum aufkommen müssen. Die Apps auf Ihrem iPhone, die im kalifornischen Cupertino konzipiert und von sich selbst ausbeutenden freien Software-Ingenieuren programmiert werden, laufen auf Chips, die drakonisch überwachte Arbeiter in China zusammenbauen, unter Verwendung von Mineralien, die inmitten blutiger Auseinandersetzungen in der Demokratischen Republik Kongo gewonnen werden.«[28]

Die offensichtlichen Widersprüche werden gesellschaftlich so bearbeitet, dass man – geradezu valentinesk – die Generierung von mehr Wohlstand zur Voraussetzung erklärt, um hinterher etwas für die Umwelt oder die Arbeiterinnen und Arbeiter vor Ort tun zu können. Oder dass man konventionelle Produkte ergrünen lässt, was am Ende einen riesigen Stadtgeländewagen mit Hybridantrieb genauso als »klimafreundlich« erscheinen lässt wie ein Kreuzfahrtschiff mit Gasantrieb. Dass Produkte wie diese nachhaltig nur dann wären, wenn es sie nicht gäbe, wird übersehen. So funktioniert Kapitalismus: In aller Geschmeidigkeit ist er in der Lage, wirtschaftlich zu inkorporieren, was sich ursprünglich kritisch zu ihm verhielt. Auch Umweltbewusstsein kann zur Eigenschaft von Ware werden.

Und individuell lässt sich das verbleibende Unbehagen, das mitunter doch entsteht, wenn man Dinge tut, die *eigentlich* falsch sind, ausgesprochen leicht bewältigen.

Gründe gibt es immer, und sie kosten nichts. Menschen haben nicht das geringste Problem damit, die eklatantesten Widersprüche mühelos zu integrieren und im Alltag zu leben. Das Menschenbild, das voraussetzt, dass Menschen nach Widerspruchsfreiheit streben, hat sich aus Moralphilosophie und Theologie in unsere Vorstellungswelt eingeschlichen, ist aber völlig unzutreffend. Menschen verhalten sich in unterschiedlichen Situationen höchst unterschiedlich, weil sie – im Beruf, beim Sport, in der Familie, unter Freunden – jeweils ganz verschiedene Anforderungen zu erfüllen haben und mit beständig wechselnden Rollenerwartungen konfrontiert sind. Denn mit der funktionalen Differenzierung von Gesellschaften, die arbeitsteilig organisiert sind, ist ein höchst flexibler Subjekttypus entstanden, der in der Lage ist, wechselnde und oft sogar höchst widersprüchliche Rollenanforderungen in Familie, Beruf, Verein, Freundschaftsbeziehungen etc. geschmeidig zu bewältigen. Der US-amerikanische Soziologe Erving Goffman hat sein ganzes Werk darauf verwandt, zu zeigen, dass Menschen in modernen Gesellschaften je nach Situation höchst unterschiedlich wahrnehmen, deuten und handeln und dass sie keinerlei Problem damit haben, sich in der einen Rolle von Normen zu distanzieren, denen sie in einer anderen Rolle folgen (»Fragen Sie mich als Politiker oder als Mensch?«). Es ist, außer im pathologischen Grenzfall, Unsinn, das Handeln von Menschen auf Motive zurückzuführen, die situationsunabhängig wirksam würden. Und moderne Gesellschaften können umgekehrt mit Normpathologen nichts anfangen. Jemand, der situationsunabhängig wechselnde Anforderungen mit der immer gleichen Antwort versieht, landet in modernen Gesellschaften in der Psychiatrie.

Der flexible Mensch ist keine pathologische Spielart des eigentlich starren, sondern genau jener, den alle Sozialisationsinstanzen und Bildungseinrichtungen in modernen Gesellschaften formen: weil sie genau ihn brauchen, um funktionieren zu können. Menschen sollen flexibel sein, agil, bereit, lebenslang zu lernen, dazu am besten schnell, wach, kreativ, und in all diesen Eigenschaften bitte nicht selbst denken, sondern konformistisch.

Und weil das immer verwechselt wird: Moralische Überzeugungen sind nicht handlungsleitend, sondern geben uns eine Richtschnur dafür, welche Begründung dafür geeignet ist, eine falsche Handlung mit einem richtigen Bewusstsein in Deckung zu bringen. Das universelle Scharnierwort dafür heißt: »eigentlich«. Die Existenz dieses seltsamen Wortes selbst weist ja schon darauf hin, dass der Widerspruch zwischen Anspruch und Handlung etwas ganz Alltägliches ist. Dabei hat sich die Wortbedeutung von »wesentlich« zunehmend auf »ich weiß, dass ich sollte, aber ich habe Gründe, es nicht zu tun« verschoben. Wer ein solches Wort hat, braucht keine Freiheit von Widersprüchen.

Hinzu kommt, dass es vor allem Routinen und Gewohnheiten sind, die alltägliches Handeln anleiten. Das Allerwenigste von dem, was wir tun, verdankt sich bewusster Entscheidung, das Allermeiste ist voreingestellt, durch die materiellen und kulturellen Gegebenheiten, die die Welt bilden, in der man existiert. Wir hatten das schon: Die Welt, in der man aufwächst, ist die Welt, wie sie fraglos ist. Ihre Textur bildet die kulturelle und soziale Grundierung unserer jeweiligen Existenz, die symbolische Sinnwelt. Und deren Regeln sind gerade deshalb so wirksam und wirklichkeitsbestimmend, weil sie praktisch nie Gegenstand bewusster Reflexion werden. Was einem nicht bewusst ist, kann man auch nicht kritisieren oder in Zweifel ziehen.

Die sozialen Regeln des Alltagslebens bilden aber keineswegs den einzigen unbewussten Hintergrund unserer

Orientierungen und Erwartungen. Insbesondere moderne Gesellschaften sind bis in die Tiefe strukturiert durch institutionelle Verregelungen und Infrastrukturen jeglicher Art. Die *assumptive world* (Alfred Schütz), in der man lebt, prägt nicht nur Wahrnehmungen und gibt Deutungen vor (»Hunde kann man nicht essen«), sondern legt einem damit zugleich kulturelle Verpflichtungen auf und stellt Bindungen her, die gleichfalls unbewusst bleiben. Jede Kultur stattet ihre Mitglieder mit Verhaltens-, Erwartungs- und Gefühlstandards aus, die ihre Wirksamkeit gerade daraus beziehen, dass man sich gewöhnlich nie Rechenschaft über sie abgelegt hat. Daher erreichen Bemühungen um die Veränderung solcher Standards überhaupt nichts, wenn sie nur auf der kognitiven Ebene ansetzen – also dort, wo etwas der Erfahrung bewusst zugänglich ist. Weil Habitusprägungen jenseits der Bewusstseinsschwelle verlaufen, bleibt es in Regel auch erfolglos, an »Einsicht« und »Vernunft« zu appellieren. Die Welt funktioniert kantianisch nur in dem schmalen Ausschnitt, den das wache Bewusstsein erfasst. Und Einsicht dringt meist nicht bis zum Verhalten vor, weil Verhalten nicht aus Einsicht entsteht.

Sozialpsychologisch bedeutsame Sachverhalte wie diese bringen schlechte Nachrichten, etwa aus den Klimawissenschaften, in ein eigentümliches Spannungsverhältnis zur gelebten Wirklichkeit: Denn jedes Datum, jedes Diagramm, jede flammende Rede von Mojib Latif oder Hans Joachim Schellnhuber werden als Bedrohung der gewohnten Lebensweise interpretiert. Je ernster sie genommen werden, desto weniger gleichgültig wirken sie. Paradoxerweise können aber schlechte Nachrichten aus der Wissenschaft das Gegenteil der gewünschten Wirkung haben: Angst und Verlustaversion führen nicht zur Veränderung von Lebensstilen und Kulturmodellen, sondern zum desto intensiveren Festhalten daran. Gerade jetzt gilt es, noch das Maximale

Abb. 9: Man wird es später nicht erklären können

herauszuholen! Wie anders wäre es zu erklären, dass Autos seit Bekanntwerden der Klimaproblematik nicht etwa kleiner und sparsamer, sondern immer größer und ressourcenbedürftiger geworden sind? Die PS-Zahl neuzugelassener Fahrzeuge hat nicht ab-, sondern kontinuierlich zugenommen, ebenso das Durchschnittsgewicht. Das Design, das in den 1980er Jahren etwa Auspuffrohre verschämt hinter Stoßstangen versteckte, zeigt sie heute in riesigen (und funktional völlig unnötigen) Rohren vor, das Frontdesign der Autos ist aggressiv wie nie zuvor in den vergangenen 100 Jahren und der Platz- und Weltbedarf der Fahrzeuge unbegrenzt.

Dasselbe gilt mutatis mutandis für die Tourismusformen, die in ihren Spielarten vom E-Mountain-Biking bis zur Arktis-Kreuzfahrt expansiv und eskapistisch wie niemals zuvor sind. Psychologisch gesprochen: Die datengestützte Aufforderung zur Änderung des hyperkonsumistischen Lebensstils erzeugt Reaktanz; die Leute machen das exakte Gegenteil des Erwünschten. Sie wollen schnell noch mal mehr – Überraschung!

Nur Angehörige des Betriebssystems Wissenschaft glauben infolge einer *déformation professionelle*, dass Wissen Handeln anleite; andere Menschen sind da realistischer und nehmen an, Interessen, Macht, Gewohnheit, Desinteresse und anderes mehr sind vielleicht wirkmächtiger als Wissen. Dummheit übrigens auch.

Es wäre mithin dringend an der Zeit, mit dem Mahnen und Warnen aufzuhören. Nicht nur, weil es habituell und biographisch bei jenen längst eingepreist ist, die seit mehreren Jahrzehnten, oft also lebenslang, denselben Mahnungen und Warnungen (»Es ist 5 vor 12!«) ausgesetzt sind, ohne dass sich am wirtschaftlichen und gesellschaftlichen Betriebssystem in der Entwicklungsrichtung auch nur das Geringste geändert hätte. Sondern auch, weil der Wille zum Weltverbrauch mit der Intensität der Mahnungen und Warnungen offensichtlich nicht ab-, sondern zunimmt.

Herr Ochs bekommt Angst

Hier kommen zwei Aspekte unglücklich zusammen: In der imperialen Lebensweise scheint erstens alles, was die Welt zu bieten hat, jenen einfach zur Verfügung zu stehen, die es bezahlen können. »Was kostet die Welt?«, lautet die rhetorische Formel dazu nicht zufällig, und zweitens weckt der Hinweis auf Grenzen des Wachstums schnell aggressive Reaktanz. »Ich lass mir meinen hart ersparten SUV nicht von diesen Kids vermiesen.« So schrieb mir sichtlich erbost ein Herr Eberhard Ochs in Reaktion auf einen Artikel von mir in der *ZEIT*, in dem ich ein Verbot von SUVs vorgeschlagen und zustimmend über die Proteste der *Fridays for Future* geschrieben hatte. Dieselbe Aggressivität zeigt sich dort, wo Politiker die Massenfleischesser und Urlaubsflieger gegen Anhänger von Veganismus und Flugscham glau-

84

ben in Schutz nehmen zu müssen. Es ist schon erstaunlich, welche Aggressionen die »Kids«, die Herrn Ochs in Rage bringen, hervorrufen – denn die wenigsten von ihnen fordern ja eine Revolution oder gar einen Sturz des Systems. Aber es genügt schon, wenn jemand sagt: »Wir sehen da eine Grenze«, damit das als Angriff auf den eigenen Lebensstil verstanden wird.

Vielleicht zeigt solche Aggression aber ganz zart an, dass da doch ein Zweifel nagt, ob sich der Lebensstil der grenzenlosen Verschwendung wohl noch lange fortsetzen lässt. Ich glaube nicht, dass sich irgendein harter Intensivkonsument vor zehn oder fünfzehn Jahren vor einer veganen Schülerin gefürchtet hätte – aber heute werden sofort panische Verteidigungsstellungen eingenommen, wenn irgendetwas an der universellen Fettlebe auch nur in Frage gestellt wird. Ein Beispiel, das den dafür heute offenbar nötigen psychischen und argumentativen Aufwand klarmacht, entnehme ich der *Frankfurter Allgemeinen Zeitung* vom 8. 10. 2019, in der ein Autor namens Tobias Piller eine flammende Verteidigung der SUVs gegen die, wie er sie nennt, »Neider« vorträgt. Diese gipfelt in folgendem Argument: »Zwar sollte moderne Technik auch im SUV Zusammenstöße mit Fußgängern verhindern oder lindern. Wenn es aber so weit kommen sollte, dann bietet es wegen seiner größeren Bodenfreiheit einem auf dem Boden liegenden Menschen oder Kind vielleicht noch Raum und damit eine höhere Überlebenschance.« Besser überfahren werden mit dem SUV! Eine solche Argumentation zeigt gewissermaßen das Delirium des zwanghaften Festhaltens am So-Sein der Welt und an der Religion Weg-von-hier an. Der Aufwand, der hier für die Suche auch noch nach dem entlegensten Argument betrieben wird, verdeutlicht die insgeheime Furcht davor, dass das alles nicht mehr lange tragen kann.

Man könnte auch sagen: Hier sprechen Süchtige, die mit allen Kräften ihre Sucht rationalisieren, weil sie sie nicht aufgeben möchten. Und eine solche Rationalisierung ist nicht schwer, weil diese Sucht kein abweichendes, sondern konformes Verhalten ist. *Alle denken so!* Ihre Kultur hat die Menschen trainiert, die unablässige Steigerung für wünschbar zu halten, und ihren Lernerfolg, den sauer erworbenen, lassen sie sich jetzt nicht nehmen. Auf keinen Fall. Wie sagte Ivan Illich: »Wenn Verhalten, das zum Wahnsinn führt, in einer Gesellschaft als normal gilt, lernen die Menschen um das Recht zu kämpfen, sich daran zu beteiligen.«[29]

Solange das expansive Kulturmodell ungebrochen vorherrscht, solange kann und wird es keinen Pfadwechsel hin zu nachhaltigen und klimaschützenden Wirtschafts- und Lebensformen geben. Worüber wir bei alldem sprechen, sind nicht Wille und Vorstellung, sondern Praxisformen, die Welt gebrauchen, gestalten und Weltverständnisse anleiten. Gut marxistisch formuliert: Das Sein bestimmt das Bewusstsein. Und nicht umgekehrt. Um die Herausforderungen durch einen drohenden gefährlichen Klimawandel und auch aller anderen gleichermaßen dringlichen ökologischen Krisenerscheinungen realistisch anzugehen, muss man mit vielen Dingen *aufhören*. Das geht nicht idealistisch per Bewusstseinsbildung, sondern nur durch eine sich verändernde Praxis selbst.

Sympathy for the devil

Please allow me to introduce myself
I'm a man of wealth and taste
I've been around for long, long years
Stole million man's soul and faith

And I was 'round when Jesus Christ
Had his moment of doubt and pain
Made damn sure that Pilate
Washed his hands and sealed his fate

Pleased to meet you
Hope you guess my name
But what's puzzling you
Is the nature of my game

Stuck around St. Petersburg
When I saw it was a time for change
Killed the Tsar and his ministers
Anastasia screamed in vain

I rode a tank
Held a general's rank
When the blitzkrieg raged
And the bodies stank

Pleased to meet you
Hope you guess my name
And what's puzzling you
Is the nature of my game

I watched with glee
While your kings and queens
Fought for ten decades
For the gods they made

I shouted out
Who killed the Kennedys?
When after all
It was you and me

Let me please introduce myself
I'm a man of wealth and taste
And I lay traps for troubadours
Who get killed before they reach Bombay

Pleased to meet you
Hope you guess my name
But what's confusing you
Is just the nature of my game

Just as every cop is a criminal
And all the sinners saints
As heads is tails
Just call me Lucifer
'Cause I'm in need of some restraint

So if you meet me
Have some courtesy
Have some sympathy, and some taste
Use all your well-learned politeness
Or I'll lay your soul to waste.

Sympathy for the devil, The Rolling Stones 1968

Die Popmusik hatte viele lichte Momente, dies war einer davon. Der Song von Mick Jagger und Keith Richards beschreibt ein Prinzip, das auf erstaunliche Weise immer wieder in der Geschichte wirksam wird: das Prinzip des Widersacherischen, hier personifiziert in dem, der letztlich seinen Namen nennt und ein wenig Höflichkeit einfordert. »Hope you guess my name«, verweist auf den alten Glauben, dass man den Teufel, Luzifer, den Leibhaftigen nicht beim Namen nennen dürfe, nur so könne man seine Macht bannen.

Dennoch, die Stones zählen es auf, es geschieht viel, was teuflisch anmutet, besonders weil es gelingt: Wieso, darf man fragen, ist es Hitler in einer doch insgesamt unwahrscheinlichen Konstellation gelungen, an die Macht zu kommen, allen Attentaten auf geradezu unglaubhafte Weise zu entgehen und erst nach dem größten Massenmord der Menschheitsgeschichte und der Verheerung eines ganzen Kontinents wieder von der Bühne der Geschichte abzutreten? Warum gelingt es Pol Pot, ein absurdes steinzeitkommunistisches System in Kambodscha zu errichten, dem bis zu einem Viertel der Bevölkerung zum Opfer fällt – und warum halten zur selben Zeit deutsche linke Intellektuelle und spätere Professoren das »demokratische Kampuchea« für einen gesellschaftlichen Fortschritt? Warum verwandeln so viele ehemalige Revolutionäre und Freiheitskämpfer – Robert Mugabe, Daniel Ortega – ihre Regierungen in ausbeuterische Despotien? Warum passiert immer dasselbe, wenn Menschen Macht bekommen?

Warum, um ein etwas harmloseres Beispiel zu nehmen, verliert Al Gore wegen grotesker 0,5 Prozent der Stimmen in einem einzigen Bundesstaat und eines Urteils des Supreme Court gegen eine Neuauszählung die US-Wahl im Jahr 2000? Nicht unwahrscheinlich, dass wir heute gar nicht mehr über die drohende Erderhitzung sprechen würden, weil eine Gore-Administration seit zwei Jahrzehnten die notwendigen Maßnahmen eingeleitet und betrieben hätte und sich überdies den Wahnsinn eines aussichtslosen »War against terror« erspart hätte. Und wer weiß, ob unter diesen Umständen 9/11 stattgefunden hätte? Was, wenn die chinesische Freiheitsbewegung einer Figur in der Führung der kommunistischen Partei wie Gorbatschow in der Sowjetunion gegenübergestanden hätte – und nicht Deng

Xiaoping? Und wie absurd, dass ausgerechnet Gorbatschow auf dem Tian'anmen-Platz hätte sprechen sollen, sein Auftritt aber abgesagt wurde, weil die Studenten den Platz besetzt hatten. Sympathy for the devil.

Wieso klappen die Attentate gegen Martin Luther King, gegen die Kennedys, gegen Olof Palme, gegen Alfred Herrhausen, aber nicht die gegen Hitler, Stalin und andere Arschlöcher der Weltgeschichte? Hitler allein ist 40 Attentatsversuchen entgangen, und nutzte das propagandistisch als Wirkung der »Vorsehung«, sein Leben um jeden Preis zu schützen, damit er weiter segensreich als Führer wirken könne.

Der einzige Philosoph, der – soweit ich sehe – sich mit dem »Prinzip des Widersacherischen« beschäftigt hat, war ausgerechnet der »Hoffnungsphilosoph« Ernst Bloch. In seinem letzten Buch »Experimentum Mundi« befasst er sich mit der Kategorie des Bösen: »Das Gift der Krankheiten, die immer neu maskierte und ideologisierte Ausbeutung und Repression bis hin zur Anonymität des Kapitals, auf tausend Kriege kommen kaum zehn Revolutionen, so leicht gelingen alle Reichstagsbrände«[30] – fassungslos, sagt er, stehe man davor, »wegen des noch unzureichend gefaßten Begriffs vom Widersacherischen in der Welt«.[31]

Bloch entfaltet hier, leider nur kurz, einen bemerkenswerten Gedanken: Die Säkularisierung habe zwar das göttliche Prinzip verweltlicht und mit Kant in die vernunftgeleitete Verantwortungsfähigkeit der Menschen überführt, dasselbe sei aber in Bezug auf den Teufel und den Teufelsglauben unterblieben: »mit der Entmythologisierung fiel also stark auch der Gegenstand weg, der in jeder Mythologie des Bösen doch so stark angetroffen und jedenfalls erfahren schien (…). Die Säkularisierung des Rests (…) blieb aus, wenig oder nichts wurde hier auf die Füße gestellt.«[32]

90

Dieser Gedanke scheint mir spektakulär: Der Teufel ist nicht säkularisiert worden, Gott schon. Daher steht der Fortschrittsglaube der säkularisierten Gesellschaft dem Unfall, dem Unglück, der Katastrophe, dem Terroranschlag immer als einem Phänomen gegenüber, das eigentlich nicht dazugehört. Es steht seltsam quer zur fortschrittlichen Gegenwart und ruft Adjektive auf: »tragisch«, »furchtbar«, »grausam«, »feige« und so weiter. Katastrophe ist immer die Abweichung, das, was nicht zur Normalität gehört. Deshalb fiel auch die Frustration so groß aus, als sich die Coronapandemie zerdehnte und die Politik hauptsächlich versuchte, mit Metaphern (»Licht am Ende des Tunnels«, »Silberstreifen am Horizont«) zu regieren. Auch das ist eine Dialektik der Moderne: So sehr sind die Standards an Lebenssicherheit und Erwartbarkeit in den reichen Gesellschaften gewachsen, dass im Umkehrschluss natürlich auch die Erwartungen an die Institutionen und die Politik so gestiegen sind, dass die Enttäuschung desto größer ausfällt, wenn sie nicht erfüllt werden.

Als Ersatzhandlung wird dann sofort »Aufklärung« darüber gefordert, wie es zu diesem oder jenem Desaster gekommen ist, und – selbstverständlich – beginnt gleich die Suche nach jemandem, der schuld wäre. In der Mediengesellschaft ist das zu einer Reaktionsbildung wie beim Pawlow'schen Hund geworden – Angehörige der politischen Opposition genauso wie stets aufklärungsbereite Journalisten fangen sofort an zu speicheln, wenn irgendetwas schiefgelaufen ist, und fahnden nach den Schuldigen.

In der Zeichentrickserie »South Park« gibt es einen Superhelden namens Captain Hindsight. Der kommt, wenn ein Hochhaus brennt oder eine Bohrinsel havariert ist, an geflogen und erklärt den verzweifelten Helfenden, was die Ursachen für die Katastrophe waren: Die Häuser sind viel

Abb. 10: Finde den Fehler. Merkel goes Captain Hindsight

zu dicht aneinandergebaut, deshalb kommt die Feuerwehr jetzt nicht richtig ran zum Löschen, das Dach hätte man von der Statik her so auslegen müssen, dass ein Hubschrauber landen und die Bewohner retten könnte. Nachdem er alles erklärt hat, fliegt Captain Hindsight unter dem Jubel der Menschen wieder ab. Das Haus brennt weiter, aber alle sind zufrieden.

Die Moderne betrachtet das Desaster nicht systemisch – es ist ihm fremd, unzugehörig, äußerlich. Es gibt auch keine »Desasterologie«; die Katastrophensoziologie – begründet wegen der »Unvermeidlichkeit dessen, dass Schwerstes geschieht« – bildete sich um eine einzige zentrale Figur, den großartigen Lars Clausen, ist als Fach aber völlig randständig geblieben. Deshalb hat man heute auch keine Vorstellung von einem sich Schritt für Schritt entfaltenden Katastrophengeschehen, dessen Wirkungen desto schwerer werden, je später man eingreift.

Entlarvend ist in diesem Zusammenhang der Begriff der »Krise«, der gern auch für Entwicklungen verwendet wird, nach denen man nie wieder in einen ursprünglichen Zustand zurückkehren wird. Aber der aus der Medizin stammende Begriff suggeriert, dass die Krise den Höhepunkt einer problematischen Entwicklung anzeigt; nach Überwindung der Krise kehrt der Organismus in einen unkritischen Normalzustand zurück (wenn die Überwindung nicht gelingt, stirbt der Organismus). Wendet man den Begriff Krise auf soziale und politische Geschehnisse an, wird er fast immer falsch: Nimmt man etwa die »Flüchtlingskrise«, legt das Wort nahe, man habe es mit einer zwar problematischen, aber doch vorübergehenden Erscheinung zu tun – was nicht der Fall ist, wenn das Flüchtlingshilfswerk der Vereinten Nationen die Zahl der Menschen, die bis 2040 infolge von Krieg, Vertreibung, Verfolgung, Klimawandel ihre Heimat verlassen müssen, auf etwa 200 Millionen schätzt. Dabei sind besonders die Folgen des Klimawandels für das Fluchtgeschehen schwer einschätzbar, weil durch Dürren, Überschwemmungen, Brände und Hurrikane Situationen auch sehr plötzlich eintreten, wo Menschen nicht mehr dort überleben können, wo sie bislang gelebt hatten. Heute sind es 80 Millionen, die unterwegs sind – das ist keine Krise, sondern der Zwischenwert einer stetigen Entwicklung. Der Flüchtling wird die prägende Figur des 21. Jahrhunderts sein, weil Überlebensräume endlich sind.

Dasselbe gilt für den Klimawandel, den man – entsprechenden politischen Willen vorausgesetzt – abbremsen, aber nicht rückgängig machen kann. Es gibt keine Klimakrise, nur Klimawandel oder, wenn man es dramatischer haben will, Erderhitzung. So wie die heute zum Teil drastisch sichtbaren Folgen des Klimawandels auf Treibhausgas-Emissionen zurückgehen, die vor 30 Jahren in die Atmosphäre eingelagert wurden, so entfaltet unser gegenwärtiger wirtschaftlicher Stoffwechsel Wirkungen, die wiederum erst in einer Generation spürbar werden. Da geht niemand wie beim Monopoly zurück auf »Los«.

Mit solchen Entwicklungen kann man nicht angemessen umgehen, wenn man sie als »Krisen« bezeichnet. Sie erfordern nicht nur dringend Maßnahmen zur Abmilderung künftig noch schlimmerer Folgen, sondern auch eine Perspektive gelingender Anpassung. Als Beispiel nicht gelingender Anpassung darf die Flüchtlingspolitik der EU gelten, die auf zutiefst inhumane und sich selbst schädigende Weise das Problem aus der Welt zu schaffen versucht, indem man die Flüchtenden aus der Welt schafft. Da kommen aber immer welche nach. Und mit dem Klimawandel kann man nicht umgehen, wenn man erstens nicht Anpassungen an heißere Zeiten vornimmt, was ja beim Deichbau genauso geschieht wie in der Waldwirtschaft oder im Städtebau – allerdings mit strukturbedingter Langsamkeit. Und wenn man nicht zweitens alles dafür tut, dass die CO_2-Emissionen heruntergefahren und schließlich gestoppt werden – was allerdings insofern ein paradoxes Vorhaben ist, als man ja nach wie vor einer Wirtschaftsform frönt, die durch permanentes Hochfahren und die Idee der Grenzenlosigkeit geprägt ist. Und da sind wir wieder.

Nun könnte man im Sinn von Bloch die Frage stellen, wo hier eigentlich genau das Widersacherische sitzt: im Klimasystem, das sich fatal weiter erwärmt, oder in den Interessen derjenigen, die alles dafür tun, dass eine Klimapolitik ihnen keine Beschränkungen abverlangt. Über die Absurditäten, zu denen eine solche Politik führt, habe ich schon gesprochen, aber grundsätzlich verhindert sie eine realistische Betrachtung der Lage, weil sie die magische Lösung propagiert, dass man weiter wachsen und zugleich etwas gegen den Klimawandel tun könnte (Lars Clausen hat »Magisierung« als eine der wichtigsten Reaktionen auf Katastrophen benannt). Andersherum: Hätten wir kulturell ein Konzept oder auch nur eine praktische Vorstellung von Endlichkeiten, würde die Suche nach Lösungen unweigerlich eine andere Richtung einschlagen müssen: Dann ginge es nicht mehr um so merkwürdig magische Dinge wie eine »Decarbonisierung der Wirtschaft«, bei gleichzeitigem Anwachsen der Produktmenge und jeden Aufwands, der für ihre Herstellung nötig ist, sondern um eine Verringerung des wirtschaftlichen Stoffwechsels, also um weniger Produkte und um weniger Aufwand für ihre Herstellung.

Um diese Strategie einschlagen zu wollen, muss man sich – mit Günther Anders gesprochen – allerdings vorstellen wollen, was man herstellt. Und damit wären wir wieder bei der Sache mit dem Überwiegen der toten Masse über die Biomasse – wer kann sich denn vorstellen, welcher Aufwand dafür nötig war, das zu erreichen? Das einzelne Haus, das einzelne Auto und jedes beliebige einzelne andere Produkt, das diese tote Masse ausmacht, kann ich mir sehr einfach vorstellen, nicht aber den global orchestrierten Apparat, der zu seiner Herstellung nötig war. All die tote Arbeit, all das tote Material. Auch das wird nur als Negativ erkennbar – in der Coronapandemie dort, wo es bei Gesichtsmasken, Schutzkleidung, Medikamenten, Impfstoffen plötzlich klar war, dass so etwas nicht einfach »da« ist, sondern irgendwo »herkommt«. Darüber hatte man ja zuvor nie nachgedacht. Und sollte man auch nicht, denn der Zauber der Hyperkonsumgesellschaft liegt ja in der Geschichts- und Herkunftslosigkeit der angebotenen Artikel. Die Unsichtbarkeit des wirtschaftlichen Stoffwechsels unserer Gesellschaft kommt zum Ausdruck, wenn man Displays von Geräten streichelt, die nichts von ihrer Herkunft aus Minen und Fabriken und schließlich aus weltweit herumgekarrten Containern verraten. Und dann Filme streamt und Dinge bestellt, die auf wundersame Art und Weise auch immateriell in die Welt gekommen scheinen – sie sind ja, schwups, einfach »da«.

Wenn ihr erwartetes Erscheinen mit dem DHL-Boten an der Wohnungstür durch irgendetwas nicht eintritt, dann irritiert das. Es irritiert aber schon längst niemanden mehr, dass er im Normalfall jederzeit alles haben kann. Oder sie.

Geschichtslosigkeit ist übrigens ein Prinzip des Widersacherischen; Luzifer im Lied der Stones wandert ja durch die Geschichte und richtet Unheil an, wie es ihm gefällt – ohne Vorbedingungen, ohne Grund, ohne Vorbereitung, ohne Vorgeschichte. Für eine Kultur, die glaubt, »Eintrittswahrscheinlichkeiten« berechnen zu können, muss der Unfall, die Katastrophe, das Unerwartete, die Ausnahme bleiben – würde sie, wie vormoderne Gesellschaften, immer mit Missernten, Hungersnöten, Erdbeben, Kriegen rechnen, wäre das Desaster Teil des Erwartbaren. Und nur dann könnte die Kultur mit ihm umgehen.

Besonders bemerkbar wird die Abwesenheit eines säkularen Konzepts vom Widersacherischen übrigens bei menschengemachten Katastrophen, also etwa bei Völker- und Massenmorden, bei brutalen Vertreibungen, Massenvergewaltigungen, ethnischen Säuberungen, Landnahmen, Terroranschlägen, organisierten Großverbrechen. In solchen Fällen wird dann gern die Kategorie des »Bösen« bemüht, aber was das sein soll und warum es durchaus normale, ja gute Menschen sinnvoll finden, »böse« zu handeln, bleibt fast immer inhaltsleer.

Sollte man nicht mit Bloch ganz praktisch von der Erwartung ausgehen, dass nicht einfach immer alles funktionieren und glattgehen »müsste«, sondern eben auch das genaue Gegenteil geschehen kann und historisch nicht allzu selten tatsächlich auch geschieht? Ja, dass es, um noch einmal Lars Clausens Formulierung zu nehmen, unvermeidlich ist, dass gelegentlich Schwerstes geschieht? Und zwar nicht deswegen, weil es irgendjemand aus Überzeugung, falscher Erziehung, kindlicher Traumatisierung subjektiv gewollt hat, sondern weil es innerhalb des Kulturmodells, in dem dieser Jemand lebte, als sinnvoll, notwendig, selbstverständlich erschien – etwa als Reservepolizist mit Zivilberuf Schuhmacher oder Zahnarzt an systematischen Judenerschießungen teilzunehmen. Solch eine Tat braucht kein Motiv, es genügt, sich in einer sozialen Situation und in einer sozialen Gruppe zu befinden, die es als notwendig und solidarisch erscheinen lässt, teilzunehmen. So werden aus ganz normalen Menschen Massenmörder, es braucht dafür – wie ich vor vielen Jahren in einer Studie zu zeigen versucht habe – keine Psychopathen; die sind oft sogar hinderlich beim ordentlichen Durchführen von Massenmorden, weil man ihr Handeln nicht kalkulieren und nicht kontrollieren kann.[33] Glaubt eigentlich jemand, dass die chinesischen Wachmannschaften, die in den Umerziehungslagern in Xinjiang die Uiguren überwachen, befehlen, kontrollieren und drangsalieren, aus »bösen« Menschen bestehen? Das ist gar nicht nötig. Es genügt, wenn sie regelmäßige Bezahlung und ein gutes Betriebsklima haben, und wenn der Staat Glück hat, sind sie obendrein noch überzeugt davon, dass es richtig sei, mit den Uiguren so umzugehen. Und warum sollten sie an ihrer Normalität Zweifel haben – diese Normalität wird ja von allen in ihrer Normalgesellschaft bestätigt? Und nicht mal die berühmte Weltgemeinschaft hat Zweifel und zieht den Handel mit China der Ablehnung von Sklaverei und Völkermord vor.

Wo genau steckt also das Widersacherische? Im Denken unserer Kultur der Moderne gibt es entweder nur *noch nicht* gelöste Probleme oder Dinge, bei denen Captain-Hindsight–mäßig etwas schiefgegangen ist. Wenn man erst mal genug Wissen, genug Technologie, genug Geld beisammen und alle Fehlerquellen beseitigt habe, dann *werden* die Probleme schon gelöst werden. Dieses Versprechen ist ja durch die Jungs aus dem Silicon Valley auf den Punkt gebracht worden: Mit Hilfe von künstlicher Intelligenz wird es gelingen, *alle Probleme der Welt* zu lösen, alle Krankheiten abzuschaffen, die Umwelt zu retten usw. usf. Dieser Solutionismus stellt allerdings nicht in Rechnung, dass die menschengemachte Geschichte keine stillgestellte Versuchsanordnung mit Defiziten hier und da ist, sondern ein Prozess mit einer Fülle von Rückkoppelungsschleifen, Eigensinnigkeiten, schwarzen Schwänen und dergleichen verkomplizierenden Dingen mehr.

Und schon gar nicht stellt er in Rechnung, dass wir als Naturwesen auf physikalische und biologische Bedingungen angewiesen sind, die mitspielen müssen beim Problemlösen. Vulkanausbrüche, Erdbeben, Tsunamis, Zyklone, Pandemien und solche Dinge sind auch dann da, wenn es noch so super rechnende künstliche Intelligenz gibt, und ihre Folgen sind nur dann eingrenzbar, wenn es hinreichend soziale Intelligenz gegeben hat, die Geld und Wissen in den Katastrophenschutz investiert hat. Und wenn es funktionierende Gesundheitssysteme gibt und funktionierende Infrastrukturen, ohne die übrigens auch die schlaueste KI nicht weiterrechnen könnte, die im Fall eines lange andauernden Stromausfalls ja sehr schnell zu 100 Prozent dumm wird. Während Menschen im Angesicht der Katastrophe immerhin noch denken und auf Rettung sinnen können.

Aber noch einmal: Wo steckt das Widersacherische? Es begründet sich in dem schlichten Umstand, dass wir als Naturwesen sterblich sind und im unglücklichen Fall einer Katastrophe auch dann sterben, wenn wir *bis dahin* alles richtig gemacht haben – ordentlich zur Schule gegangen sind, eine Ausbildung gemacht haben, für Greenpeace gespendet haben und stets auf eine gute Erscheinung bedacht waren. Nützt alles nix, wenn was passiert. Die Katastrophe ist der Ernstfall der Aufklärung, denn erst bei ihrem Eintreten zeigt sich, was uns all das Wissen, all die Problemlösungsfähigkeit nützt. Wenn man Glück hat, eine Menge, wenn man Pech hat, nichts.

Der Boden, auf dem wir leben, die Luft, die wir atmen, der Wind, den wir spüren, der Regen, der uns nass macht, Pflanzen, Tiere, Gestein bilden nicht die Bühne, auf der wir auftreten oder so etwas wie eine dreidimensionale Fototapete, vor der wir agieren, sondern die wechselhafte und am Ende unberechenbare Konstellation, die unser Leben ermöglicht oder vernichtet. Das kann schon mal teuflisch sein, weil Kategorien wie Gerechtigkeit oder Interessenausgleich hier keine Rolle spielen. Man denke nur an dieses Virus, das Menschen unterschiedslos befällt, in der ganzen Welt, und nicht mal so lange dasselbe bleibt, bis die in Rekordgeschwindigkeit ersonnenen Impfstoffe es in Schach halten können. Wie im Märchen von Hase und Igel ruft dieses bewusstseinslose, strohdämliche Wesen nicht nur »Ick bün all dor«, sondern auch: »Ich bin euch überlegen, ihr Angeber!« Und nicht zu vergessen: Auch Zoonosen sind menschengemacht, sie haben damit zu tun, dass die Tiere ihre Lebensräume durch menschliche Aktivität verlieren und das Zusammenleben von Tieren und Menschen auf ungute Weise enger wird. Wieder sieht man: Dieses prinzipiell Widersacherische gehört zur Dynamik des Erdsystems und ist nichts, was sich grundsätzlich besiegen ließe. Vielmehr können Strategien im Umgang mit ihm vor allem in Risikoabschätzung und soziotechnischen Maßnahmen liegen. Katastrophen lassen sich nicht abschaffen.

Ein anderes Widersacherisches ist viel komplizierter zu benennen. Im Wesen der menschlichen Lebensform liegt es, dass die Folgen von Handlungen oft unerwartet ausfallen, weil sie Personen, soziale Gruppen, Organisationen und Institutionen betreffen, die ihrerseits interpretieren, was geschehen ist, daraus Schlussfolgerungen ziehen und wiederum Realität schaffen. Es gibt für diesen sehr komplexen Sachverhalt zwei kompakte Formulierungen: Die Handlungsfolgen von gestern sind die Handlungsbedingungen von heute (Johan Goudsblom). Und: Wenn Menschen Situationen für real halten, dann sind diese in ihren Folgen real (William Thomas). Menschen existieren in unterschiedlich großen und komplexen Beziehungsgeflechten, und alle Beteiligte in diesen Geflechten deuten Dinge und treffen Entscheidungen auf der Grundlage ihrer Deutungen. Dies ist aber kein allein rationaler Vorgang, sondern in die Entscheidungen fließt eine unbestimmte Zahl von Faktoren ein – Machtverhältnisse, Interessen, emotionale Bedürfnisse, kurz: alles, was für Menschen eine Rolle spielt. Vieles davon spielt sich implizit ab und wird gar nicht bewusst, bestimmt die Handlungsergebnisse oft aber mehr als bewusste Erwägungen.

Das heißt: Soziale Geschehnisse und vor allem ihre Ergebnisse sind im Unterschied etwa zu physikalischen nicht kausal zu verstehen, sondern nur im Rahmen von Beziehungen zwischen den Menschen. Und sie finden in der Zeit statt, dynamisieren oder verlangsamen sich, eskalieren oder brechen ab. Und genau an dieser Stelle komme ich auf den Anfang des Buches zurück: dass das Handeln solcher Beziehungsgeflechte falsche Richtungen einschlagen und – vielleicht sogar bei besten Absichten – selbstzerstörerisch werden kann. Und während es schon sehr schwer ist, das Handeln eines einzelnen Menschen sicher vorauszusagen, ist das bei Gruppen oder gar Gesellschaften noch weitaus schwieriger. Deshalb sind einigermaßen zutreffende Prognosen entweder banal oder beschränken sich nur auf eine abstrakte Kategorie (»Wenn nächsten Sonntag Bundestagswahl wäre ...«). In der Regel werden sie, wie in der sogenannten Trendforschung, nach Maßgabe des Wissens darüber formuliert, was Menschen sich in Bezug auf die nähere Entwicklung wünschen, also gern hören wollen. Zur alchemistischen Meisterschaft darin haben es Wirtschaftsforscher gebracht, die das nächste Quartalswachstum verkünden und ihre Prognose einfach korrigieren, wenn die Entwicklung anders ausfällt. (Dass sie damit seit vielen, vielen Jahren durchkommen, ohne an Glaubwürdigkeit nennenswert zu verlieren, ist ein weiterer starker Beleg dafür, dass wir keineswegs in einer »Wissensgesellschaft« leben.)

Aber zurück zum Prinzip des Widersacherischen: Für einen tatsächlich aufgeklärten Umgang mit der Welt wäre es 250 Jahre nach Kant sinnvoll, anzuerkennen, dass neben dem als ewig gedachten Fortschritt auch sein Gegenteil – die Regression – oder seine Annullierung steht, nämlich die Katastrophe, der Zivilisationsbruch. Damit zu rechnen, ist eine zwingende Voraussetzung, um das zentrale Problem des 21. Jahrhunderts und seine zahlreichen Nebenprobleme anerkennen und bearbeiten zu können: die Erderhitzung, die massenhafte Flucht und Migration, das Artensterben, Pandemien und alles, was sonst noch leichtfertig als »Krise« bezeichnet wird.

Nein, wir müssen lernen, dass wir es nicht mit Krisen zu tun haben, sondern mit sich entfaltenden Ereignisketten, nach denen es nicht in einen *status quo ante* zurückgeht. Das Verständnis für solche Entwicklungen und vor allem ihre lebensdienliche Bearbeitung braucht einen realistischen Blick, was auch das Bewusstsein einschließt, dass hinterher *nicht alles wieder gut* wird. Die Katastrophen, mit denen wir es im 21. Jahrhundert zu tun haben, sind Endlichkeitsphänomene: Wo sich das Klima über bestimmte Schwellenwerte hinaus erwärmt, ist menschliches Leben nicht mehr möglich. Wo es nicht mehr möglich ist, fliehen die Menschen. Wo ohne Rücksicht auf Leben von Pflanzen und Tieren Ressourcen an- und abgebaut wer-

Abb. 11: Mitunter geht es aber nicht weiter

den, sterben die Arten aus. Und wo sie aussterben, werden Nahrungsketten unterbrochen, und das Sterben kumuliert. All dies kann man nur als »komplex« und »undurchschaubar« beschreiben, wenn man keinen Begriff von Endlichkeit hat. Umgekehrt: Vom Standpunkt der Endlichkeit her betrachtet wird alles, was als selbstgemachtes Verhängnis im 21. Jahrhundert auf die Menschen zurollt, ganz einfach verständlich. Also: What if we fail?

Der entgrenzte Mensch

Schon mehrfach war bis jetzt die Rede davon, dass Kultur nichts Äußerliches ist, sondern sich auch in die Mentalitäten, die Psyche, die Selbstbilder einprägt. Wie also sind diese Vorstellungen von Grenzenlosigkeit und Unendlichkeit des Lebens und seines Stoffwechsels entstanden, wie vormoderne Menschen sie ganz sicher nicht hatten? Es war eine historische Konstellation aus früher Industrialisierung, philosophischer Aufklärung, protestantischer Rechenschaftskultur und Buchhaltung, die im Lauf von etwa zwei Jahrhunderten jene Mentalitäten und Identitätsformationen ausgebildet haben, die unsere Selbst- und Weltwahrnehmung, unsere Deutungsmuster und Lebensziele auch heute in der Tiefe prägen.[34]

Das wichtigste Stichwort hier ist Individualisierung – dass man sein eigenes Leben gestalten kann und sollte. Der Bildungsroman, der um die Wende vom 18. zum 19. Jahrhundert entsteht – Goethes »Wilhelm Meister« (1796) und Karl Philipp Moritz' »Anton Reiser« (1790) – legt Zeugnis davon ab, dass das Leben nicht einfach ist, wie es ist, sondern als Entwicklungsaufgabe zu verstehen ist. Das aber bedeutet – wie schon gesagt – nicht nur eine Befreiung aus äußeren Zwängen, diese Freiheit ging auch einher mit ganz neuen, zuvor unbekannten Orientierungsnotwendigkeiten und Belastungen: Kategorien wie Selbstverantwortung, Disziplin, Wille werden in dem Augenblick für heranwachsende Individuen bedeutsam, wo man in einer Kultur lebt, in der man nicht nur etwas aus sich machen *kann*, sondern wo man das eben auch *muss*. Davon erzählt der Bildungsroman.

Und wie der Lohnarbeiter frei ist, sich jenseits feudaler Zwänge dort zu verdingen, wo es für ihn am günstigsten ist, so ist er, wie es bei Marx heißt, zugleich frei, »seine Haut zu Markte zu tragen« – also auch den Sicherheiten der unfreien Existenz entbunden. »Der historische Prozess der Individualisierung bedeutet in dieser Perspektive, dass die Person sich nicht mehr über die Zugehörigkeit zu einer sozialen Position bzw. die Mitgliedschaft in einem sozialen Aggregat konstituiert, sondern über ein eigenständiges Lebensprogramm.«[35] Hier liegt eigentlich der Beginn dessen, was wir unter einer Lebensgeschichte, einem Lebenslauf, einer Autobiographie verstehen.

Vormodern war der Lebensweg eine wenig gestaltbare Zeitspanne, markiert vielleicht durch Kommunion, Hochzeit, Tod von Angehörigen. Mit der Freiheit der Gestaltung des eigenen Lebenswegs ergab sich aber eben auch der Zwang, »ein Lebenswerk auf Erden« vorweisen zu müssen.[36] Und mit diesem Zwang entstand auch ein permanenter Bedarf nach Orientierung und Selbstvergewisserung. Wilhelm von Humboldt formulierte das als Notwendigkeit, »in sich selbst so viel Welt als möglich zu ergreifen« – das ist die Geburtsstunde der Norm, die eigene Weltreichweite permanent zu vergrößern. Genau diese Norm rief aber einen immer weiter anwachsenden Druck hervor, ökonomisch auch mit sich selbst und seinem Leben umzugehen.

Das kann in der Moderne nunmehr erfolgreich oder weniger erfolgreich »geführt« werden, und solche Lebensführung erfordert Kontrolle, Maß und Selbstbeobachtung. »So viel Welt als möglich« – in dieser emphatischen Formulierung scheint der bürgerlich-kapitalistische Wertehorizont des unendlichen »Besser, weiter, mehr«, des »Weg-von-hier« schon auf, und zwar nach innen gewendet: Nun wird das Selbst zu einer kontinuierlichen Entwicklungsaufgabe mit festgelegten Stufen und Zielen – der biographische Erfolg, ja, die Bilanz des Lebens selbst wird messbar.

Dieser »ökonomische Mensch« (Joseph Vogl), wie wir ihn heute kennen, zeichnet sich dadurch aus, dass er in einem genau und immer fester gefügten Universum von Prüfungen, Bilanzierungen und Rechenschaften seine eigenen Entwicklungsfortschritte zu dokumentieren und nach innen wie nach außen zu rechtfertigen hat. Der ökonomische Mensch mit seiner permanenten Selbstbeobachtung bildet sich zunächst – wie schon Max Weber in seiner berühmten Studie »Die protestantische Ethik und der Geist des Kapitalismus« dargelegt hat – am Typus des bürgerlichen Unternehmers und »Berufsmenschen« heraus, der jede Bewegung in seinen Geschäftsgängen akribisch erfasst und beständig auf der Suche nach Optimierungen seiner Abläufe und Verfahren ist: »Mit den Geschäftsbüchern wird ein geschäftliches Tagebuch geführt, das den Geschäftsverkehr am Leitfaden aller eintreffenden Begebenheiten kontrolliert und sehr bald als schriftliche Disziplin der kontinuierlichen Selbstüberprüfung fortgesetzt wird – nicht von ungefähr hat man im Rechnungswesen eine der Quellen des modernen Tagebuchführens erkennen wollen. Jeder Tag ist gewissermaßen Bilanz- und Gerichtstag und wird gemustert nach seinem Ertrag.«[37]

Joseph Vogl beschreibt das Buchhalten als Praxis, die eine ständige Beobachtung und Kontrolle wechselnder Ereignisse ermöglicht. Die Buchhaltung verwaltet Ereignisse, indem sie diese selektiv in verschiedenen Registern – Memorial, Journal, Hauptbuch – aufschreibt und nach Gewinn und Verlust sortiert. Aufgezeichnet werden die Ereignisse auf der Achse der Zeit und innerhalb von bestimmten, für alle Ereignisse gleichermaßen gültigen Zeiteinheiten. Eine solche Notation sichert Kontinuität und eine Anmutung von Endlosigkeit.

Für den Kaufmann bedeutet die Einführung der Buchhaltung, dass er gewissermaßen schlaflos wird, stets unruhig und wachsam, »ein Subjekt der kontinuierlichen Selbstkontrolle und der Jahresabrechnungen, ein Subjekt, das sich damit einen innerweltlichen Lebenslauf verpasst«.[38] Keine Zeiteinheit darf vergeudet und keine Handlung unergiebig sein, und da der geschäftliche Erfolg identisch mit dem biographischen ist, gelten dieselben protokollierbaren Erfolgsmaße für das Geschäft wie für das Leben.

In der modernen Industriearbeit vollzieht sich zugleich ein weiterer Vorgang der Ökonomisierung. Vormodern fertigte ein Handwerker einen spezifischen Gegenstand, zum Beispiel einen Schrank, so, wie er von einem Auftraggeber gewünscht und gebraucht wurde. Die Arbeit war mit der Fertigstellung des Schranks beendet und wurde auch exakt dafür entgolten – fand also ihren Zweck im finalen Produkt. In der industriellen Produktion geht es dagegen keineswegs mehr um die Herstellung des einzelnen Produkts als eines Zweckes an sich und um die Arbeit als Mittel zur Erreichung dieses Zwecks, sondern um ein System, in dem nun unablässig gearbeitet wird, um eine prinzipiell unendliche Reihe von Produkten zur Gewinnung von Mehrwert zu generieren – also von investivem Kapitel, das sofort wieder in die Verbesserung der Produktion oder Erweiterung der Produktpalette gesteckt wird. So entsteht eine Entgrenzung in die Unendlichkeit der Produktion: Nichts ist jemals fertig, die Arbeit hört niemals auf.

In diesem Modell liegt nicht nur eine Verkehrung der Mittel und Zwecke – Arbeit und Geld werden zum Zweck, die Produkte und ihre Herstellung bloße Mittel –, sondern auch die prinzipielle »Unabschließbarkeit des Tuns« und eine grundsätzliche »Vergeblichkeit von Produktion«.[39] Hier liegt, wie man sieht, nicht nur eine Wurzel der Vorstellung vom grenzenlosen Wachstum, sondern auch der moderne Grund für die Mentalität eines niemals fertigen, nie an ein Ende kommenden Menschen.

Parallel zu dieser Entwicklung der Unabschließbarkeit des Tuns und zum niemals abgeschlossenen Wachstum vollziehen sich Veränderungen der Zeitwahrnehmung: nicht nur die der industriellen Arbeitszeit, die nicht individuell, sondern getaktet und synchronisiert sein muss, sondern auch die ungeheure Beschleunigung der Bewegung im Raum, wie sie mit dampf- und später benzingetriebenen Fortbewegungsmitteln im 19. Jahrhundert einsetzt – die »Industrialisierung von Raum und Zeit«, wie Wolfgang Schivelbusch das in seiner »Geschichte der Eisenbahnreise« genannt hat.[40] Diese Industrialisierung auch der Zeit- und Raumwahrnehmungen hat zu einer sich beständig steigernden Form von Mobilität geführt, in der Minutengewinne auf Strecken von Hunderten von Kilometern gigantische Investitionen wert scheinen. Die damit gewonnene Vorstellung an »Zeitgewinn« korrespondiert mit dem häufig übersehenen Aspekt, dass die Moderne auch noch einen anderen eklatanten Gewinn an Zeit verzeichnet: nämlich die gestiegene Lebenserwartung, die ich anfangs schon erwähnt habe. Erst der Anstieg der Lebenserwartung lässt so etwas wie eine persönliche Zukunft in den Vorstellungshorizont treten und damit ein Leben im Vorausentwurf denkbar werden, wie es uns heute ganz selbstverständlich ist.

Zugleich unterstützt der nicht nur wohlfahrtsstaatlich, sondern auch medizinisch immer weiter hinausgeschobene Horizont der Lebenszeit die Vorstellung, auch diese bestehe in einem Prozess beständigen Anwachsens. Und noch etwas: Der ökonomische Mensch, der über einen individuellen Lebenslauf verfügt und seiner Lebenszeit das Maximale abgewinnen muss, sieht sich nicht mehr in einen übertemporalen Generationszusammenhang eingebunden, in dem die eigene Lebenszeit nur eine Episode in aufeinanderfolgenden und aneinander gebundenen Leben ist, sondern eben nur an das eigene Leben gebunden.[41] Auch darum gilt es, möglichst viel aus der verfügbaren Lebenszeit zu machen, möglichst viel Zeit zu sparen, zu nutzen, zu akkumulieren.

Noch etwas geschieht in derselben Entwicklung: Die Kategorie der Energie wird wichtig – insbesondere mit der Nutzung fossiler Rohstoffe: Der Wechsel des Energieregimes in den frühindustrialisierten Ländern – England, Frankreich, Deutschland – von Biomasse auf Kohle und Öl prägte nicht nur eine folgenreiche Unterschiedlichkeit zwischen den westlichen und allen übrigen Ländern der Erde aus,[42] sondern führte auch zu einer rasanten Aufwertung der Kategorie des »Energetischen«, wie sie in anderen

Weltteilen nicht anzutreffen war: »Der energiereiche und sich selbst als ›energisch‹ entwerfende Westen trat der übrigen Welt auch so entgegen. Die Kulturheroen der Epoche waren nicht kontemplative Müßiggänger, religiöse Asketen oder stille Gelehrte, sondern Praktiker einer energiegeladenen *vita activa*: nimmermüde Eroberer, unerschrockene Reisende, ruhelose Forscher, imperatorische Wirtschaftskapitäne. Überall, wo sie hinkamen, beeindruckten, erschreckten oder blufften okzidentale Kraftnaturen mit ihrer persönlichen Dynamik, in der sich der Energieüberschuss ihrer Heimatgesellschaften widerspiegeln sollte.«[43]

Damit verknüpft ist natürlich auch die bis heute folgenreiche Überlegenheitsvorstellung des westlichen (weißen) Menschen, denn die zeitlich parallel aufkommende Rassenlehre ordnete die »Rassen« ja keineswegs nur nach körperlichen Merkmalen, sondern auch nach ihrer vermeintlichen Leistungsfähigkeit und Energie.

Auch die entstehende Psychologie ist durchsetzt mit den Energiebegriffen des Industriezeitalters: Fast vergessen ist heute, dass eine historische Leistung der Psychologie des 19. Jahrhunderts darin lag, dass Nervenaktivität gemessen werden konnte, weil man entdeckte, dass sie auf elektrischer Energie beruhte; der Physiologe Hermann von Helmholtz konnte nachweisen, dass ihre Leitung eine bestimmte Zeit erforderte. Die frühe experimentelle Psychologie beschäftigte sich mit der Messung von Reizintensitäten und dafür aufgewendeter Energie; die aufkommende Psychophysik erwarb sich große Verdienste bei der optimalen Anpassung des Bedienpersonals an die Anforderungen technischer Apparaturen. Aber es wäre völlig verkehrt, die energetischen Vorstellungen vom Mentalen allein auf der naturwissenschaftlichen Seite der Psychologie zu verorten; das komplette Werk Sigmund Freuds etwa ist durchzogen von der Mechanik, Hydraulik und Energetik des Industriezeitalters: Der Begriff der (freien und gebundenen) »Energie« spielt in der Psychoanalyse eine genauso große Rolle wie der »Trieb« und seine »Dynamik«. Andere prominente Begriffe sind die »Verdrängung«, die »Stauung«, die »Verdichtung«, übrigens auch die »Ökonomie« des Seelenlebens. Noch im berühmten »Vokabular der Psychoanalyse« heißt es ganz ingenieurhaft, »dass die psychischen Vorgänge im Umlauf und in der Verteilung einer messbaren Energie (Triebenergie) bestehen, die erhöht oder verringert werden und anderen Energien äquivalent sein kann«.[44]

Die Psyche stellt man sich also nach dem Prinzip der Dampfmaschine vor. Kein Wunder, dass die nun entstehende Pädagogik vor allem auch die Beherrschung und Steuerung sexueller Energien zum Ziel hat, wie Michael Hagner nachgezeichnet hat.[45]

Die Erfindung der Schule als Erziehungs- und Bildungsinstitution für alle Mitglieder einer Gesellschaft ist ebenfalls an die Entwicklung der frühindustrialisierten Länder gebunden, wobei neben der Vermittlung von Wissen vor allem ihre erzieherische und disziplinierende Funktion im Vordergrund stand. Im schulischen Regime wurden jene Tugenden eingeübt, die – wie Pünktlichkeit, Reinlichkeit, Sorgfalt, Ordnung etc. – ein Industriesystem braucht. Denn Arbeitsteilung funktioniert nur, wenn Arbeitszeit synchronisiert ist – die Arbeiter also zeitgleich und genau getaktet ihre Arbeitsgänge durchführen. Unser Sozialcharakter ergibt sich aus den Synchronisierungserfordernissen der hoch arbeitsteiligen Industriegesellschaft. Auch die Einübung von Konkurrenz und Wettbewerb sowie die Messung der individuellen Leistungen über Notensysteme gehört in diesen Formenkreis. Dieser Prozess der Verschulung hält noch heute an: Nicht nur, dass die Einschulungsquoten und Alphabetisierungsraten immer noch als zentrale Kennzeichen von »Entwicklung« gelten,[46] auch die Durchstrukturierung aller Aspekte von Lernen und Bildung durch *messbare* Leistungskriterien hält unvermindert an. Heute können sich Schülerinnen, Schüler und Studierende kaum mehr vorstellen, dass es zweck- und verwertungsfreie Inhalte von Bildung und Lebensläufe jenseits von Wettbewerb und Leistungsnachweisen geben könnte. Was Lernen ist, erscheint als bloße Akkumulation, als Aneignung und Speicherung von »mehr« Wissen und Information ohne Ende.

Die Tiefenwirkung solcher Prägungen, die ich als »mentale Infrastrukturen« bezeichne,[47] konnte man in der Coronakrise dort sehen, wo eine grotesk unterbelichtete Gruppe von Kultusministerinnen und -ministern beständig und gegen alle medizinische Vernunft auf der Bedeutung und Durchsetzung von »Präsenzunterricht« beharrte – so, als sei das wilhelminische Zeitalter lange noch nicht vergangen. Jedenfalls zeigt eine solche kurze historische Rekonstruktion, wie die Vorstellung von Energie, Fleiß, Disziplin, Leistungsmessung und eben Unendlichkeit der Steigerung von allem und jedem in den Sozialcharakter der modernen Menschen kam. Und sicher auch bei Ihnen, liebe Lesende, ganz schön tief sitzt.

Die entgrenzte Aufklärung

> There is a crack in everything,
> that's how the light gets in.
>
> Leonhard Cohen

»Seit je hat Aufklärung im umfassendsten Sinn fortschreitenden Denkens das Ziel verfolgt, von den Menschen die Furcht zu nehmen und sie als Herren einzusetzen. Aber die vollends aufgeklärte Erde strahlt im Zeichen triumphalen Unheils. Das Programm der Aufklärung war die Entzauberung der Welt.«[48] So beginnt nach der Vorrede das berühmte Buch »Dialektik der Aufklärung« von Max Horkheimer und Theodor W. Adorno. Nein, eigentlich ist es kein Buch. Es ist eine Abfolge von Fragmenten, die Autoren hatten 1944 aufgehört, daraus jenes große, geschlossene theoretische Werk zur kritischen Theorie der Gesellschaft ihrer Zeit zu machen, das ihnen in der US-amerikanischen Emigration vorgeschwebt hatte. Diese Sammlung ist unfertig, ihre Teile passen nicht einmal zueinander, und doch gilt es als eines der wichtigsten Werke der Philosophiegeschichte. Warum? *Weil* es unfertig und bruchstückhaft ist.

Wie Umberto Eco in seinem wunderbaren Buch »Lector in fabula« herausgearbeitet hat, funktioniert jedes Lesen im Modus der aktiven Ergänzung des Gelesenen: Ich füge als Leser genau jene Stücke in die Erzählung ein, die der Autor nicht eigens beschreibt, weil dann die Geschichte endlos, langweilig und redundant wäre. Wenn etwa zu lesen ist »Er stieg in den Bus«, brauchen wir nicht die Erklärung, dass dies ein Verkehrsmittel ist, das … Wir fügen dieses Wissen implizit dem Text hinzu, nur so funktioniert er. Wir können uns vorstellen, welchen Mantel die Protagonistin trägt oder wie kalt eine mittelalterliche Burg im Winter ist, und fügen diese Vorstellungen beständig in den laufenden Text ein. Das heißt, ich bin als Leser Teil und Mitverfertiger des Textes – Leser nicht *der*, sondern *in der* Geschichte, lector in fabula. Die Lücken des Textes sind es also, die durch das aktive, ergänzende, teilnehmende Lesen gefüllt werden, und genau darin bildet sich Erkenntnis.

So entfaltet die »Dialektik der Aufklärung« in den Lücken einen Erkenntnisprozess. Die einzelnen Fragmente sind gar nicht gleich gut, aber die Bruchstückhaftigkeit hat die seltsame Wirkung, dass manche Teile, hat man sie einmal gelesen, einen nicht mehr loslassen. Und darin, dass sie sehr klar einen Punkt herausarbeiten, um den sich die Moderne, je mehr sie voranschreitet, desto mehr herumdrückt.

»Aufklärung ist totalitär.« So heißt es auf Seite 12, relativ unvermittelt und schlicht inmitten von komplizierten und schwer verständlichen Satzgefügen. Aber ich habe gerade diesen Satz lange nicht verstanden. Ich dachte, Moment, Aufklärung ist die Voraussetzung meiner Autonomie und Freiheit, wie kann sie totalitär sein? Totalitär sind geschlossene Systeme, Gedankengebäude oder Staaten, die in perfekter Hermetik keine Impulse hereinlassen und keine Gedanken benötigen, sondern nur das folgsame Lernen von Vorgegebenem. Wieso also soll Aufklärung totalitär sein?

Die Antwort von Horkheimer und Adorno ist: »Die Menschen bezahlen die Vermehrung ihrer Macht mit der Entfremdung von dem, worüber sie die Macht ausüben. Die Aufklärung verhält sich zu den Dingen wie der Diktator zu den Menschen. Er kennt sie, insofern er sie manipulieren kann. Der Mann der Wissenschaft kennt die Dinge, insofern er sie machen kann. Dadurch wird ihr An sich Für ihn.«[49] Das beschreibt unser Naturverhältnis sehr genau. Die Welt ist ein riesiges Arsenal von Mitteln zur Erreichung von definierten Zwecken, nichts »an sich«, sondern nur »für etwas«. A storehouse of matter, ein Materiallager, so hat es Francis Bacon genannt, einer der Begründer unseres modernen Wissenschaftsverständnisses. Das Totalitäre der Aufklärung liegt in der Begründung dieses Naturverhältnisses, das ja nicht nur jeden Eigenwert eines Tieres, einer Pflanze, eines Steins zugunsten seines Wertes »für mich« verneint, sondern auch von der Tatsache absieht, dass wir selbst Natur sind.

Das ist ganz und gar nicht esoterisch gemeint; wir haben als biologische Organismen keinen ontologisch herausgehobenen Status gegenüber anderen Tieren. Wir werden mit einer genetischen Ausstattung geboren, die sich je nach Umwelterfahrung so oder so entfaltet, haben eine Existenz, die von der sicheren Aufrechterhaltung des Stoffwechsels und einer definierten Körpertemperatur abhängig ist, pflanzen uns fort und sterben irgendwann, durch Organversagen, Krankheit oder Gewalt.

In dieser Gestalt, als Auch-Tiere, sind wir Natur, und die Aufklärung hat uns diese ungeheuren Fortschritte gebracht, gerade, indem wir systematisch davon absehen konnten, Natur oder Tier zu sein. Oder anders gesagt: Gerade indem wir systematisch davon absehen konnten, Natur zu sein, konnten wir Natur als etwas betrachten, was nicht wir selbst sind, sondern was uns in unterschiedlichen Verhältnissen gegenübersteht: freundlich, feindlich, besitzbar, nutzbar usw. Eva von Redecker schreibt: »Vielleicht beginnt der Fehler schon damit, die Natur für den Hintergrund zu halten. Als sei uns Menschen eine unverrückbare Bühne gebaut worden, als seien wir gar nicht aus demselben Holz.«[50]

Ein Gruppenfoto unser aller Selbst vor dem Hintergrundbild der Natur – so muss man sich die mentale Voraussetzung vorstellen, die jene unglaublichen Fortschritte in der Naturbeherrschung und -ausbeutung möglich machte und die zu jenen Steigerungen im Lebensalter, in der Gesundheit, im Wohlstand, in der Freiheitlichkeit und in der Weltreichweite führte, dessen größte Nutznießer die Bewohnerinnen und Bewohner der reichen Gesellschaften sind. Die Moderne ist eine soziotechnische Figuration, die die Welt verwandelt hat. Und damit auch die Vorstellungen darüber, was Entwicklung, Fortschritt, Wachstum, Bildung etc. eigentlich sind. Die Unendlichkeitsvorstellung in Verkoppelung mit immerwährendem Wachstum konnte erst mit der scheinbaren Befreiung der Wirtschaft von den biologischen Grenzen der Wertschöpfung in die Welt kommen.

Und da sind wir wieder: Alle zivilisatorischen Errungenschaften der Moderne sind auf die grenzenlose Ausbeutung von natürlichen Ressourcen gebaut. Die Linken haben leider immer nur den halben Marx zur Kenntnis genommen – und die GRÜNEN nur die andere Hälfte: »Jeder Fortschritt in der Steigerung der Fruchtbarkeit des Bodens für eine gegebene Zeitfrist ist zugleich ein Fortschritt im Ruin der dauernden Quellen dieser Fruchtbarkeit. Je mehr ein Land (…) von der großen Industrie als dem Hintergrund seiner Entwicklung ausgeht, desto rascher dieser Zerstörungsprozess. Die kapitalistische Produktion entwickelt daher nur die Technik und die Kombination des gesellschaftlichen Produktionsprozesses, indem sie zugleich die Springquellen allen Reichtums untergräbt: die Erde und den Arbeiter.«[51]

Wenn man sich vor Augen führt, wie im Jahr 2021 zwei Regierungen, in denen GRÜNE und Sozialdemokraten sitzen, nämlich Berlin und Brandenburg, das komplett anachronistische Projekt einer Autofabrik feiern, die von einem Milliardär aus der Digitalwirtschaft mit Hilfe von Milliarden Euro Steuergeldern in den märkischen Sand bzw. einen zuvor zu rodenden Wald gesetzt wird, kommen alle denkbaren Abstraktionen von den Springquellen des Reichtums von Elon Musk wie unter dem Brennglas zusammen – geradezu irre, wenn man sich überlegt, dass dieses in ökologischer, politischer und volkswirtschaftlicher Hinsicht völlig antiquierte und falsche Signale setzende Gigaprojekt nach einem halben Jahrhundert Umweltbewegung euphorisch begrüßt wird. Wo Karl Marx noch drei Quellen der Wertschöpfung benannt hatte – Kapital, Arbeit *und* Natur –, bleibt heute nur noch der geradezu dümmliche Blick auf »erwartbare Ergebnisse« übrig. Irgendwer findet Elektroautos fortschrittlich, jemand anderes Arbeitsplätze, aber dass ein solches Projekt in jeder Hinsicht zerstörerisch ist,

Abb. 12: Tesla Gigafactory: Das Auto ist aus dem
21. Jahrhundert gar nicht wegzudenken

stört erstaunlicherweise niemanden. Der NABU achtet darauf, dass die Blindschleiche umgesiedelt wird, und so hat
jeder seine Rolle.

Betrachtet man solche Miniaturen, muss man Bruno La-
tour zustimmen: Nein, wir sind nie modern gewesen. Bevor
wir das hätten sein können, haben wir schon »Natur« und
»Mensch« getrennt und als Gegensätze konzipiert und damit jede Form der Begrenztheit einfach aus der Optik entfernt. Die Arbeit ist als Potenzial unerschöpflich, solange es
Menschen gibt, die Natur aber nicht. Und das ist das Problem des Erfolgsmodells Moderne, in dem sie jetzt steckt.

Allein im 20. Jahrhundert ist die Wirtschaft global um
das Vierzehnfache gewachsen, der Energieverbrauch hat
sich versechzehnfacht, die Produktion ist um das Vierzig-
fache gestiegen. In nur hundert Jahren wurde mehr Energie verbraucht als während der kompletten 200 000 Jahre
Menschheitsgeschichte davor. Und zehnmal so viel wie in
den 1000 Jahren vor dem 20. Jahrhundert. Und das ging

weitgehend nur auf das Konto von Europa und Nordamerika. Inzwischen hat sich das Prinzip der Wachstumswirtschaft über den ganzen Globus verbreitet, und es ist so ein attraktives Prinzip, weil mit ihm die Lebensverhältnisse der Menschen sicht- und fühlbar schnell verbessert werden. Der Historiker Dipesh Chakrabarty hat darauf hingewiesen, dass die »große Beschleunigung« der Konsumraten und des Ressourcenverbrauchs, die sich dem modernen Naturverhältnis verdanken, für die Gesellschaften, die diesen Prozess durchliefen bzw. immer noch durchlaufen, eine Phase der Emanzipation und der Erweiterung von individuellen Handlungsspielräumen war bzw. ist.

Das Wirtschafts- und Gesellschaftsmodell, das jetzt an seine Grenzen gerät, war aber *nicht allein materiell* historisch einzigartig erfolgreich: Es brachte den Angehörigen frühindustrialisierter Gesellschaften Demokratie, Rechtsstaatlichkeit und den Schutz vor körperlicher Gewalt sowie Wohlstand, Gesundheit, Bildung und soziale Fürsorge auf einem bislang historisch unerreichten Niveau. Gerade dieser Erfolg zieht das Projekt menschliche Zivilisation in eine böse Falle, denn jetzt, mit dem Klimawandel und dem Artensterben (und mit vielem anderen) zeigt sich, dass das zivilisatorische Projekt der Moderne nur so wunderbar funktionieren konnte, weil man von den Naturverhältnissen konsequent abgesehen hat.

Man könnte sagen, seit es den Wachstumskapitalismus gibt, befinden wir uns in einem langen Disput mit den Naturverhältnissen, aber der war 200 Jahre lang einseitig. Nur wir haben gesprochen. Seit einem halben Jahrhundert bekommen wir erstmals Antworten, und sie fallen desto lauter und deutlicher aus, je länger wir uns weigern zuzuhören.

Und damit kann man zurück zur Dialektik der Aufklärung kommen: Was Horkheimer & Adorno herausarbeiten, ist, dass die mit der Aufklärung einhergehenden, immer besseren Technologien der Naturbeherrschung und der Beherrschung des Selbst den Umstand ignorierbar gemacht haben, dass Natur erstens nicht beherrschbar ist und zweitens dort, wo dieser Versuch unternommen wird, die Subjektivität beschädigt wird – also gerade das, was die Menschen über den Status reiner Naturwesen heraushebt. »Kein Sein ist in der Welt, das Wissenschaft nicht durchdringen könnte, aber was von Wissenschaft durchdrungen werden kann, ist nicht das Sein.«[52] Damit ist das moderne Drama auf den Punkt gebracht: Das Projekt einer totalen Naturbeherrschung löscht auch genau die Identität und Freiheit des Individuums aus, die die Aufklärung gerade erkämpfen wollte. Das Sein ist nicht restlos aufklärbar, so wenig wie die Natur restlos beherrschbar ist. Aufklärung schlägt in dieser Sicht genau in das zurück, was sie ablösen wollte: in den Mythos.

»Die Menschen hatten immer zu wählen zwischen ihrer Unterwerfung unter Natur oder der Natur unter das Selbst.«[53] Damit ist ein unaufhebbares Spannungsverhältnis der menschlichen Lebensform bezeichnet – und da es unaufhebbar ist, bleibt nichts anderes übrig, als es anzuerkennen. Wir können nicht gegen die Tatsache andenken und anhandeln, dass Menschen Naturwesen sind und dass alle zivilisatorischen Erfolge der Moderne auf der Fiktion der Unendlichkeit basieren, die wiederum die natürlichen Voraussetzungen des Lebens ignorieren *muss*, damit sie aufrechterhalten werden kann. Der Tag, an dem die tote Masse die lebendige übertrifft, ist gewissermaßen der Tag, an dem die Dialektik der Aufklärung den arkanen, heute würde man sagen: nicht systemrelevanten Bereich der Philosophie verlassen hat und handfeste Wirklichkeit geworden ist. Diese totalitär und mythisch gewordene Aufklärung verzehrt alles.

Es braucht für das 21. Jahrhundert eine andere, nächste Aufklärung, die die Grenzen der Naturbeherrschung und der Beherrschung des Selbst anerkennt und ein anderes Naturverhältnis entwickelt.

Man kann mit der Natur nicht verhandeln

So wie es eine Verwechselung war, Natur als den Hintergrund für das universale Selfie des Homo sapiens zu betrachten, so erweist sich die Idee, man könne eine Natur, die per Klimawandel und Artensterben tagtäglich rückmeldet, dass es mit der vollständigen Naturbeherrschung leider nix ist, durch immer noch bessere Technologie schließlich *doch noch* in den Griff kriegen, als Illusion. Im Zuge der Coronapandemie gab es die wichtige Einsicht, dass man mit einem Virus nicht verhandeln, nicht dealen kann. Das kann man mit den naturalen Voraussetzungen der menschlichen Lebensform ganz generell nicht – die Aufrechterhaltung einer lebensermöglichenden Durchschnittstemperatur und einer intakten Biosphäre sind nicht verhandelbar.

Deshalb sind die ganzen Anstrengungen, zunächst unendlich mühsam internationale Klimaverträge auszuhandeln, über deren Umsetzung dann jeweils national verhandelt wird, indem versucht wird, wirtschaftliche, politische, soziale Interessen mit den ökologischen zum Ausgleich zu bringen, irrational, in gewisser Weise kindisch. Weil man mit den Interessengruppen aus Wirtschaft, Verbänden und Politik nicht anders als verhandeln kann, kommt paradoxerweise als Handlungsergebnis eine Verhandlung mit der Natur heraus. Okay, Klima, machen wir es so: Bis 2050 kannst du noch 580 Gigatonnen CO_2 aufnehmen, also machst du das bitte. Wir versprechen dir dafür, dass wir eine bis dahin immer noch wachsende Wirtschaft

»dekarbonisieren« und kein CO_2 mehr emittieren. Abgemacht?

Man sieht sofort, eine solche Klimapolitik ist nichts anderes als ein Anthropomorphismus, der sich für Politik hält. Kinderkacke. Nach einem halben Jahrhundert Ökologiebewegung ist es Zeit, erwachsen zu werden, sich von der Idee des Dealens zu verabschieden und das Feedback von Erd- und Klimasystem zur Kenntnis zu nehmen, das wir unablässig mitgeteilt bekommen. Die Fiktion des immerwährenden Fortschritts durch immerwährendes Weitermachen muss aufgeklärt werden durch eine Kultur, die das Aufhören lernt. Erwachsenwerden ist der Prozess, in dem man lernt, dass man nicht alles haben kann, von dem man mal geglaubt hat, es haben zu können.

Nach meinem Herzinfarkt habe ich ja meine kleine Welt anders gesehen als vorher, eine Perspektivänderung erlebt. Ich will das nicht romantisieren, aber seither haben sich meine Werte neu sortiert; die Welt ist noch dieselbe, aber ich sehe sie anders. Und das ist der entscheidende Punkt. Der Verlust meiner Unsterblichkeitsillusion ist ja nichts Trauriges, sondern ein neuer Ausgangspunkt. Von jetzt an kann ich eine andere Geschichte über mich selbst erzählen. Was übrigens auch die Wirkungsweise jeder erfolgreichen Psychoanalyse ist: Die Patienten lernen, eine andere Geschichte über sich selbst zu erzählen, weil sie sich selbst aus einer anderen Perspektive zu sehen gelernt haben. Die Einnahme eines anderen Betrachterstandpunkts oder die Anwendung eines anderen Begriffs- oder Beschreibungssystems sind das Entscheidende – denn dann zeigt sich dieselbe Wirklichkeit anders und erlaubt auch andere Zugänge zu ihr.

Ich habe schon Wittgensteins Diktum zitiert, dass die Lösung des Rätsels des Lebens in Raum und Zeit außerhalb von Raum und Zeit liegt. Nur wenn man akzeptiert, dass es einen unaufklärbaren Rest der menschlichen Existenz gibt, kann man sich von der Hybris der vollständigen Naturbeherrschung verabschieden und beginnen, die Welt anders zu betrachten als zuvor. Mich hat immer Wittgensteins Bild von der Weltbeschreibung fasziniert, das er im »Tractatus logico philosophicus« entwirft: »Denken wir uns eine weiße Fläche, auf der unregelmäßige schwarze Flecken wären. Wir sagen nun: Was für ein Bild immer hierdurch entsteht, immer kann ich seiner Beschreibung beliebig nahe kommen, indem ich die Fläche mit einem entsprechend feinen quadratischen Netzwerk bedecke und nun von jedem Quadrat sage, dass es weiß oder schwarz ist. Ich werde auf diese Weise die Beschreibung der Fläche auf eine einheitliche Form gebracht haben. Diese Form ist beliebig, denn ich hätte mit dem gleichen Erfolge ein Netz aus dreieckigen oder sechseckigen Maschen verwenden können. Es kann sein, dass die Beschreibung mit Hilfe eines Dreiecks-Netzes einfacher geworden wäre; das heißt, dass wir die Fläche mit einem gröberen Dreiecks-Netz genauer beschreiben könnten als mit einem feineren quadratischen (oder umgekehrt) usw. Den verschiedenen Netzen entsprechen verschiedene Systeme der Weltbeschreibung.«[54]

Die Voraussetzung, es existierten *verschiedene* Systeme der Weltbeschreibung, ist etwas völlig anderes als die Voraussetzung, dass alles grundsätzlich im Rahmen eines einzigen Systems vollständig beschrieben werden könnte, nur leider bislang »noch nicht« vollständig beschrieben ist. Diese Voraussetzung begrenzt das Spektrum der menschlichen Möglichkeiten, paradoxerweise indem sie verbissen die Idee der Grenzenlosigkeit verfolgt. Umgekehrt paradox müssen wir dazu kommen, unser Möglichkeitsspektrum zu erweitern, indem wir von den Grenzen ausgehen.

Der Raum unserer Möglichkeiten ist innen, nicht außen.

Das Herz

Es ist wirklich erstaunlich, welche Gefühle einen überfallen, wenn man sein Herz – beispielsweise bei einer Katheterisierung oder bei einer Ultraschalluntersuchung – sieht. Wie es schlägt. Was das für ein unglaublich filigranes Organ ist, das unseren Lebensprozess von Anfang bis Ende begleitet. Mehr noch: Es schlägt beim Fötus ab dem 22. Tag einer Schwangerschaft, von da an pumpt es mit einer stoischen Regelmäßigkeit und Kraft hundert Jahre lang, wenn man viel Glück hat. Das Herz ist als Zentrum unserer Vitalität so lange mythisch aufgeladen, seit wir Spuren der Äußerung menschlicher Existenz haben – es stand, anders als das Gehirn, immer für das Ich, den Antrieb seines Lebens, für die Gefühle, die das Leben bestimmen und oft genug schwierig machen. Als der von mir sehr bewunderte Gründer von *terres des hommes*, Lutz Beisel, einen Herzinfarkt überstanden hatte und ich ihn nach den Ursachen fragte, sagte er: »Ach, wissen Sie, Herr Welzer, ich nehme mir eben alles so zu Herzen.«

Solche Formulierungen, sich etwas zu Herzen nehmen, ein großes Herz haben, sich ein Herz fassen, sind keineswegs reine Metaphern. Die noch junge Disziplin der Psychokardiologie befasst sich mit den Wechselwirkungen zwischen psychologischen Belastungen wie Trauer, Stress, kritischen Lebensereignissen und Herz- und Kreislauferkrankungen. Es gibt Phänomene wie das »broken heart syndrom«, dessen Symptome denen eines Herzinfarkts gleichen können, das aber durch ein heftiges Stressereignis ausgelöst werden kann, etwa durch Liebeskummer. Es ist dieser faszinierende Zusammenhang zwischen Körper und – wenn man will – Geist, der dem Herz eine so große Rolle in der Kultur zukommen lässt, und zwar in der Volkskultur ebenso wie in Liedern, in der Ikonographie, in der Literatur. Herzen werden in Baumrinden geschnitzt, auf Oktoberfesten getragen.

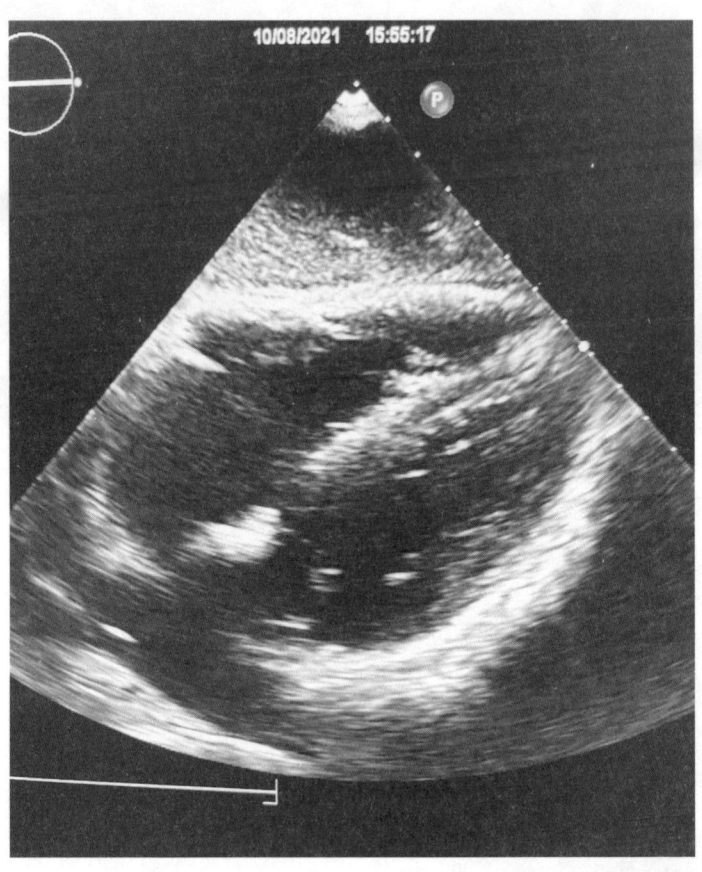

Abb. 13: Schlägt im Leben etwa 2,7 Milliarden Mal: Herz

Man kann »sein Herz auf der Zunge tragen«, »aus seinem Herzen keine Mördergrube machen«, »sich das Herz rausreißen«, »jemanden ins Herz schließen«, eine »Herzensangelegenheit« haben, jemandem »das Herz brechen«, man kann »sein Herz verlieren«, ein »weiches Herz« haben, »herzlos« sein usw. usf., und immer weiß man sofort, was damit gemeint ist.

Im Unterschied zum Gehirn, von dem man auch schon ein paar tausend Jahre lang weiß, dass es der Sitz des Bewusstseins ist und dass es sämtliche Körperfunktionen, einschließlich der Herzpumpe, steuert, ist uns das Herz gewissermaßen näher. Man weiß nicht nur, sondern fühlt auch, dass es das Vitalzentrum des eigenen Lebens ist, und als solches ist das Herz vielleicht auch das Organ, das uns am deutlichsten klarmacht, dass wir Naturwesen, biologische Körper sind. Das macht den eigentümlichen Erkenntniswert des Augenblicks aus, in dem man sein Herz schlagen sieht. Blitzartig ist einem klar, dass man nicht als Geistesarbeiter, als Intellektueller, gar als Denker lebt, sondern als Organismus, dessen Grundfunktion über diesen wundersamen, filigranen, zarten Muskel reguliert und gewährleistet wird. Listen to your heartbeat.

Die schönsten Strophen sind die Katastrophen

> This is the end, beautiful friend
> This is the end, my only friend
> The end of our elaborate plans
> The end of ev'rything that stands
> The end
> No safety or surprise
> The end
> I'll never look into your eyes again
> Can you picture what will be
> So limitless and free
> Desperately in need of
> Some strangers hand
> In a desperate land
>
> *The End,* The Doors

Der Satz, der diesem Abschnitt die Überschrift gibt, stammt von dem Medientheoretiker Peter Weibel, der früher Künstler und auch Punkmusiker (mit dem »Hotel Morphila Orchester«) war. Und es ist ja wahr, Katastrophen lösen – wenn sie anderen passieren – eine Art Angstlust aus, einen Thrill. Sie werden auf seltsame Weise als interessant empfunden, vielleicht, weil sie eine immer drohende Möglichkeit sind – weshalb man froh ist, wenn sie anderswo geschehen und andere Opfer finden. Ein Spezialfall der Katastrophe ist die absolute Katastrophe – die Apokalypse, der Untergang von allem und jedem. Mit dem Zeitalter der Aufklärung hat sich auch die Apokalypse säkularisiert: Der Untergang findet seither menschengemacht statt, sei es durch eine Lebensweise, die nicht gottesfürchtig und gottgerecht ist, weshalb der Untergang der verderbten Menschheit immer nahe ist. Sei es, dass im tiefsten Kulturpessimismus nicht gleich der Untergang der Welt, aber doch immerhin des Abendlandes imaginiert wird. Sei es durch politische Konstellationen, die während des Kalten Krieges im Gleichgewicht des Schreckens der atomaren Mächte die gleich mehrfache Auslöschung der kompletten Menschheit im Atomtod bereithielten (und übrigens noch halten, aber heute interessiert das niemanden mehr). Oder sei es durch wissenschaftliche Szenarien, die etwa die Klimaapokalypse zeichnen, die nach Überschreiten von Emissionsbudgets droht.

Ich persönlich halte die Apokalypse für eine sehr tröstliche Vorstellung: Die große Kränkung beim individuellen Tod ist ja der Umstand, dass alle noch da sind, nur man selbst nicht mehr. Wenn alle zugleich sterben müssen, geht keine Party weiter, an der man als Gestorbener nicht teilnehmen könnte – man verpasst nichts durch sein Nichtdabeisein. Kein FOMO. Das schiene mir sehr schön, deshalb würde ich mich zustimmend zur Apokalypse verhalten, wenn sie denn da wäre.

Das ist aber schon die einzige Freude im Untergang. Denn im Unterschied zu den Apokalypsen vormoderner Zeiten haben die Apokalypsen heutiger Machart kein freundliches Jenseits anzubieten, in das man übergehen kann. Eine Apokalypse ist gewissermaßen das Ende von allem, was mit Menschen zu tun hätte, aber beileibe nicht die einzige Form von Ende. Der Philosoph Ludger Heidbrink hat in einem Vortrag eine kleine Liste der reichhaltigen Möglichkeiten des Endes zusammengestellt: »Das Ende tritt ein als Apokalypse, Katastrophe, Ruin und Bankrott, als Untergang, Zerfall und Erosion. Das Ende tritt auf als Krise, Entscheidung und Umschlag, als Revolution, Umsturz und Befreiung. Das Ende erleben wir im Abschied, in der Trennung, in der Entzweiung. Wir erreichen das Ende am Ziel, mit der Erledigung einer Aufgabe, der Verwirklichung eines Programms, mit dem Abschluss eines Vorgangs, in der Erfüllung eines Pensums, der Erstellung einer Bilanz. Das Ende ereignet sich als Versiegen von Mitteln, im Aufbrauchen von Ressourcen, im Verzehr von Stoffen. Wir erfahren das Ende in der Verknappung, im Stillstand, im Ablaufen von Fristen, im Erreichen einer Grenze. Das semantische Spektrum des Endes ist – wie diese Beispiele zeigen – seinerseits schier endlos.«[55]

Wenn es so viele Enden gibt, warum haben wir dann keinen Begriff von Endlichkeit, warum leben und wirtschaften wir dann, als ginge es unendlich weiter? Gerade darum. Es könnte sein, dass unsere ganzen mehr oder minder tröstlichen oder erschreckenden Beschwörungen von allen möglichen Enden dafür sorgen, dass wir an der faktischen Endlichkeit vorbeisehen, vorbeisprechen und vorbeihandeln können. Wir verhalten uns gegenüber der Endlichkeit wie Zuschauer und lenken uns ab mit allerlei Endzeitphantasien. Der psychologische Vorteil dabei ist, dass man gänzlich falsche Bilder vom Ende und allen möglichen Enden pflegen kann – so als sei das Enden ein plötzlicher, abrupter Vorgang, nach dem von jetzt auf gleich Schluss ist. Das Modewort dafür ist »disruptiv«. Unter diesem Begriff delirieren seine Fans von der »schöpferischen Zerstörung« alter Geschäftsmodelle, und sie übersehen dabei, dass sie durch ihren Beitrag zur Verbrauchssteigerung eine ganz unschöpferische, nämlich ausschließlich zerstörerische Zerstörung betreiben. Deren Wirkung schlägt sich nicht auf einmal und auch nicht auf alle nieder: Der Klimawandel etwa trifft unterschiedliche Gruppen ganz unterschiedlich, je nachdem, ob man auf einer Inselgruppe wie den Malediven lebt, die wegen des steigenden Meeresspiegels verschwinden wird, ob man als nomadischer Viehzüchter wegen anhaltender Dürren seine Weidegründe verliert oder ob man als Bewohner einer reichen Gesellschaft schnell noch mal auf die Malediven fliegt, bevor sie futsch sind, und sich daheim über die zunehmenden Waldbrände sorgt. Anders gesagt: Wo an der einen Stelle der Welt der Klimawandel Anlass für Partygespräche ist, ist er an einer anderen schon eine Todesursache. Die Apokalypse gibt es nicht, sie zerlegt sich in zeitlich und regional ganz unterschiedliche Ereignisse, und je nach Betroffenheit bedeutet das Tod, erzwungene Migration, Thrill oder Gleichgültigkeit.

Auch die Literaturwissenschaftlerin Eva Horn sieht die kompensatorische Funktion der Endzeitbilder: Sie nennt das die »handlungsentlastende Funktion des katastrophischen Imaginären. Wir konsumieren Desasterszenarien und Desasterwissen, aber das tun wir weitgehend mit einer Haltung des Zuschauers. Mit anderen Worten: Wir lassen untergehen. Denn die Desaster stoßen ja anderen zu, mal heldenhaften Filmhelden oder armen Collegeprofessoren, mal gesichtslosen Opfern wie den Anrainern von Kernreaktoren, fernen Inselvölkern oder Landschaften. (…) Aber diese ›Erfahrung‹ geschieht in einem Raum, den wir säuberlich trennen von dem Raum, in dem wir leben, Entscheidungen treffen, Pläne machen. Es ist ein anderer, der in dieser Zukunft untergeht – selbst wenn ich weiß, dass das, was mir da vorgeführt wird, auch meine Zukunft sein kann.«[56]

Es ist diese Haltung, die Roger Willemsen zum Gegenstand eines Buches machen wollte, das er dann nicht mehr schreiben konnte. In einem Vortrag hat er Gedanken dazu skizziert, in Anlehnung an den Modus des Futur II, also der antizipierten Vergangenheit: »Wir waren wie die Landschaft, im Rückzug. Wir hatten unserem Verschwinden nichts entgegenzusetzen, rieben uns aber auf im engen Horizont einer Arbeit, die ein Unternehmen stärken, erfolgreicher, effektiver machen sollte, aber nicht Lebensfragen beantworten, das Überleben sichern helfen würde. Kaum blickten wir in die Vergangenheit, sahen wir nichts als Fortschritt. Kaum blickten wir in die Zukunft, nichts als Niedergang.«[57]

Wenn man in der zeitlichen Zerstückelung und Zerdehnung der Katastrophe auf der Seite der Glücklichen lebt, muss man dem Verschwinden auch nichts entgegensetzen; erst mal verschwinden ja andere. Deshalb gibt es keine Aufmerksamkeit auf Überlebensfragen, andere Dinge scheinen viel wichtiger. Und zugleich positioniert man sich selbst in einem Niemandsland zwischen Vergangenheit und Zukunft, in einer endlos gedehnten, gleichsam zeitlosen Gegenwart. Zu dem, was passiert und passieren wird, verhält man sich – als Zuschauer: »Wir waren jene, die wussten, aber nicht verstanden, die begriffen, aber sich nicht vergegenwärtigen konnten, voller Information, aber ohne Erkenntnis, randvoll mit Wissen, aber mager an Erfahrung. So gingen wir, nicht aufgehalten von uns selbst.«[58]

Ohne aufzuhören. Woran emsig weitergearbeitet wird, ist das magische Projekt der »Fabrikation einer Welt, abseits ihrer Existenzbedingungen«. Der Raum der Veränderung ist innerhalb, nicht außerhalb unserer Grenzen, habe ich oben geschrieben, und die Zeit der Veränderung ist die Gegenwart, nicht die Vergangenheit, nicht die Zukunft. Dieser Raum und diese Zeit sind als Einzige verfügbar, und wenn auch das Fortschrittsmodell der Moderne, nunmehr heruntergekommen zum Fetisch der nie endenden Innovation, immer weg-von-hier in eine fiktionale Überschreitung des hier und jetzt Gegebenen treibt – das nützt nichts, wenn das Feedback unseres Naturverhältnisses mitteilt: War schön, geht aber leider nicht mehr.

Die Zeit der Externalisierung der Kosten unseres Lebens in andere Räume und andere Zeiten ist vorbei, die Probleme sind dafür zu gegenwärtig geworden. Es gibt keine Zuschauerposition, von der aus man mit einem wohlig-unheimlichen Gefühl Endzeitszenarien und Untergänge betrachten kann, es ist Zeit für Wirklichkeit. Jetzt. Wir stehen vor einem neuen Imperativ, schreibt Roger Willemsen, »der uns abverlangt, uns zu vergegenwärtigen im Wortsinn: hier zu sein, in dieser Zeit anzukommen – nicht in der Ferne der Displays, nicht auf den Modulen unserer ausgelagerten Intelligenz, nicht in der digitalen Parallelwelt des Sozialen, die sich vor die Realität dieses sozialen Asozialen schiebt, sondern in jener praktischen Welt, in der die Frage nach dem Überleben aller gerade neu gestellt wird«.[59]

Das 21. Jahrhundert ist schon alt, während wir noch denken, es sei jung

Wir sind jetzt im Jahr 2021. Mehr als ein Fünftel des Jahrhunderts ist schon vorbei. In diesem Fünftel wurde kein Wechsel der Entwicklungsrichtung sichtbar, obwohl die globalen Problemlagen dichter und heftiger wurden als gegen Ende des 20. Jahrhunderts. Die USA und Europa haben sich in einem komplett sinnlosen Krieg gegen den Terror verkämpft, staatliche Vorsorge wegen neoliberaler Propaganda drangegeben und ihre Gesellschaften verletzlicher gemacht, eine obszöne Finanzwirtschaft von der Leine gelassen und sie ihr trotz einer von ihr verursachten Weltwirtschaftskrise nicht wieder angelegt. Europa lässt Flüchtlinge ertrinken und paktiert mit Autokraten und Milizen. Weltweit haben wir gefährliche Clowns in die politischen Arenen eingeladen, in Europa nicht das Spurenelement einer modernen Migrationspolitik entwickelt, und in Deutschland sehen wir keine Partei, die ökologische und soziale Probleme als zwei Seiten derselben Medaille betrachtet. Dafür bewundern aber alle den Unfug von Phantastillardären aus der Digitalwirtschaft und setzen ihrer Ausforschung und Kolonisierung der Lebenswelt nichts entgegen. Während all dies sich schon seit zwei Jahrzehnten in derselben Richtung weiter vollzieht, glauben wir irgendwie noch, im 20. Jahrhundert zu sein. Als fast alles noch schöner war. Beinahe hätte ich geschrieben: Als das Wünschen noch geholfen hat.

Während dieser Zeit sind die Aussichten für die seither Geborenen gesunken, ihre Zukunft ohne gravierende Beschränkungen durch die prekär gewordenen klimatischen Bedingungen, durch die anwachsende tote Masse, durch die Entleerung der Meere und Wälder und das Vollstellen der Räume mit Dingen genauso frei gestalten zu können, wie meine Generation, die Boomer, das konnte. Generationengerechtigkeit ist eine ethische Forderung aus dem zweiten Jahrtausend, im dritten gilt sie nicht mehr. Die Zukunft ist vor der Zeit verbraucht; die Ressourcenausbeutung hat sich, je umkämpfter und entleerter die Räume wurden, in die Zeit verlagert (Albrecht Koschorke). Der Konkurrenzkampf zwischen den etablierten Älteren und den jüngeren Außenseitern ist offener geworden – die Alten zeigen unverdeckter, dass sie eine Zukunft, die nach ihnen kommt, nicht interessiert. Gerade in den von der Altersstruktur systematisch nach oben verzerrten Gesellschaften sind die Alten quantitativ relevante Wählerinnen- und Wählergruppen, die Jungen für die Parteien nicht so interessant.

Das Coronamanagement spiegelt systemisch denselben Sachverhalt: Was für ein Zustandsbericht einer im globalen Vergleich superreichen Gesellschaft, die sich völlig außerstande sieht, Schule so zu organisieren, dass sinnvolles Lernen, lustvolle Gemeinsamkeit, Selbstorganisation und Eigensinn zur Geltung kommen können – mit Hilfe digitaler Technologie, Auflösung des Jahrgangsprinzips, Verzicht auf die Noten und vielem mehr, was man aus jahrzehntelangen Erfahrungen alternativer und internationaler Praxis gelingender Schule hätte lernen können. Stattdessen fiel einer geistig entweder petrifizierten oder korrumpierten Kultusministertruppe nichts anderes ein, als junge Menschen zu Hochinfektionszeiten im Winter in Klassenräume zu pferchen und alle 20 Minuten die Fenster aufreißen zu lassen – etwas, was nach finsterstem Wilhelminismus aussah. Aber das wäre ja wenigstens noch Ideologie gewesen. In Wahrheit saß diesen verantwortungslosen Frauen und Männern, fast ausnahmslos pädagogisch ohne Vorbildung, ohne Ausnahme biodeutsch, nur die Wirtschaft im Nacken, die zu viel Arbeitszeitverluste durch Homeschooling zu vermeiden suchte. Verächtlicher kann mit einer nachrückenden Generation gar nicht umgegangen werden.

Oder das Wegwischen der gut begründeten Forderungen der *Fridays for Future*-Bewegung durch eine Bundesregierung, die statt einer entschlossenen Zukunftspolitik Vergangenheitspolitik macht und überlebte Industrien künstlich am Leben hält, damit diese weiterhin die Welt zerstören können. Entschuldigung, dass ich mich aufrege, aber immerhin hat meine Empörung seit Ende April das Bundesverfassungsgericht auf seiner Seite, das gebietet, die Freiheitschancen künftiger Generationen zu schützen. Aber wenn man sich die Missachtung der jungen Generation

Abb. 14: Maischberger: Mit Beton diskutieren

anschaut, kommt man ja sofort auf die Frage: Wer soll denn künftig für eine Demokratie, für eine Europäische Union, für ihre täglich bemühten und täglich mit Füßen getretenen Werte kämpfen – eine Nachfolgegeneration, die man so herablassend und verächtlich behandelt? Von der man selbstverständlich erwartet, die Folgen einer wissend falschen Politik tragen zu sollen? Das Internet vergisst ja nichts, schauen Sie sich mal die Fernsehdiskussion von zwei jungen Frauen mit zwei Männern aus der Generation Beton bei Sandra Maischberger an, und versuchen Sie mal, sich in Luisa Neubauer in dieser Situation hineinzuversetzen.

Der Soziologe Stephan Lessenich hat vor ein paar Jahren ein Buch über die »Externalisierungsgesellschaft« geschrieben – die reichen Gesellschaften holen sich seit den Zeiten des Imperialismus ihre Rohstoffe von überall, verwandeln sie in immer mehr Produkte mit immer kürzerer Haltbarkeit und kürzeren Produktzyklen und exportieren dann den Müll in Länder, wo sich niemand die Produkte hätte leisten können, die man in den reichen Ländern nach

Gebrauch und oft auch schon vorher wegschmeißt. Das ist Externalisierung *räumlich*, aber im Generationenverhältnis sehen wir denselben Vorgang der Externalisierung *zeitlich* – hier wird nicht Raum konsumiert, sondern Lebenszeit, und zwar die der nachfolgenden Generationen. Und genau dieser Aspekt kommt in der traurigen Kommunikation zwischen den Betonmännern und jungen politischen Aktivistinnen und Aktivisten allenthalben zum Ausdruck. Es wäre ja beinahe eine Befreiung, wenn jemand aus der Betonfraktion einfach mal sagen würde: »Liebe Frau Neubauer, was Sie sagen, interessiert mich nicht. Ich hab noch 20 Jahre Lebenserwartung, da will ich, dass alles bleibt, wie es ist. Sie stören meine Kreise.« Stattdessen behauptet man aber ständig, man sei sich der Probleme bewusst und im Rahmen seiner – natürlich begrenzten – Möglichkeiten aufs äußerste bemüht, blablabla. Und abermals wird mit dem Klimasystem verhandelt.

Man muss es klar sagen: Dass die heutige Generation der sogenannten Entscheidungsträger in Wirtschaft und Politik sich den Luxus erlauben kann, so zu tun, als könne man mit dem Klima-, ja mit dem Erdsystem verhandeln, verdankt sich der Ausbeutung der Zukunft ihrer eigenen Nachfolgegeneration. Betrachtet man nämlich die Probleme des 21. Jahrhunderts entlang der Zeit und der Generativität, steht die Sache ganz anders. Da werden 2021 die Entscheidungen – etwa zur Inbetriebnahme neuer Kohlekraftwerke – getroffen, deren Folgen 2051 manifest werden. Da sind die »Entscheidungsträger« schon tot, und die dann noch Lebenden haben das Problem. Das ist organisierte Unverantwortlichkeit. Künftige Menschen beschäftigen keine Lobbyisten.

Ein Naturverhältnis, das auf Externalisierung gegründet und gebaut ist und dafür theoretisch wie praktisch eine strikte Differenz von »Mensch und Natur« behauptet hat, stößt nicht nur dort an sein Ende, wo Klimasystem und Biosphäre ihr immer negativeres Feedback geben, sondern auch dort, wo gattungsmäßig das Prinzip der Generativität aufgegeben wird. Während dort, wo Überfluss herrscht, Designerbabys gezeugt und im Auftrag extrem progressiver queerer Paarungen von Leihmütter*innen in Indien ausgetragen werden, die für die Ausbeutung ihrer Körper einen Hungerlohn bekommen und ihre Kinder nie wiedersehen, stirbt in weniger glücklichen Gegenden der Welt nach wie vor fast jedes zehnte Kind. Und das wird im Zuge des Schrumpfens überlebenstauglicher Räume auf der Erde nicht besser werden. Wir haben also nicht nur eine empirische Entwicklung, die zivilisatorisch unhaltbar ist; diese Entwicklung ist auch eine radikale Einschränkung der künftigen menschlichen Möglichkeiten. Denn die beruhen auf dem Prinzip der Natalität.

Was heißt eigentlich: Als Mensch geboren werden?

Die menschliche Lebensform ist einerseits zutiefst sozial und andererseits koevolutionär. Diese beiden Aspekte hängen auf das engste miteinander zusammen. Unser heutiges, von der Standardökonomie ebenso wie von der Philosophie geprägtes Selbst- und Menschenbild ist dieser Lebensform, nun ja, unangemessen. Norbert Elias hat einmal in einer Fernsehdiskussion zu dem Philosophen Iring Fetscher gesagt: »Wissen Sie, Philosophen stellen sich Menschen immer als Erwachsene vor, die niemals Kinder gewesen sind.« Fetscher war einigermaßen verblüfft. Kein Wunder. Putzte Elias doch mit dieser zutreffenden Bemerkung die ganze Alteritätsphilosophie einfach mal so von der Platte, also jene Philosophie, die sich mit der Frage beschäftigt, wie Ego und Alter sich gegenübertreten und miteinander verhandeln und handeln können. Diese Frage geht in die Irre, weil Menschen immer schon Teil von Beziehungen sind. Wir sind immer schon »wir«, bevor wir »ich« sind.

Denn lange bevor im Kleinkindalter, mit drei oder vier Jahren, unser reflexives, selbstbezogenes Bewusstsein erwacht und wir »Ich« zu sagen lernen, sind wir immer schon mit anderen zusammen gewesen, den Eltern, Geschwistern, anderen Bezugspersonen. Und dieses Zusammensein mit anderen hat uns praktisch mit einer Unzahl von Bedeutungen über die Dinge des Lebens vertraut gemacht. Wir haben sie in der Praxis des Zusammenseins erfahren, sie werden nicht »erlernt« oder »verinnerlicht«, sondern buchstäblich erlebt. Da sich sowohl die organische Reifung des Gehirns als auch die Entstehung neuer Nervenzellen als auch die Etablierung ihrer Netzwerkstrukturen beim Menschen noch über lange Zeiträume nach der Geburt erstrecken und in Teilen lebenslang in Entwicklung begriffen sind, können wir davon sprechen, dass sich das menschliche Gehirn selbst in Abhängigkeit von sozialer Erfahrung entwickelt, formt und strukturiert. Anders gesagt: Das menschliche Gehirn entwickelt sich erfahrungsabhängig, und zwar im Zusammensein mit anderen.

Neuronen verändern sich in Reaktion auf äußere Reize, und die Netzwerke, in denen sie assoziiert sind, tun dies unweigerlich auch. Die neuronalen Repräsentationen einzelner Elemente der Erfahrung der äußeren Welt sind desto stabiler, je häufiger sie aktiviert werden. Diese Muster entstehen – im Verlauf der Entwicklung immer ausgeprägter – in der Interaktion zwischen den genetisch prädisponierten biochemischen und neurophysiologischen Entwicklungsprozessen und den Signalen und Informationen, die aus der Umwelt und besonders aus der Mikroumwelt des Kindes kommen. Ein wesentlicher Teil davon besteht – da das Kind unweigerlich in eine soziale Welt hineinwächst – aus interpersonellem Austausch und, später, aus intersubjektiver Erfahrung. Dieser Umstand hat den Psychiater Daniel Siegel zu der prägnanten Formulierung veranlasst, dass menschliche Verknüpfungen neuronale Verknüpfungen formen. Und der Anthropologe Bradd Shore hat vor diesem Hintergrund ein eindrucksvolles Buch mit dem sprechenden Titel »Culture in Mind« (1996) vorgelegt, das leider nie ins Deutsche übersetzt worden ist.

Ein Kind kommt mit einer Reihe von aktiven Wahrnehmungs- und Differenzierungsfertigkeiten auf die Welt. Die Entwicklungspsychologie liefert eine Fülle von Befunden dazu, dass schon das Neugeborene ein aktiver Interaktionspartner für die Menschen seiner Umgebung ist, und es bringt bereits bei der Geburt einiges mit, was es ihm ermöglicht, sich die Welt anzueignen. Natürlich stellt seine genetische Entwicklungsbasis eine ganze Reihe von grundlegenden Verschaltungsstrukturen bereit, die nichts mit Erfahrung zu tun haben, sondern aus Gründen des Überlebens gewissermaßen voreingestellt sind. Es sind dies z. B. die grundlegenden Fähigkeiten, die früher als »unbedingte Reflexe« bezeichnet wurden – der Greifreflex, mit dem die Hand des Neugeborenen den gebotenen Finger umschließt, der Saugreflex usw. Dass das Neugeborene atmen, sehen, hören, fühlen, Nahrung aufnehmen, Schmerz empfinden kann – alles dies ist nicht das Ergebnis von Erfahrung, sondern das Ergebnis genetischer Determinierung, wie bei anderen Tieren auch.

Zum Universum genetischer Determinierung grundlegender Verschaltungsstrukturen gehört aber eben auch die Möglichkeit, dass sich überhaupt Verschaltungsstrukturen bilden können, die *nicht* vorab festgelegt, sondern erfahrungsoffen sind. »Bereits die genetisch determinierten Verschaltungen prädisponieren das sich entwickelnde Gehirn für ganz bestimmte sensorische Wahrnehmungen, für eine bestimmte assoziative Verarbeitung dieser Eindrücke und für die Aktivierung ganz bestimmter Verhaltens- und (Gefühls-)reaktionen.«[60] Genau dieses Potenzial des assoziativen Wahrnehmens, Einspeicherns und Abrufens ist zum einen das Ergebnis einer spezifisch menschlichen genetischen Disposition, zum anderen aber auch der Ausgangspunkt dafür, dass menschliche Entwicklungsprozesse genetische Vorprogrammierungen mühelos überschreiten können. Ein großer Teil der Verschaltungsarchitektur des menschlichen Gehirns bildet sich durch Erfahrung aus – so bildet zum Beispiel eine bestimmte Lautfolge ein bestimmtes Engramm, eine Erinnerungsrepräsentation im Gehirn. Die Möglichkeit, dass und wie dieses Engramm gebildet werden kann, ist genetisch determiniert, nicht aber die Gestalt des Engramms selbst, die zum Beispiel von der Klanggestalt der Stimme der Mutter abhängt. Michael Tomasello nennt das »Transaktionskausalität«: »Fähigkeiten, die durch Reifung entstehen, schaffen die Möglichkeit neuer Arten von Erfahrungen und Lernen, und anschließend sind diese Lernerfahrungen die unmittelbaren Ursachen der Entwicklung.«[61]

Ein Säugling wird – wie jedes andere Lebewesen – mit einer genetischen Prädisposition für die Entwicklungs- und Verknüpfungsmöglichkeiten seiner neuronalen Architektur geboren, aber die Gestalt, die diese Architektur annimmt, hängt von der kulturellen Praxis ab, in die es hineingeboren wird. Ein menschliches Gehirn wiegt bei der Geburt nur rund ein Viertel des Gehirns eines Erwachsenen. Beim Schimpansen, dem genetisch nächsten Verwandten, sind es immerhin 60 Prozent. Die Anzahl der neuronalen Verschaltungen läuft nur beim Menschen noch nach der Geburt in fötaler Geschwindigkeit und Größenordnung weiter. In jeder Sekunde entstehen unter jedem Quadratzentimeter der Gehirnoberfläche ca. 30 000 Synapsen – und zwar bis etwa zum sechsten Lebensjahr. Aber dann ist noch lange nicht Schluss. Einzelne Gehirnareale und -organe kommen erst mit der Pubertät zur endgültigen Ausreifung (wie das Stirnhirn), andere (wie die Temporallappen) erst mit Abschluss der Adoleszenz.[62] Kurz: Wir haben es beim menschlichen Gehirn mit einem außergewöhnlich lange außergewöhnlich unfertigen Organ zu tun.

Dass Menschen organisch »zu früh«, also unfertig auf die Welt kommen, bedeutet, dass in der menschlichen Entwicklung genetisch angelegte Ausreifungsprozesse mit sozialen Ausformungsprozessen zusammenfallen: Die organische und die soziale Entwicklung laufen *gemeinsam* ab. Natur und Kultur wirken koevolutionär, als Einheit. Und genau darauf ist die menschliche Gehirnentwicklung ausgelegt: Kein anderes Lebewesen verfügt über eine vergleichbare Neuroplastizität, kein Gehirn ist bei der Geburt so unfertig wie das des Menschen, keines besitzt ein vergleichbar großes Entwicklungspotenzial für die Adaptierung an verschiedene und sich verändernde Umweltbedingungen.

Fassen wir zusammen: Das Gehirn ist ein auf erstaunliche Weise erfahrungsabhängiges Organ. Während das neuronale Netzwerk im Erwachsenenalter beständigen Veränderungen unterliegt, die aus der Verarbeitung von körperinternen und -externen Informationen hervorgehen, liefern Signale aus der Umwelt beim Säugling, Kleinkind, Heranwachsenden und noch beim Erwachsenen Modifikationsanlässe für neuronale Systeme, die in Entwicklung begriffen sind. Sie wirken damit direkt auf die sich entwickelnde Organisationsstruktur des Gehirns ein und somit auf die Möglichkeiten der sich entwickelnden Persönlichkeit zur Problembewältigung und Weltaneignung. Menschen sind sowohl in ihrer kulturellen als auch in ihrer hirnorganischen Entwicklung soziale Wesen. Genauer gesagt: Menschen kommen im Singular nicht vor. Und Kultur ist immer schon die Umwelt der sich entwickelnden neuronalen Systeme.

Naturkultur

Dies ist das Spezifikum der menschlichen Lebensform: Kultur und Natur sind koevolutionäre Teile desselben jeweils individuellen Entwicklungsprozesses. Das macht den Wagenhebereffekt möglich, von dem ich am Anfang am Beispiel der Untersuchungen von Michael Tomasello gesprochen habe. Ich glaube, man kann vor diesem Hintergrund verstehen, dass der jeweilige zivilisatorische Stand einer Kultur immer schon Teil der Entwicklungsumwelt eines neu hinzukommenden Kindes und daher in einem sehr tiefen Sinn in seine biopsychosoziale Entwicklung eingebettet ist. »Die elementarsten kognitiven und sozialen Prozesse, die man bei sich entwickelnden Kindern heute beobachten kann, haben alle Evolutionsgeschichten«, sagt Michael Tomasello.[63] Wir haben ein *cultured brain* (Bradd Shore), und schon auf dieser Ebene sind Entgegensetzungen von »Mensch und Natur« oder »Kultur und Natur« irreführend.

Noch einmal mehr verdeutlicht sich das, wenn wir von der individuellen, also ontogenetischen Ebene auf die phylogenetische übergehen, auf die Entwicklungsgeschichte der Menschheit: Bekanntlich teilen wir fast 99 Prozent unserer Gensequenzen mit Schimpansen (genau genommen 98,8 Prozent), die sowohl auf der Ebene der Individuen wie in der Form ihres Zusammenlebens freilich nur sehr entfernte Verwandtschaft mit der menschlichen Lebensform zeigen. Zwar sind sie intelligent, konkurrieren teilweise auf sehr pfiffige Weise um Vorteile, können sogar täuschen und verbergen, gebrauchen Werkzeuge, aber sie kooperie-

138

ren nicht systematisch, und vor allem: Wenn sie bestimmte Techniken oder auch Formen von Kommunikation entwickelt haben, bleiben diese auf die jeweilige Gruppe beschränkt und werden nicht »kulturell« weitergegeben. Der Wagenheber, um in Tomasellos Bild zu bleiben, rastet nicht ein, sondern rutscht immer wieder auf das Ausgangsniveau zurück. Jede neue Generation startet wieder dort, wo die vorhergehende schon war.

Menschen und Schimpansen hatten gemeinsame Vorfahren, aber ihre Entwicklungen haben sich vor sechs bis acht Millionen Jahren getrennt, und bemerkenswerterweise spielt schon in den unterschiedlichen weiteren Verläufen »Kultur« eine entscheidende Rolle: »Auf der Verhaltensebene«, schreiben der Anthropologe Carel von Schaik und die Biomathematikerin Karin Isler, »unterscheiden wir uns [sc. von nichtmenschlichen Primaten, HW] bezüglich der Ökologie, der Kognition, der Kultur, des Lebensverlaufs, der sozialen Organisation und der Sexualität. Wir jagen und sammeln gemeinsam, versorgen einander, haben eine einmalige Intelligenz entwickelt, die eng mit dem Gebrauch von Sprache verknüpft ist, und wir geben unsere Fähigkeiten und Kenntnisse aktiv weiter. Mit Hilfe der Kultur haben wir komplexe Artefakte, Symbole und Institutionen erschaffen. (...) In allen Lebenslagen zeigen wir eine intensive Kooperationsbereitschaft, nicht nur mit Verwandten, sondern auch mit nichtverwandten oder uns unbekannten Individuen.«[64]

Schon in der Organisation des Lebens bildet Kultur das unterscheidende Merkmal der menschlichen Lebensform. Friedemann Schrenk, ein Paläobiologe, beschreibt die Wirkungen ökologischer Bedingungen, unter denen die Vorfahren des Homo sapiens ihr Überleben sichern mussten, und resümiert: »Unter dem Druck der Umweltveränderungen zu jener Zeit [sc. der ersten Werkzeugkulturen vor

2,5 Millionen Jahren, HW] war es eben gerade die Fähigkeit der Hominiden zu kulturellem Verhalten, die die Gattung homo entstehen ließ. Im Gegensatz zu den robusten Vormenschen legten unsere Vorfahren eine größere Flexibilität des Verhaltens an den Tag – eine Entwicklung, die letztlich auch zu einem größeren und leistungsfähigeren Gehirn führte.«[65]

Es ist die biokulturelle Phylogenese, die zu der besonderen evolutionären Strategie des *cultured brain* geführt hat und eben, zum Guten wie zum Schlechten, zu jener unglaublichen Anpassungsfähigkeit der menschlichen Lebensform – die gattungsmäßig robust macht, aber eben auch so robust, dass andere Lebensformen in einem Maß vernichtet oder verdrängt werden, wie es keine andere Tierart jemals hingekriegt hat. Auch lässt sich in der Geschichte der Zoologie keine andere Spezies verzeichnen, die ihre eigenen Lebensgrundlagen so gründlich dezimiert hat wie der in Sachen Nachhaltigkeit eher nicht weise Homo sapiens.

»Die kumulative Evolution der Kultur ist nur deshalb möglich, weil alle Individuen einer bestimmten Generation zum größten Teil dasselbe von Älteren lernen, weshalb es für sie über die Zeit hinweg zuverlässig und stabil bleibt und ihnen so potenzielle Innovationen ermöglicht. Wenn Erwachsene von den Kindern normativ erwarten, dass sie lernen, und sie diese normativen Erwartungen auch durchsetzen, wird dadurch offensichtlich genau jene Art von kulturellem Wagenheber geschaffen, der das kulturelle Wissen und die Kulturpraktiken über die Zeit hinweg stabil hält, bis eine neue Innovation auftaucht.«[66]

Das Neue

Das Neue kommt immer in die Welt, und zwar solange Kinder, also nächste Generationen, dazukommen. Hannah Arendt hat das in ihrem Buch » Vita activa oder vom tätigen Leben « auf ihre Weise beschrieben. Für Arendt ist die zentrale menschliche Eigenschaft die Fähigkeit zum Handeln, und zwar frei und widerruflich zu handeln. Die Fähigkeit zum Handeln schließt selbstverständlich die Möglichkeit ein, etwas Falsches zu tun – aber von den Folgen dieses Falschen kann man sozial befreit werden, indem andere den Fehler verzeihen. So banal sich das anhört, so zentral ist das für Arendt, denn im Verzeihen liegt ihrer Ansicht nach der Kern der Freiheit: » Könnten wir einander nicht vergeben, d.h. uns gegenseitig von den Folgen unserer Taten wieder entbinden, so beschränkte sich unsere Fähigkeit zu handeln gewissermaßen auf eine einzige Tat, deren Folgen uns bis an unser Lebensende im wahrsten Sinne des Wortes verfolgen würden, im Guten wie im Bösen. «[67]

Verzeihen ist in Arendts Theorie wiederum an das Vermögen, zu versprechen, gebunden, in dem sie das wichtigste Ordnungsprinzip menschlicher Angelegenheiten sieht: Die Offenheit der Zukunft, die Unsicherheit der Erwartungen sind nur auszuhalten und zu bewältigen, indem Menschen sich einander Versprechen geben – individuell in Form von Bekundungen oder auch Verträgen, gesellschaftlich und kulturell durch die unterschiedlichsten Formen von der Erfüllung von Pflichten über die Übernahme von Verantwortung. Das » Vermögen, Versprechen zu geben und zu halten «, schreibt Arendt, hat » die ihm innewohnende Macht, das Zukünftige zu sichern «.[68]

In der Tat beruhen ja menschliche Gesellschaften, und insbesondere moderne Demokratien, auf Vertrauen, und dieses Vertrauen ist immer darauf bezogen, dass etwas in der Zukunft noch so verlässlich und stabil sein wird wie jetzt, in der Gegenwart. Versprechen bedeutet daher auch Verantwortlichkeit, und dort, wo ein Versprechen – da es Zufälle, unabsehbare Entwicklungen, Irrtümer usw. gibt – nicht gehalten werden konnte, sichert die Fähigkeit zum Verzeihen, dass das Vertrauen insgesamt intakt bleiben kann. Das ist, würde ich sagen, keine nur plausible, einleuchtende, gut argumentierte Theorie, sondern eine *schöne* Theorie über die menschliche Lebensform, denn sie setzt das grundlegende Aufeinanderbezogensein der Menschen voraus.

Menschen sind in diesem Sinn niemals als Einzelwesen zu verstehen, sondern in ihrem Sprechen und Handeln immer aufeinander bezogen und hinsichtlich der Handlungsfolgen nicht determiniert, sondern flexibel. Man kann Dinge auch wieder aus der Welt schaffen, sich entlasten von dem, was falschgelaufen ist. Daher beruht für Arendt das Politische auf der Fähigkeit zum Versprechen und dem »guten Willen, den Risiken und Gefahren, denen Menschen als handelnde Wesen unabdingbar ausgesetzt sind, mit der Bereitschaft zu begegnen, zu vergeben und sich vergeben zu lassen, zu versprechen und Versprechen zu halten«.[69] Eine solche Moral entspringt direkt aus dem Miteinanderhandeln der Menschen, und darin liegt zugleich die Möglichkeit begründet, dass Neues in die Welt kommen kann. Denn in der menschlichen Lebensform, so Arendt, herrscht nicht die »Todlosigkeit einer in sich selbst schwingenden Natur«[70] und damit weder Zwangsläufigkeit noch Unabwendbarkeit, sondern die Möglichkeit der Freiheit. Das Vermögen zu handeln unterbricht alle Voreinstellungen und Automatismen und lässt ein Eingreifen in und Unterbrechen von Abläufen zu. »Ohne diese Fähigkeiten des Neubeginnens, des Anhaltens und des Eingreifens wäre ein Leben, das, wie das menschliche Leben, von Geburt an dem Tode ›zueilt‹, dazu verurteilt, alles spezifisch Menschliche immer wieder in seinen Untergang zu reißen und zu verderben. Gegen diese, natürlich immer bestehende, Gefahr steht die aus dem Handeln sich ergebende Verantwortlichkeit für die Welt, die anzeigt, daß Menschen zwar sterben müssen, aber deshalb noch nicht geboren werden, um zu sterben.«[71]

Es ist dieser Zeitraum zwischen Geburt und Tod, in dem Menschen – im Unterschied zu anderen Tieren – nicht in einem determinierten Lauf der vorgesehenen Dinge und Abläufe gefangen sind, sondern handeln und damit »etwas Neues anfangen« können. Verkörpert ist dieses Prinzip, neu anfangen zu können, für Arendt in der Natalität, der Tatsache des »Geborenseins«: »Das Wunder, das den Lauf der Welt und den Gang menschlicher Dinge immer wieder unterbricht und vor dem Verderben rettet, ist schließlich die Tatsache der Natalität, das Geborensein, welches die ontologische Voraussetzung dafür ist, daß es so etwas wie Handeln überhaupt geben kann.«[72] Jede und jeder von uns war zu den anderen dazugekommen, weshalb jede und jeder von uns mit unserer Fähigkeit zu handeln dem Lauf der Dinge eine andere Richtung geben kann.

Es gibt kaum eine Stelle im Werk von Hannah Arendt, die so berührend und mitreißend ist, wie diese Seiten in der »Vita activa«. Arendt illustriert die eigentlich philosophischen Kategorien des Verzeihens und Versprechens und Beginnens hier am Beispiel des Handelns von Jesus von Nazareth, bemüht also keine Philosophenkollegen für ihre Argumentation, sondern einen Praktiker der menschlichen Möglichkeiten. So endet denn auch ihre Theorie des Handelns mit dem erstaunlichen Satz: »Daß man in der Welt Vertrauen haben und daß man für die Welt hoffen darf, ist vielleicht nirgends knapper und schöner ausgedrückt als in den Worten, mit denen die Weihnachtsoratorien ›die frohe Botschaft‹ verkünden: ›Uns ist ein Kind geboren.‹«[73]

Die christliche Religion ist mit der Figur des Heilands als Neugeborenen in der Tat eine Erzählung über die Offenheit und das Beginnen, und insofern folgerichtig auch keine Gesetzesreligion, sondern eine Möglichkeitsreligion. So jedenfalls interpretiert sie die allem Religiösen normalerweise lichtjahreweit entfernte Hannah Arendt und entwirft das Konzept der Natalität. Beginnen zu können ist die Bedingung dafür, Aufhören zu können, und wie für die menschliche Lebensspanne Geburt und Tod den Raum des Handelns aufspannen, so sind sowohl beginnen wie aufhören zu können die Bedingung menschlicher Freiheit. Heißt: Wir müssen die Voraussetzungen dafür, beginnen und aufhören zu können, sichern und nicht durch eine permanente Verengung der Handlungsmöglichkeiten durch ökologische Folgen der falschen Entwicklungsrichtung gefährden. Die Fortschreibung eines falschen Naturverhältnisses führt in den Verlust der Freiheit.

Wir bräuchten in diesem Sinn ein Kulturmodell, in dem die Schönheit des Aufhörens den Stellenwert bekommt, der für die Fortsetzung des zivilisatorischen Projekts notwendig ist. Noch einmal: Die Verbesserung, gar Optimierung von Prozessen, die in die falsche Richtung laufen, verschlimmert alles. Aufhören tut not, man muss es als menschliche Kulturtechnik wieder lernen. Damit man auch wieder beginnen kann.

Zwischenfrage

Warum hat die Vergangenheit, in der man noch nicht da war, weniger Schrecken als die Zukunft, in der man nicht mehr da sein wird?

II *Geschichten vom Aufhören und vom Leben*

Gibt es eigentlich Expertinnen und Experten des Aufhörens? Auf jeden Fall gibt es unendlich viele Expertinnen und Experten des Weitermachens und Optimierens, die eigentlich seltsame Gestalten, ja, geradezu Freaks in einer Situation sind, in der glasklar ist, dass man mit Weitermachen nicht durch das Jahrhundert kommt. Sie alle sind wie der Betrunkene im Witz, der seinen verlorenen Schlüssel nur im Schein der Laterne sucht, weil es überall woanders zu dunkel ist.

Wo ist professionell die Kulturtechnik des Aufhörens gefragt, wo ist sie überlebenswichtig? Beim Bergsteigen, dachte ich mir und rief

Reinhold Messner

an. In der Tat, das Thema überraschte ihn nicht. So erzählte er, dass er etwa ein Drittel all seiner Expeditionen und Unternehmungen abgebrochen habe, weil sie sich als zu gefährlich oder undurchführbar erwiesen haben. Dabei muss man sehen, dass bei seinem »Beruf« der Entschluss zum Aufhören schon in einer extrem lebensfeindlichen

Lage fällt. Messner berichtet, wie er 1977 zusammen mit einem zweiten Bergsteiger den Dhaulagiri über die Südwand besteigen wollte, wo man eine fast 4000 Meter hohe Steilflanke überwinden muss. »Wir sind nicht einmal in die Wandmitte gekommen. Da hat uns die Angst überrascht, und wir sind fluchtartig abgestiegen, in der Erkenntnis, wir haben uns zu viel vorgenommen, wir können das nicht. Wir haben die Größe und diese Steilheit unterschätzt, es war ein Fehler im Vorfeld gewesen. Wir haben die Expedition abgebrochen mit der ganz klaren Erkenntnis, diesmal haben wir zu viel gewollt. Was wir nicht wollten, war, bis an den Rand des Unmöglichen zu gehen und dann umzukommen.«

Angst ist das Signal zum Aufhören. Dort wo man die Situation nicht mehr beherrscht, hört man auf, wenn man bei Verstand ist. Psychologisch ist das, wie jeder auch von weit harmloseren Wanderungen weiß, schwierig: Denn man hat ja schon jede Menge Anstrengungen investiert, bis man am *point of return* angekommen ist. Im Fall von Expeditionen auch viel Geld und Aufwand. Bei Leuten, die Geld in Aktien anlegen, gibt es dasselbe Phänomen: Menschen haben Verlustaversionen und steigen bei Verlusten nicht aus, sondern investieren weiter; man sagt, sie werfen gutes Geld schlechtem hinterher. So neigt man dazu, weiterzugehen, wenn man schon längst umgekehrt sein sollte. Das kann tödlich sein, man wirft gute Energie schlechter hinterher. Aber Profis wie Reinhold Messner gehen nicht »an den Rand des Unmöglichen«, sondern hören auf die Angst: »Da kommt mit gesundem Menschenverstand das Gefühl auf: Das ist zu viel, nix wie zurück, nix wie raus aus dieser Situation.« Ohne Diskussionen und Verhandlungen: »Es gab nur ein paar Blicke zum Partner hin, und das hat gereicht, uns gegenseitig das Scheitern zu signalisieren.«

Messner, der sicher der erfahrenste und erfolgreichste Bergsteiger der Welt ist, auch, weil er seine Projekte perfekt plant, spricht über eine prinzipielle Grenze der Vorhersehbarkeit: »Wir sind ja in der großen Natur unterwegs, in einer wilden archaischen Natur. Und wir können vieles vorher planen, Logistik, Ausrüstung, Partner usw. Aber einige Punkte bleiben immer offen. Die Natur ist alle Tage anders, sie ist alle Tage neu. Die Natur ist nicht in eine Formel pressbar. Und weil die Natur kreativ ist und sich verändert, muss ich während des Tuns diese Veränderungen immer berücksichtigen. Und meistens sind es Naturphänomene wie ein Wettersturz oder ein Sturm oder ein unüberwindliches Hindernis, was ich im Vorfeld nicht berücksichtigen konnte. Dann fehlt plötzlich ein Ausrüstungsgegenstand, oder die Gefahren treten so massiv auf, dass wir in Angst und Schrecken davonlaufen. Also in Angst und Schrecken davonlaufen heißt in dem Fall, sich in Ruhe abseilen. Wenn Sie fliehen, überleben Sie nicht lange.«

Es gibt also gerade hier eine spezielle Kulturtechnik des Aufhörens. Normalerweise löst Angst eine spontane Fluchtreaktion aus; am Berg wäre die aber tödlich. Der Rückzug muss genauso bedacht und konzentriert erfolgen wie der Aufstieg, wer flieht, stirbt. Das führt aus meiner Sicht einen neuen Aspekt zum Aufhören ein: Das ist kein punktueller Akt, wie wenn der Bürohengst um 17 Uhr den Stift fallen lässt – Feierabend! –, sondern ein hochkomplexer Vorgang, der erlernte Fähigkeiten erfordert. Wenn wir über das Aufhören nachdenken, müssen wir das berücksichtigen. Aufhören braucht einen Grund, aber aufhören zu können braucht Können. Messner hat das Prinzip des Aufhörens auch lebenspraktisch übersetzt: »Ich kann über das Aufhören in mehreren Dimensionen sprechen. Ich habe in meinem Leben sechsmal mit etwas, was ich mit Begeisterung gemacht hatte, aufgehört und etwas Neues angefangen. Ich war Felskletterer, wurde Höhenbergsteiger, wurde Grenzgänger, wurde Forscher, wurde Museumsgründer, wurde Filmemacher. Und mit dem Filmemachen werde ich bald aufhören und etwas Neues machen.«

Der Grund? »Alles, was man bis zum Maximum der eigenen Fähigkeiten beherrscht, wird früher oder später banal und langweilig. Und das Leben ist viel spannender, wenn man mit Neugier etwas Neues wagt.«

Auch wenn sich meine Tätigkeiten im Vergleich zu denen von Reinhold Messner sehr bodennah abspielen – mir ging es genauso. Wissenschaft hat mich nur so lange interessiert, wie ich auf der Suche nach einer Antwort auf eine Frage war – wie es zum Beispiel dazu kommt, dass »ganz normale Menschen« sich dafür entscheiden, an Massakern und Massenmorden teilzunehmen. Oder wie unser autobiographisches Gedächtnis funktioniert. Ich wäre nie im Leben auf die Idee gekommen, ein lebenslanges Forschungsthema zu haben, obwohl das das Standardmodell erfolgreichen Wissenschaftens ist. Ich war Videokünstler, Journalist, Galerist, Sozialwissenschaftler, Autor, Ausstellungsmacher, und natürlich muss man mit etwas aufhören, wenn man etwas anderes machen will. Aufhören geschieht, falls man nicht gerade in der Südwand des Dhaulagiri hängt (die übrigens bis heute nicht ganz überwunden ist), hier nicht aus Angst, sondern ist im Gegenteil mit Angst verbunden: Gerade das, was gut gelaufen ist und worin man ganz erfolgreich war, gibt man nicht leichtfertig auf. Denn man weiß ja, wie es jetzt weitergehen würde, und dass man damit gut durchkäme. Erfolg ist psychologisch der sicherste Weg zur Stagnation, Aufhören und neu Beginnen ist mit Unsicherheit und Angst verbunden. Veränderungsaversion ist normal, deshalb muss man das Aufhören und das Neu-Beginnen trainieren.

Zu den für mich schockierendsten Bildern der vergangenen Jahre gehörte die Schlange von mehr als 300 Bergsteigern, die stundenlang warteten, um selbst auf dem Gipfel des Mount Everest zu stehen. An mehreren Stellen lagen Tote an der Seite, jene, die es nicht ganz geschafft hatten und die man aus logistischen Gründen noch nicht abtransportiert hatte. War ja auch kalt genug, sie verwesten nicht so schnell. Ein perfektes Sinnbild des leerlaufenden, zynischen Weitermachens. Jeder dieser schizoiden Selbstbesieger hatte fünfstellige Eurobeträge für dieses Abenteuer seines Lebens aufgewendet – wer würde denn da nur deswegen vor dem Gipfel aufhören, weil man ein paar Stunden in Gegenwart von toten Sportsfreunden Schlange stehen muss? Schon eine makabre Metapher für ein kulturelles Credo, dass im Weitermachen um jeden Preis besteht.

Reinhold Messner rechnet sich jenseits seiner alpinistischen Leistungen etwas ganz anderes hoch an. Er bezeichnet sich als »Verzichtsabenteurer« und erklärt: »Also ich habe nicht auf das Abenteuer verzichtet, sondern auf mehr und mehr Ausrüstung. Mein Erfolg besteht nicht darin, dass ich neue technische Geräte erfunden oder Technologie entwickelt habe. Ich habe die Reduktion geübt. Ich war der Erste, der den Mount Everest ohne Maske bestiegen hat, um nicht diese schweren Sauerstoffflaschen da hinaufschleppen zu lassen. Ich habe als Erster einen 8000er im Alleingang gemacht mit 60 Kilo Expeditionsausrüstung. Zehn Jahre vorher hatte ich eine Expedition begleitet, die hatte acht Tonnen Ausrüstung, da war ich nur Teilnehmer und nicht Organisator. Durch die Reduktion von Ausrüstung habe ich Ballast abgegeben und wurde viel schneller und viel kreativer und damit auch erfolgreicher. Das ist eine Art des Alpinismus, die schon vor dem Ersten Weltkrieg von einigen Alpinisten versucht worden ist, aber es wurde nicht fortgesetzt. Ich bezeichne meine Phase des Alpinismus als Verzichtsalpinismus. Nicht mehr die höchsten Berge sind das Ziel und die schwierigsten Wände, sondern die schwierigsten Wände mit dem Minimum an Hilfen, die denkbar sind.«

Wieder ein Sinnbild, diesmal umgekehrt: Wie man nicht durch Erhöhung, sondern durch Verringerung von Aufwand fortschreiten kann. Ja, wie der Fortschritt in einer Kulturtechnik des Weniger liegt und damit ein Kontrastbild zum traditionellen Fortschrittsbild der konsumistischen Moderne bildet. Das Maß ist nicht Menge, sondern Leichtigkeit, Entlastung von Ballast, Aufwand, Technik. Wir sollten alle Verzichtsabenteurer werden.

Einen anderen großen Verzichtsabenteurer in einem völlig anderen Metier kann ich nicht anrufen, er ist schon seit ein paar Jahrhunderten tot. Es handelt sich um den aus meiner Sicht besten und bedeutendsten Maler der Geschichte,

Jan Vermeer van Delft.

Vermeer lebte von 1632 bis 1675, und zwar in Delft. Er war Zeitgenosse von Pieter de Hooch und Jan Steen, die beide ebenfalls in Delft lebten und Mitglieder der örtlichen Lukas-Gilde waren, deren Dekan Vermeer zweimal war. Er war (wahrscheinlich) mit Antoni van Leeuwenhoek befreundet, einem damals schon berühmten Wissenschaftler, Mikroskopiker und Landvermesser, der mutmaßlich auf Vermeers Bild »Der Geograph« porträtiert ist. Vermeer war mithin zu Lebzeiten ein nach den Maßstäben der Zeit bekannter Künstler, dessen Werke beachtliche Preise erzielten (bei einer Auktion 1696 erzielten Bilder von ihm bis zu 200 Gulden, während auf derselben Auktion ein Rembrandt für sieben Gulden zu haben war); sein privates Leben, das verschiedentlich literarisiert und verfilmt wurde (»Das Mädchen mit dem Perlenohrring«), scheint dennoch von ehelichen und finanziellen Kümmernissen geprägt gewesen zu sein.

Was aber viel interessanter ist: Trotz der Rolle, die Vermeer als Künstler, aber auch als Kunsthändler, Bürger und eben als Vorsitzender der Gilde zu Lebzeiten in Delft gespielt hat, ist über seine Biographie ausgesprochen wenig bekannt. Genauso rätselhaft sind zwei Eigenschaften seines alles überragenden Werks: Erstens, dass es insgesamt nur 37 Gemälde umfasst (wovon bei zweien umstritten ist, ob sie von ihm sind), zweitens, dass es keinerlei Zeichnungen, Skizzen, Entwürfe, Übermalungen gibt, was extrem ungewöhnlich ist. Bei der unfassbaren malerischen Qualität der Bilder Vermeers und ihrer Radikalität (man beachte nur mal, dass das »Mädchen mit dem Perlenohrring« äußerst ungewöhnlich für die Zeit vor einem monochromen Hintergrund gemalt ist oder dass das angeblich »brieflesende Mädchen« einen leeren Briefbogen in Händen hält), weiß man lediglich, dass er für einige wahrscheinlich eine *camera obscura* verwendet hat, ansonsten bleibt komplett rätselhaft, wie man ein solches Werk ohne Skizzen, Vorzeichnungen und Entwürfe schaffen kann. Und warum man nur gerade drei Dutzend Bilder malt.

Meine persönliche Theorie, die von der Kunstwissenschaft überhaupt nicht gedeckt ist, läuft darauf hinaus, dass es dem Künstler – wie überhaupt immer in großer Kunst – um das perfekte Bild ging, eines, das beides erkennen lässt: dass es von dieser Welt ist, zugleich diese Welt aber durchdringt, transzendiert – also eine Welt hinter der Welt durchscheinen lässt. Gehen Sie in eines der wenigen Museen, die einen Vermeer haben, und schauen Sie ihn an – Sie werden vielleicht das eigenartige Erlebnis haben, dass man sich von ihm kaum losreißen kann. Oder dass man, wenn man weitergeht, spontan noch einmal zurückkehrt, um es nochmals zu betrachten, und dann noch ein weiteres Mal. Das liegt natürlich nicht an der Abbildungsqualität im Sinn eines Realismus. Das Bild zeigt nicht das, was wir kennen, sondern das, was wir *nicht* kennen, von dem wir aber ahnen, dass es das auch noch gibt. Das Bild hinter dem Bild. Ich glaube, darum ging es Vermeer, und so etwas kann man in einigen Werken erreichen, aber sicher nicht in 150 oder 200. Und gewiss erfüllen Skizzen und Zeichnungen nicht diesen Anspruch. Deshalb wird der Künstler mit dem Erreichen einer Meisterschaft, die seinen eigenen Ansprüchen genügte oder eine Näherung an diese Ansprüche darstellte, aufgehört haben, weiter zu malen. Er wird überdies Vorarbeiten seines Werkes vernichtet haben, und vermutlich auch Spuren und Dokumente seines Lebens, anders kann man nicht erklären, dass man über eine schon zu Lebzeiten so bedeutende Person so gut wie nichts weiß. Das Motiv dafür könnte sein, dass er der Auffassung war, dass die Zufälligkeiten und Bedingungen des Lebens des Malers mit dem absoluten Bild nichts zu tun haben und von ihm nur ablenken. Es gibt in diesem Sinn bei Vermeer das Bild hinter dem Bild, aber kein Bild vor dem Bild.

Interessanterweise ist eines seiner letzten Werke – die Bilder sind in der Regel nicht datiert, ihre Titel hat man ihnen nachträglich gegeben – zunächst als »Allegorie auf die Malerei« verstanden worden, später dann als Allegorie auf die Geschichte, da die Frau, die der Maler malt, als Klio, die Muse der Geschichtsschreibung, gedeutet wird. Es geht auf der Inhaltsebene also um die Poesie der Geschichte. Aber das scheint mir uninteressanter als der Umstand, dass der Maler sich beim Malen malt, also eine abschließende Reflexion seines Handwerks – in aller Perfektion – vorlegt, inhaltlich voller Deutungsmöglichkeiten und damit Offenheiten und dann – aufhört. Diese Interpretation ist, ich muss es zugeben, etwas freihändig, weil die Datierung nicht gesichert ist; Untersuchungen zeigen aber, dass seine Ent-

Abb. 15: Vermeer, Die Malkunst. Das letzte Bild

stehung in die letzten Lebensjahre Vermeers fällt – warum sollte es also nicht das letzte Bild sein?

Und ist es nicht eine großartige Absicht, ein letztes Bild zu malen, eine letztes Stück zu komponieren, ein letztes Buch zu schreiben, ganz im Sinn des obigen Zitats von Reinhold Messner: »Alles, was man bis zum Maximum der eigenen Fähigkeiten beherrscht, wird früher oder später banal und langweilig.« Aufhören sichert das Erreichte. Weitermachen banalisiert es.

»Die Malkunst«, wie das Bild auch genannt wird, hängt im Kunsthistorischen Museum in Wien, schauen Sie es sich an. Dort hängt es übrigens, weil ausgerechnet Adolf Hitler es 1940 für 1 650 000 Reichsmark gekauft hatte, um es für das geplante Kunstmuseum Linz zu sichern; Angehörige der US-Army fanden es im riesigen Nazi-Kunstdepot im Salzbergwerk Altaussee und übergaben es dem Kunsthistorischen Museum – auch eine Geschichte vom Aufhören, aber eine gänzlich andere.

Eine wiederum andere Geschichte aus einer anderen Zeit geht so: Berlin, Haus der Festspiele, Juni 2015. Dort läuft das Theater- und Performance-Festival »Foreign Affairs«. Ich habe mich für

Tino Sehgals

»This Progress« angemeldet und stehe zu einem verabredeten Zeitpunkt im Foyer des Hauses der Festspiele und warte. Plötzlich kommt eine sehr junge Frau, vielleicht 17 oder 18 Jahre alt, auf mich zu, bittet mich, ein Stück mit ihr zu gehen, und fragt mich nach meiner Vorstellung von Fortschritt. Wir gehen und reden. Ein paar hundert Meter weiter an einer Straßenecke verschwindet die junge Frau urplötzlich, und statt ihrer setzt ein Mann das Gespräch mit mir fort, etwa Ende 20, gleichfalls sehr zugewandt und freundlich. Nach ein paar Minuten Gespräch beim Weitergehen kommen wir an eine Kreuzung, eine Frau mittleren Alters übernimmt das Gespräch. Und so geht es weiter, bis ich schließlich im Gespräch mit einer alten Dame nach 20 oder 30 Minuten wieder am Haus der Festspiele ankomme. Die Dame verschwindet, sich freundlich verabschiedend, ich stehe allein. Und bin verwirrt und angenehm berührt zugleich. Um es gleich vorwegzunehmen: Verwirrt und berührt zu sein sind meine wichtigsten Gefühle in der Begegnung mit Kunst. Ich reagiere auch körperlich darauf; der verlässlichste Indikator dafür, ob ich es mit einem großen Kunstwerk zu tun habe, ist bei mir die Gänsehaut.

Kunst ist nichts, was sich allein kognitiv oder intellektuell erschließt, weshalb kunstwissenschaftliche Texte zu künstlerischen Positionen oder zu Ausstellungen auch meist so blutleer und nervtötend sind. Kunst ist ja gerade jenes Überschreitende, was sich kognitiv eben nicht auflösen lässt – was eine Gänsehaut erzeugt, ein Erlebnis, und später eine Erinnerung. Der 1976 geborene Künstler Tino Sehgal kann so etwas erzeugen, indem er Situationen herstellt wie die, die ich gerade beschrieben habe. Seltsam, weil man ja normalerweise nicht einfach mit Leuten redet, die man nicht kennt, schon gar nicht über wichtige Themen, und das bei einem kleinen Spaziergang. Seltsam, weil ja im normalen Leben Personen die Gesprächspartner nicht so wechseln, als erfolgte wie im Film ein Schnitt und würde einfach eine nächste Szene angefügt. Seltsam auch, weil es dann vorbei ist, ohne dass etwas bliebe als die eigene Erinnerung. Der Künstler untersagt ausdrücklich, dass seine Arbeiten gefilmt oder sonstwie dokumentiert werden. Sie existieren nur in der Zeit der Begegnung, und alle seine Arbeiten sind so, dass irgendwelche Personen mit den Besuchern der jeweiligen Ausstellung in irgendeiner Form interagieren, sie also zum Teil des jeweiligen Kunstprojekts machen.

In Dresden befinden sich 2012 etwa drei Dutzend Personen im Lichthof des Albertinum. Sie stehen zusammen oder allein, reden, singen. Ganz normale Menschen unterschiedlichen Alters, unterschiedlicher Milieus. Auch sie reden unvermittelt mit den Besuchern, wobei dann ja plötzlich ganz unklar ist, was das für Kategorien sind: Was ist ein Besucher, was ist ein Akteur im Rahmen des Kunstprojekts, das den Titel »These associations« trägt? Gibt es überhaupt einen Unterschied zwischen Performer und Besucher? Oder haben sie nicht alle hinterher Erinnerungen an Begegnungen und ein Repertoire an Geschichten, die sie darüber erzählen können? Sehgals Arbeiten sind allesamt so ungewöhnlich, und in der internationalen Kunstwelt ist er sehr erfolgreich.

Zu seinen Ausstellungen in den wichtigsten Kunstmuseen der Welt reist er nie mit dem Flugzeug, aus ökologischen Gründen. Er bevorzugt zum Beispiel Kabinen auf Frachtschiffen, die fahren eh, und der mitreisende Künstler verursacht keinen zusätzlichen Aufwand. Für Sehgal ist das selbstverständlich, denn seine ganze Arbeit ist immateriell; am ehesten könnte man sie als soziale Choreographien bezeichnen. Menschen machen etwas miteinander, was eine eigentümliche Schönheit entfaltet, und dafür brauchen sie kein Material, keinen Aufwand und später keine Festplatte und keine Cloud. Es ist geschehen, fertig. In einem Interview mit dem Deutschlandfunk sagt Sehgal: »Die Rede von der Vergänglichkeit ist natürlich ein großes Thema. Wenn sie Platon fragen würden, dann würde er wahrscheinlich sagen: Die Ideen sind das Beständigste und gerade die Materie ist das Vergängliche. Oder die Seele ist das, was bleibt, und der Körper ist das, was vergänglich ist. Unsere Kultur hat das so ein bisschen umgedreht. Ja, also wir gehen davon aus, dass die Materie das Substanziellste ist. Das, was bleibt. Das ist ja in vielen Kulturen nicht so der Fall. Und würde ich auch nicht sagen wirklich überzeugend, wie unsere Kultur das so sieht.«[74]

Dem stimme ich zu, ich finde auch nicht überzeugend, dass unsere Kultur das Materielle so ungeheuer hoch bewertet, dass das Immaterielle, vor allem das Flüchtige, automatisch weniger bedeutsam erscheint als das, was in Form eines Produktes buchstäblich greifbar ist. Dabei besteht der Künstler ausdrücklich darauf, dass seine Arbeiten

Museumsstücke sind. Sie können als Choreographien auch erworben und in Absprache mit Sehgal aufgeführt, oder besser: belebt werden. In einem Interview mit einem *taz*-Redakteur reflektiert Sehgal über das, was wir für Fortschritt halten: »Generell ist es ja so, dass unsere Gesellschaft sich noch immer über den technischen Fortschritt definiert: Entwicklung heißt, durch das Fortschreiten von technischen Möglichkeiten natürliche Ressourcen in immer raffiniertere Dinge umzuwandeln. Dabei haben wir ja längst einen Angebotsüberschuss an Grundversorgung, zudem ist dieser Produktionsmodus auf Dauer nicht tragfähig und auch ein bisschen langweilig. Für mich war also die Frage, wie man dem etwas entgegensetzen kann, ohne gleich in Askese zu verfallen.«[75]

Der Künstler zeigt einen ganz anderen Fortschritt, einen, der ohne Material, ohne Stoffumwandlung, ohne Produkt eine neue, beglückende Erfahrung mit der Wirklichkeit machen lässt. Kein Verzicht, keine Askese, im Gegenteil. Und womöglich ist es gerade dieses merkwürdige Glück der unverhofften Begegnung, die nicht anhält, was diesen Fortschritt definiert. Diese Kunst *will* nicht von Dauer sein, und vielleicht ist auch dies eine Übung für die Aufhören-Gymnastik: Sammeln wir alle Momente und Erlebnisse, die für den Moment, für die Zeitspanne ihrer Existenz oder ihres Geschehens schön oder überwältigend schön waren, und prüfen in der Erinnerung, ob die Spur dieser Schönheit noch vorhanden ist. Anschließend stellen wir das dem Wert beispielsweise eines Audi Q 8 gegenüber.

Realities:united

Haben wir schon über Abschiede gesprochen? Wichtige Sache, in ihrer Bedeutung stark unterschätzt. Meist trennt man sich ungern von etwas – einem Wohnort, einer Person, einem geliebten Gegenstand. Und besonders ungern, von etwas, was man lange gern getan hat. Aber manchmal muss das sein, und dann gibt es Rituale – Umarmungen, gemeinsames Vergießen von Tränen, ein Abschiedsessen, eine Feier, eine Zeremonie. Die rastlose Moderne hat aber keine Rituale der Verabschiedung von dem, was für sie wichtig war, und es könnte sein, dass man besonders dann intensiv an etwas festhält, wenn es keine Form der Verabschiedung gibt. Wenn eine Fabrik abgerissen wird, wird sie abgerissen, fertig. Wenn Kohlekraftwerke stillgelegt werden, werden sie stillgelegt, fertig. Aber könnte es nicht sein, dass der Übergang in eine neue Phase, der Wechsel einer Strategie, viel einfacher fallen würde, wenn eine rituelle Begleitung des Aufhörens stattfände? In anderen kulturellen Zusammenhängen haben wir Übergangsriten – die Konfirmation, die Abifeier, die Hochzeit, die Taufe, die Beerdigung. Aber dort, wo zum Beispiel der Wechsel eines Energieregimes geschieht, gibt es nur einen Beschluss und – nichts. Dem vorausgegangen sind lange Verhandlungen über Ausstiege, Sozialpläne usw., aber nach dem Vorher kommt kein Nachher. Fertig.

Kraftwerke sind Symbole des Industriezeitalters.[76] Als solche waren Schornsteine und Kühltürme lange Zeit positiv besetzte Zeichen von Fortschritt und wachsendem Wohlstand. Nicht einmal Rauch, obwohl gerade in den Frühzeiten der Industrialisierung extrem gesundheitsschädigend, galt als schlecht – stand der rauchende Schornstein doch für Arbeit, Aufstieg, nationale Überlegenheit. Und die Bergarbeiter, die den Brennstoff lieferten und später die Ingenieure, die die nuklearen Brennstäbe für die Atomkraftwerke entwickelten, galten als diejenigen, die das energetische Fundament der Aufstiegsgesellschaft bereitstellten. Sie wurden gefeiert, nicht verteufelt.

Wie schon gesagt: Am Beispiel der Verbesserung des Lebensstandards der Bewohnerinnen und Bewohner der Schwellenländer, an der rasanten Entwicklung von Mittelklassen, von Konsumkulturen, von erhöhtem Wohlstand, von größerer Mobilität, von besserer Bildungs- und Gesundheitsversorgung ist der Doppelcharakter der Wachstumswirtschaft genau zu beschreiben. Denn es geschieht ja beides zugleich: die Erhöhung des durchschnittlichen Lebensstandards *und* der Geschwindigkeit der Zerstörung der natürlichen Ressourcen.

Von diesem Doppelcharakter von Fortschritt und Zerstörung wird ungern gesprochen. Lieber betont man nur den einen Teil – Fortschritt –, etwa dann, wenn eine Technologie durch eine andere abgelöst wird, wenn die komplette Wirtschaft »decarbonisiert« werden soll, »Energiewenden« ausgerufen werden und alles von der Ernährung bis zur Finanzwirtschaft »ergrünen« soll. An den Konflikten um Windkraftanlagen und Stromleitungen ist allerdings deutlich abzulesen, dass die Identifikation mit den neuen Technologien weit geringer ausfällt als die mit den alten. Aus diesem Grund fürchtet man in der Politik auch panisch die Wahlentscheidungen der enttäuschten Kohlekumpel in der Lausitz und versucht, sie mit Milliardensubventionen milde zu stimmen. Aber das wird kaum gelingen, denn die symbolische Entwertung und Annullierung von Arbeitskraft, Qualifikation und Identität lässt sich mit Geld nicht ausgleichen.

Hier wird einmal mehr deutlich, dass die Moderne in ihrem bedingungslosen Fortschrittsglauben die Kategorie »Ende« nicht kennt. Ihr Fortschritt ist eine kontinuierliche Ausweitung von Weltreichweite und Weltbeherrschung; Rückbau, Rückschritte passen nicht in diese Vorstellung, und ein Abbruch einer unzeitgemäß gewordenen Entwicklung auch nicht. Das lässt den technologischen Fortschritt zuweilen so blind werden, dass niemand daran denkt, dass Energieregime auch Energiekulturen sind, dass die fossile Kultur also auch eine spezifische kulturelle Identität ausgebildet hat, die nicht ohne Schmerzen vom Fossilen lassen kann.

Denn in der Wirklichkeit hat sich eine tiefe Verbindung und Wechselbeziehung ausgebildet. Die Energieproduktion ist wie andere grundlegende Infrastrukturen eben nicht mehr nur Mittel der Daseinsvorsorge, sondern längst in vielfacher Weise mit dem Dasein und der Identität der Gesamtgesellschaft und speziell einzelner Gruppen verflochten. Noch der gegenwärtige Parteivorsitzende der CDU hat seine Bewerbungsrede um die Bergmannsgeschichte seines Vaters herum gebaut – deutlicher kann die Aktualität einer vergangenen Industriekultur kaum sein. Energie ist viel mehr als nur ein Begleitaspekt von Arbeit und Wohlstand, sie ist Wesensbestandteil und Daseinsinhalt und darüber hinaus auch sichtbares Symbol für ein Konzept einer individuellen und gesellschaftlichen Weiterentwicklung.

Das sind mehrere miteinander verbundene Wirkungsebenen, und es macht Sinn, die Infrastruktur der Energieerzeugung auf jeder dieser Wirkungsebenen zu reflektieren und zu gestalten. Genauso wie für die physikalischen Abläufe eine ingenieurtechnische Steuerung und ein Management der organisatorischen und betriebswirtschaftlichen Aspekte benötigt wird, sollte die ebenfalls stattfindende Produktion von Sinn und Bedeutung und der damit assoziierten Zeichen als eigener und entsprechend zu steuernder Bereich ernst genommen werden. Dabei spielt die Ästhetik eine große Rolle. Die Empfindung von Bedeutung fällt oft zusammen mit der Empfindung von gestalterischer Schönheit, Kraft oder Eleganz.

Hier sind die Konflikte um die neuen Windenergieanlagen ein anschauliches Beispiel. Obwohl es sich um elegante und ganz bemerkenswerte Konstruktionen handelt, ist die allgemeine Wertschätzung oft gering. Zum Teil wohl auch, weil es keine großflächige Industriekultur wie beim Bergbau gibt und die Anlagen dort, wo sie aufgestellt werden und Energie erzeugen, deshalb noch lange keine Identität erzeugen. Es gibt ja keine ansässigen Gruppen von Beschäftigten, die den Anlagen schon allein aus der existenziellen Abhängigkeit heraus Sinn und Wert zuweisen. Dabei sind die faktischen Argumente für diese Technologie stark und die tatsächlichen Beeinträchtigungen und Gefahren im Vergleich zu anderen Infrastrukturen, Industrien oder der Landwirtschaft eher gering.

Es ist aber vor allem bemerkenswert, was den Kern der Ablehnung ausmacht: Nicht Gefahren oder wirtschaftliche Argumente, sondern die als problematisch empfundene visuelle Erscheinung und die Belastung durch Schall, vor allem also sinnliche Folgen. Das zeigt, wie wichtig es ist, dass eine Technologie auf allen Ebenen als stimmig wahrgenommen wird – von der technischen Ebene über die wirtschaftliche bis hin zu der überwölbenden Bedeutungsebene und der damit assoziierten spezifischen Ästhetik.

Die Bedeutung dieses Zusammenhangs gilt auch im umgekehrten Fall, für den Prozess der Verabschiedung einer Technologie. Hier ist entscheidend, wie zuerst die Auflösung und danach die Neuinterpretation der Assoziationszusammenhänge gelingt – ob also verhindert werden kann, dass die Verschrottung der baulichen Anlagen der alten Kraftwerke automatisch auch als Zerstörung der damit verbundenen Wertvorstellungen und der daran orientierten Lebensentwürfe wahrgenommen wird.

An so einer Stelle können Rituale helfen, die den Untergang oder die Zerstörung der materiellen Hinterlassenschaft so gestalten, dass dabei das identitätsstiftende ideelle Erbe abgetrennt wird und erhalten bleibt und durch das Ritual womöglich sogar eine besondere Aufwertung erfährt, so wie bei einer Trauerfeier oder einem Begräbnis ein besonders feierlicher und vor allem ein »würdiger« Rahmen geschaffen wird. Darin kann der Tote *als Person* geehrt werden, während sein Körper verbrannt oder vergraben wird. Ähnlich ist es auch bei Sakralgebäuden, die abgerissen werden sollen. Hier dient der ritualisierte Vorgang der Profanisierung dazu, den ideellen Aspekt des Religiösen vorher vom Bauwerk abzulösen, so dass nicht der Eindruck entsteht, dass der Bagger auch die Glaubensgrundsätze in Mitleidenschaft ziehen könnte.

Deshalb braucht es eigentlich gestaltete Abschiede, wenn Großtechnologien ausrangiert werden, an denen viele Jahrzehnte Industriekultur und viele Generationen mit ihren einzelnen Lebensläufen gehangen haben. Die gibt es aber nicht, und das ist der Ausgangspunkt von »Fazit« – einer Art Abschiedsgeste von einer Energiekultur, die sich eben in Schornsteine und Kühltürme als Landschaftszeichen, aber auch in die Lebenswelten eingeschrieben hat. »Fazit« ist ein Projekt von realities:united, einer Künstler- und Architektengruppe, die aus den beiden Brüdern

Jan und Tim Edler

besteht. »Fazit« wäre die Abschiedsgeste von einer Energiekultur, die sich eben in Schornsteinen und Kühltürmen als Landschaftszeichen, aber auch in die Lebenswelten eingeschrieben hat.

Die Idee einer Thematisierung des Rauchs als Nebenaspekt der Energieerzeugung ist im Zusammenhang eines Wettbewerbs entstanden, den realities:united 2011 gewonnen haben. Dabei ging es um das neue Kraftwerk Amagerforbrænding in Kopenhagen. Ausgeschrieben war ein

Abb. 16: Müllverbrennungsanlagenpoesie

Wettbewerb für den Neubau einer Müllverbrennungsanlage, den das Architekturbüro BIG in ihrem Entwurf in einen künstlichen Berg verpackt haben. Das Dach dieses Kraftwerks wurde für ein 31 000 Quadratmeter großes Skigebiet unterschiedlicher Schwierigkeitsgrade genutzt. Auf diese Weise sollte ein eher unangenehmes Gebäude wie eine Müllverbrennungsanlage positiv umcodiert werden – von der Müllverbrennungsanlage zum Naherholungsgebiet. Realities:united wollten, dass die bei der Müllverbrennung entstehenden Abgase durch eine besondere Vorrichtung im Schornstein so moduliert werden sollten, dass sie als einzelne Rauchringe in den Himmel aufsteigen würden.

Auf diese Weise sollte nicht nur ein poetisches Rauchzeichen entstehen, sondern gewissermaßen ein Index für die Kopenhagener geschaffen werden, an dem sie ihre Müll- bzw. CO_2-Produktion ablesen konnten: Je mehr Abfall sie erzeugten, der entsprechend in die Verbrennungsanlage geschafft werden musste, desto mehr Rauchringe stiegen auf, jeder jeweils eine halbe Tonne CO_2 fassend und repräsentierend.

Das Projekt in Kopenhagen wurde schließlich nicht realisiert, aber im Ansatz auf ein neues Ziel übertragen.

163

Der eigentliche Output des Kraftwerks sollte um einen künstlerischen Zusatzaspekt erweitert werden. Das, was Kraftwerke ohnehin tun, nämlich eine implizite kulturelle Botschaft zu senden, soll zu einem expliziten Bestandteil der Anlage gemacht werden. Handlungsort soll die große Zahl der stillgelegten und noch stillzulegenden Kraftwerke in Deutschland sein, deren Kühlturmfunktion so erweitert würde, dass sie große Dampfringe produzieren, als sichtbares Zeichen innerhalb eines mehrere Jahre andauernden Abschiedsrituals. Durch Nutzung des Bernoulli-Effekts würden die Dampfringe produzierenden Kühltürme in Zeichen eines Abschieds von der fossilen Energiekultur verwandelt werden.

Der Bernoulli-Effekt, benannt nach seinem Entdecker Daniel Bernoulli (1700–1782), beschreibt das sogenannte »hydrodynamische Paradoxon«: Im angrenzenden Bereich an eine schnelle (Gas-)Strömung entsteht ein Unterdruck. Strömt zum Beispiel Dampf durch ein Rohr ins Freie, entsteht eine solche Unterdruckzone ringförmig nahe dem ausströmenden Dampf um die Austrittsöffnung herum. Der ausströmende Dampfstrom wird dabei von dieser Unterdruckzone angezogen und dadurch nach außen abgelenkt. Unter bestimmten Bedingungen wird der Dampf in diesen Wirbelring ganz hineingedreht, und es kommt zu einer Loslösung des Wirbelrings von der Austrittsöffnung. Es entsteht ein isolierter Dampfring, der sich durch die Luft fortbewegt. Solche frei fliegenden Wirbelringe sind nach ihrer Entstehung bemerkenswert stabil und langlebig. Dieses Phänomen ist auch in der Natur zu finden: Am Ätna auf Sizilien wurden Rauchringe von bis zu 200 Metern Durchmesser und einer Sichtbarkeit von bis zu zehn Minuten beobachtet.

164

Abb. 17: Kraftwerk a. D., sanft rauchend

Damit hätte man eine zugleich ästhetisch eindrucksvolle und historisch angemessene Geste des Abschieds von der fossilen Energiekultur, die die subjektiven Energien der Arbeiter genauso würdigt wie den vergangenen Fortschritt. Außerdem nimmt »Fazit« das ohnehin vorhandene Landschaftszeichen auf und versieht es mit einer Geste, die nicht nur die profane »Emission« aufruft, sondern auch das Motiv der Vergänglichkeit – ein Zeitalter löst sich auf in Dampfzeichen.

Am einzelnen Standort erzeugt die in den Himmel steigende Zeichenfolge aus Dampfringen ein konkretes und würdiges Signal für die nahende Stilllegung. Das »Konzert« aller Anlagen, welches sich über das ganze Land und über den Zeitraum der nächsten 20 Jahre erstreckt, erzeugt ein Symbol und ein Begleitbild des gesamten Abschalt- bzw. Umschaltprozesses sowie der dahinter stehenden großen Transformation von technischer Infrastruktur, von Werten und Einstellungen im Rahmen der Energiewende.

»Fazit« sorgt also dafür, dass die mit atomaren oder fossilen Brennstoffen betriebenen Großkraftwerke Deutschlands in den letzten Jahren vor ihrer Stilllegung eine koordinierte Abschiedsperformance zeigen können: das choreographierte Ende einer langen und großen Epoche des Industriezeitalters. Zusätzlich zur Energieproduktion übernehmen die leicht modifizierten Kraftwerke jetzt eine weitere Aufgabe: Sie erzeugen besonders schöne und hochfliegende Wolken. Weil die Gelegenheit nicht wiederkommt. Überall und in einem gemeinsamen Rhythmus. Weithin sichtbar, von der Lausitz bis zum Niederrhein. Standorte und Regionen, die durch ihre Rolle als Energieerzeuger außerhalb der Ballungszentren anhaltend geprägt wurden, verbinden sich deutlich sichtbar.

Jan und Tim Edler gelingt mit »Fazit« eine kulturelle Einbindung des Aufhörens, weshalb dieses Projekt unbedingt verwirklicht werden sollte. Die Edlers sind Experten im Erfinden verblüffender, zum Entstehungszeitpunkt unrealistisch scheinender Projekte. Ein anderes, sehr beeindruckendes Beispiel dazu ist Flussbad Berlin – die Umwandlung eines Kanals der Spree in ein siebenhundert Meter langes Flussschwimmbad mitten in Berlin, zwischen Pergamon-Museum und dem wiederaufgebauten Stadtschloss, also genau an der preußischen Weltbedeutungsachse. Wenn dort, wo (simulierte) Geschichte und (gefühlte) historische Größe zum Bestaunen durch internationale Touristen aufgebaut sind, künftig Menschen in Badehosen und Bikinis herumschwimmen, scheint das natürlich grauenvoll für Traditionsbewahrer und Hochkulturfans.

Aber trotzdem: Nach langem zähen Ringen und Debattieren in der Stadtöffentlichkeit ist das Flussbad nun in einer konkreten Planungs- und Realisierungsphase – was niemand für möglich gehalten hätte. Ich mache hier übrigens Reklame dafür, weil ich im Beirat von Flussbad e. V. bin – mit großer Freude.

And now for something totally different. Wenn ich dar-über nachdenke, wer wirklich viel und auf den ersten Blick Seltsames in seinem Leben gemacht hat, fällt mir

Johannes Heimrath

ein. Der ist Musiker, Instrumentenbauer, Gründer und Her-ausgeber mehrerer Zeitschriften, Wiederentdecker alter Musik, Mitgründer von Lebens- und Arbeitsgemeinschaf-ten, Experimentator anderer Lebensformen, Buchautor, Lo-kalpolitiker und vermutlich noch einiges mehr. Im Zentrum seines Denkens steht heute die Verbundenheit allen Lebens, und man kann mit großem Gewinn seinen Überlegungen zum Zusammenhang menschlichen Lebens mit allem, wie er es nennt, »mehr-als-menschlichem-Leben« zuhören und mit ihm diskutieren.

Ich erinnere mich, wie er auf einer von FUTURZWEI veranstalteten Tagung plötzlich eine eher armselige Zim-merpflanze in die Mitte des Tagungssaals rückte und die Teilnehmerinnen und Teilnehmer bat, diese in ihre De-battenbeiträge mit einzubeziehen, eine interessante Atmo-sphärenveränderung, die daraufhin entstand. Jemand, der ein Ökodorf mitbegründet hat, das mittlerweile seit mehr als einem Vierteljahrhundert existiert und ein anderes Le-ben als der *mainstream* lebt, ist natürlich ein interessanter Gesprächspartner zum Thema Aufhören, dachte ich, und tatsächlich ergab sich sofort fast so etwas wie eine Fortset-zung des Gesprächs mit Reinhold Messner. Denn Johannes erzählte ebenfalls von all den Existenzen und Tätigkeiten, die er in seinem Leben schon begonnen und auch wieder aufgegeben hat, und zwar mit derselben Begründung wie Messner: »Ich habe immer aufgehört, eine Sache zu tun, in dem Moment, wo ich dachte: Besser kann ich es nicht mehr tun. Als Musiker habe ich gedacht: ›Wenn ich jetzt weiter Musik mache, wird es nicht mehr besser.‹ Es gibt so einen Moment, da wird es Routine. Und was soll das dann? Du beutest das ja nur noch aus. Man könnte dann zur *cash cow* werden und immer weiter dasselbe machen, mit Erfolg. Aber dafür bin ich nicht gedacht, dafür war ich nicht gemeint.« Also hört Heimrath immer wieder auf und beginnt etwas anderes.

Dabei geht es ihm einerseits, wenn ich ihn richtig verstehe, um das Herausexperimentieren von Antworten auf Fragen: Zum Beispiel der, ob es denn eigentlich stimmt, was in der Nachhaltigkeits- und Ökoszene so gesagt wird, dass man seinen »ökologischen Fußabdruck« bis auf ein nachhaltiges, global verträgliches und gerechtes Niveau reduzieren könnte. Für Johannes sind das keine Fragen, die theoretisch beantwortet werden können. Auf dem Land, das er mit der Dorfgemeinschaft bewirtschaftet, wird das sehr konkret – zum Beispiel dort, wo man beim Ackern mit einem 50-PS-Schlepper nicht weiterkommt, sondern einen stärkeren Traktor braucht. Oder dort, wo in die Installation einer Solaranlage so viel Material und Energie eingeht, dass das Ding Jahrzehnte laufen muss, bis es seinen eigenen Entstehungsaufwand amortisiert hat.

Im Grunde ist das (aus meiner Sicht) Hardcore-Ökodorf Klein Jasedow eine große Versuchsanordnung, um Mythen des Nachhaltigkeitsdiskurses zu dekonstruieren, und zwar praktisch. Und dabei geht es nicht ums Rechtbehalten: »Wir fragen uns ja, wenn es nicht geht, wie geht es denn dann? Und da musst du einen gewissen Mut haben, über die ideologischen Barrieren hinwegzusteigen. Du brauchst Maschinen, Werkzeuge, Maschinen, die die Maschinen herstellen. Und die Frage ist: Wie bringst du diese Maschinerie zurück in die Planetary Boundaries? Wie viel Technosphäre brauchen wir, mit welchem Lebensstil können wir das machen?« Heimrath geht es nicht um Romantik, sondern um das Ernstnehmen der historisch gewachsenen Fraktalität – um die Möglichkeiten, aus der scheinbaren Pfadabhängigkeit und Folgerichtigkeit herauszukommen, Schneisen da durch zu schlagen. »Auf einem Stück Land kannst du etwas freischlagen, um eigene Dinge zu tun. Wir werden eine Lernwerkstatt für Subsistenz und können konkret fragen: Womit hören wir auf? Was ist zwingend erforderlich, damit wir überhaupt aufhören können? Wenn wir sagen: kleine Technik, der kleinste Schlepper hat 50 PS. Um diesen Boden vorzubereiten, also die Sünden der industriellen Landwirtschaft zu beseitigen, brauch ich aber mehr als 50 PS. Ich komme nicht aus der Fraktalität heraus. Und dann ist die Herausforderung: Muss ich diese Dinge so asketisch durchdenken? Oder gibt es einen Fuzzy-Bereich? Kann ich an einer Stelle sündigen, wenn ich an einer anderen Stelle kompensiere? Mit Glaubenssätzen kommt man nicht weiter.«

Klein Jasedow ist eine große Lerngeschichte, die mit Orthodoxie nichts zu tun hat. Die Herstellung von Musikinstrumenten, insbesondere von Gongs, ist ein konventionelles Geschäft, genauso wie die Produktion landwirtschaftlicher Erzeugnisse – das Ökodorf ist dem Kapitalismus unausweichlich verbunden, daher realistisch, ein Experiment in der gegebenen Wirklichkeit. Aber eines, in dem die Räume des Anderen, neue Möglichkeitsräume, sondiert werden können. Dabei ist die Kategorie des Einzigartigen, Unwiederholbaren, Genügenden für Johannes Heimrath eminent wichtig. Er benutzt den Begriff des »Beispieltags«, jenes Tages, an dem es einen Moment gibt, an dem etwas Vollendetes geschehen ist, ein Gespräch, ein Musikerlebnis, eine Erfahrung von augenblicklicher Perfektion: »Wenn du den erlebt hast, musst du nicht mehr suchen. Was du einmal so erlebt hast, musst du nicht mehr wiederholen.

Die Metapher trägt wirklich: Daraus entsteht eine andere Lebensqualität. Wenn du bereit bist, das als einzigartiges Erlebnis stehen zu lassen. Eine Intensität der Empfindung, das Momentum des Einzigartigen. Und danach kannst du sterben. Unwiederbringlichkeit. Das ist eine unabdingbare Voraussetzung für die Qualität des Empfindens.«

Es geht nicht um die Redundanz des Wiederholungsversuchs, sondern um das Erkennen des Momentums. Keine Überraschung, dass Heimrath auch zum Tod etwas zu sagen hat. In der Lebensgemeinschaft des Dorfes ist Sterbebegleitung etwas ganz Normales, und so auch das Erleben eines jeweils letzten Atemzuges. »Man merkt das ja bei allen Sterbenden, die wir hier die letzten Jahre begleitet haben, was der letzte Atemzug ist. Der vorletzte ist es nicht, aber beim letzten weißt du es. Aber da bist du ja noch nicht tot. Du hast ausgeatmet, und dann fangen ganz langsam die Absterbeprozesse erst an. Das heißt, da ist auch noch ein gewisses Bewusstsein, es gibt ja Traditionen, die mit diesem Phänomen umgehen. Mir wurde beim letzten Atemzug meiner Mutter klar: Das ist die tiefste Verbindung, die wir als Menschen haben. Irgendwann wird es auch mein letzter Atemzug sein. Wir alle teilen das. Das erschien mir viel bedeutsamer, als dass wir die Geburt miteinander teilen, dass wir alle geboren werden. Von dieser Welt weg, hinaus, der Schritt – vielleicht hat es damit zu tun, dass die Geburt in ein den Lebenden bereits Bekanntes hineinführt, aber der Tod in etwas Unbekanntes hinausführt. Und in diesem Moment, als meine Mutter ihren letzten Atemzug getan hatte, schien mir dieses zutiefst Gemeinsame besonders bedeutend zu sein.«

Heimrath denkt den Tod anders, nicht als Ende überhaupt, sondern als Abschluss dieses spezifischen Kompositums von Substanzen und Stoffen, das wir ein Menschenleben nennen. Aber da beispielsweise Kohlenstoffatome wie alle anderen Atome nicht sterben, sondern andere Verkörperungen finden, zerfällt zwar der menschliche Körper, aber das ist nicht das Ende der Substanzen, aus denen er zusammengesetzt war. Dieser Gedanke führt Heimrath zu der Überlegung, dass wir als Lebende ohnedies einen »Recyclingkörper« haben, denn alle einzelnen Atome gab es vorher auch schon, nur in anderen Verkörperungen. Der ihn erstaunende Gedanke: »Wenn ich ein kompletter Recyclingkörper bin, dann muss ich doch anfangen, mich mit dieser Materialität auseinanderzusetzen. Das ist ja nicht einfach ein Tod, den ich sterbe, sondern es ist ein Degradationsprozess, der am Schluss ja gar nicht zu Ende ist. Das ist ja nur geliehene Substanz, die dann andere Entitäten substantiiert.«

Auf diese Weise bringt Heimrath die Geburt und den Tod zusammen, als etwas, das als unterschiedliche Formen desselben Prozesses betrachtet werden müsse: »Es gibt den letzten Augenblick, von dem aus kehrt sich der Wachstumsvektor um. Die biologischen Einheiten fallen auseinander. Mit der Befruchtung beginnt das Wachstum. Der Bogen vom einen zum anderen müsste geschlagen werden. Vom Moment der Empfängnis beginnt ein autopoetischer Prozess, von dem du nicht sagen kannst: Ich hab's gemacht. Und insofern war dieser letzte Atemzug ... darin steckte auch so etwas, da ist noch ein Moment dabei ... wie soll ich das sagen? Sprache reicht da nicht heran, man müsste es in Musik ausdrücken. Es ist nicht bloß das zutiefst Gemeinsame. Da steckt so eine Art Wagnis mit drin, dass das Leben diese Person gewagt hat. Du bist durch das ganze Leben gegangen, mit allen Risiken, aber das verblasst alles vor der Frage: Wieso hat diese Gestalt das Leben gewagt?«

So betrachtet spielt die Zeitspanne, die zwischen Geburt und Tod liegt, eigentlich keine Rolle. Es ist nicht wichtig, *wie lange* das Leben dauert, wichtig scheint die Rolle des gewagten Lebens der Person im Beziehungsgeflecht zu allem anderen Leben. »Wenn ich vom Gemeinsamen spreche, meine ich ja nicht nur das Leben, das wir Menschen haben. Wir führen es ja gemeinsam mit allen anderen Lebewesen, alles Leben kommt an diesem Punkt zusammen. Und dann gibt es ja diese Brücke, dass dein Leben nur funktioniert, wenn du anderes Leben nimmst. Also: essen, atmen, gehen, alles ist tödlich für andere. Die sind nur so verdammt klein, dass man sie nicht wahrnimmt. Der Baum ist ein Teil von mir und ich von ihm. Das ist nichts Esoterisches, sondern einfach die Tatsache, dass alle Lebensprozesse miteinander verbunden sind. Es gibt kein unabhängiges Leben. Alle Lebensentitäten sind aufeinander angewiesen. Das ist die physikalisch-biologische Realität. Punkt. Aus.«

Man könnte sagen: Johannes Heimrath ist mit der Aufhebung der Trennungen befasst, die unser modernes Weltbild bestimmen. Es ist da etwas für mich Befremdliches drin, aber gerade das ist es, was mich interessiert. Dass ein Leben nicht einfach etwas Gegebenes, sondern etwas Gewagtes ist, bedeutet zweierlei: Erstens das Unwahrscheinliche des Als-dieser-Mensch-geboren-Seins – da ist die Verwandtschaft zu Hannah Arendts Konzept der Natalität. Zweitens aber mit diesem Gewagten – also Offenen, nicht Abgeschlossenen, nicht zu Ende Gemachten – ein Selbst werden zu können, das etwas tut oder lässt oder verantwortet oder geschehen lässt. Diese Offenheit des Lebens ist unabhängig von der jeweils messbaren Dauer der Lebensspanne, sie hat Sinn an sich. Darin liegt aus meiner Sicht, wie Arendt sagt, »die Verantwortlichkeit für die Welt, die anzeigt, daß Menschen zwar sterben müssen, aber deshalb noch nicht geboren werden, um zu sterben.«[77] Das, entschuldigen Sie das Wort, entquantifiziert die Zeit zwischen Geburt und Tod, enthebt sie dem Zählbaren.

172

Damit komme ich zu einem der beeindruckendsten Menschen, die ich in meinem Leben kennengelernt habe, nämlich

Katja Baumgarten.

Sie kenne ich schon sehr lange. Wir sind zusammen zur Schule gegangen, und sie war irgendwann die Freundin meines besten Freundes, mit dem ich zu Anfang des Studiums auch zusammengewohnt habe. Katja hat nach der Schule zwei Ausbildungen gemacht: erst eine Hebammenausbildung, dann hat sie Kunst studiert und ist Filmemacherin geworden. In beiden Berufen hat sie viel mit den existenziellen Themen dieses Buches zu tun, deshalb war klar, dass ich mit ihr sprechen müsste. Ihr erster Film erschien 1992 und hieß »Großvater – wo komm ich her, wo geh ich hin«, und zeigte sie selbst im Umgang mit ihrem damals vierundneunzigjährigen Großvater. Schon dieser Film war durch eine ungewöhnliche Mischung aus Zuneigung und Härte geprägt, etwas, was sich dem Zuschauer auch mitteilte. Ein solches hohes Alter, das machte der Film ungeschönt klar, bringt eine Menge Einschränkungen mit sich, und zugleich wurde deutlich, wie sehr der alte Mann auf seiner Autonomie bestand und sie auch gegenüber seiner Enkelin durchzusetzen versuchte – durchaus erfolgreich. Sagen wir so: Es ist ein Film, den man nicht leicht vergisst, wenn man ihn einmal gesehen hat. Kein Film über das Aufhören, aber einer über ein Leben, das sich dem Ende zuneigt.

Der Film, mit dem Katja dann einem breiten Publikum bekannt wurde, hieß »Mein kleines Kind«, wurde im Jahr 2002 uraufgeführt und lief ab 2003 in vielen Kinos und mehrfach im Fernsehen. Er zog eine Menge Diskussionen nach sich. In diesem Film geht es um eine Frau, die schwanger ist, und nach einer Untersuchung die Diagnose bekommt, dass ihr Kind ein »komplexes Fehlbildungssyndrom« habe, also mit schwersten Behinderungen auf die Welt kommen und dann nur sehr kurze Zeit überleben würde. »Die Prognose«, hieß es, »muss als deutlich schlecht bezeichnet werden.« 21. Schwangerschaftswoche, der »übliche Weg« nach einer solchen Diagnose ist, wie der Arzt sagt, »die Beendigung der Schwangerschaft«.

Diese Frau, um die es in dem Film geht, ist die Filmemacherin selbst, und der Film zeigt, was nach der Eröffnung dieser Diagnose geschieht. Der Arzt nämlich überlässt, wie es ebenfalls üblich ist, die Entscheidung über einen Abbruch der Schwangerschaft der geschockten Mutter: »Sie müssen entscheiden.« Allerdings: das Übliche ist, wie gesagt, in solchen Fällen die Abtreibung, zumal ein Austragen des Kindes auch mit Gefahren für die Mutter und in der Situation der Geburt verbunden wäre. Aber eine vorzeitige, eingeleitete Geburt in der Mitte der Schwangerschaft ist ebenfalls mit Gefahren für die Mutter verbunden, was eine Hebamme natürlich weiß. Die Mutter entscheidet sich trotz des »Üblichen« dafür, das Kind auszutragen. Der Film zeigt die Schwangerschaft, die Geburt und den Tod des Kindes. Er zeigt all das ohne Spektakel, ohne Pathos, in einer Selbstverständlichkeit, die dieses Leben und Sterben normalerweise nicht hätte. Aber das Ganze spielt sich im Rahmen einer Normalität ab, die die Filmemacherin selbst herstellt, nachdem sie sich gegen den Abbruch entschieden hat, und für eine Geburt zu Hause – denn im Krankenhaus wäre dieses Normale so nicht möglich gewesen. Von dieser Normalität sind auch ihre anderen drei Kinder, 12, 10 und 3 Jahre alt, ein ganz selbstverständlicher Teil. Katja erzählt:

»Dieser Satz des Arztes: ›Sie müssen entscheiden‹ war ja auch der Kernsatz des Films. Und ich hab in diesem Moment, obwohl da gerade alles zusammenstürzte, dem Arzt gesagt, dass ich beim nächsten Termin meine Kamerafrau mitbringen möchte. Also verrückt, in diesem Schock, weil ich das Gefühl hatte, das muss ich jetzt festhalten. Dass ich höre, mein Kind ist nicht gesund, und im nächsten Moment soll ich entscheiden, ihm das Leben zu nehmen! Das fand ich so überirdisch, dass ich gedacht habe, das muss ich festhalten. Ich wollte nicht gleich einen Film daraus machen, aber ich wollte erst mal alles festhalten. Der Impuls, den Film dann zu machen – viele haben gesagt, ja, da hast du deine Trauer verarbeitet, das war aber nicht so. Das war, als hätte ich noch ein Hühnchen zu rupfen mit dieser Gesellschaft. Gleich in diesen Schock kriegst du als Nächstes gesagt, ›da müssen Sie schauen, ob Sie sich das zutrauen. Das Übliche ist, dass das Kind nicht weiterlebt.‹ Da hatte ich das Gefühl, ich möchte meine Lebenserfahrung weitergeben und das noch mal zur Diskussion stellen mit dem Film. Das war über die Jahre der Impuls, daran weiterzumachen. Das war ja ein Langzeitprojekt, bis es dann fertig war. Martin ist 97 geboren, aus dieser Zeit waren die Aufnahmen, und 2002 ist der Film erschienen. Also ich hab das sehr lange ausreifen lassen. Ich hab dann auch Pausen gebraucht. Und dann hatte ich ja noch meine Kinder.«

Hierzu ein Tagebucheintrag, den man zum Film auf Katjas Homepage findet:

Samstag, 28. Juni

Kraftlos heute.
Gestern abend fragt Paula im Flur, Niki dabei:
»Wie geht es dir, Mama?«
»Sehr schlecht«, sage ich – »es könnte nicht schlechter sein.«
Ich sage ihnen, dass unser kleines Kind sehr krank ist, dass es sterben wird, wenn es geboren ist –

auf jeden Fall sehr krank sein wird, wenn es nicht mehr
in meinem Bauch ist.
Wir stehen im Flur, ich habe sie beide im Arm.
Dann in der Küche auf dem Sofa –
Nikolaus von rechts an mich geschmiegt, Paula von
links, Michael spielt.
Ich erzähle von der Untersuchung.
Dass das Herz von dem kleinen Kind nicht richtig
gewachsen ist
und einiges andere auch nicht.
Dass es keine vollständig ausgebildeten Arme hat,
erzähle ich noch nicht.
Aber, dass der Arzt gesagt hat, dass es ihm jetzt im
Bauch gutgeht,
dass es keine Schmerzen hat und sich behaglich fühlt.
Paula fragt, ob es denn keine Hoffnung gibt,
ob der Arzt sich vielleicht geirrt hat oder ob es wieder
gut werden kann –
Ich sage Nein.
Ich sage, dass der Ultraschallarzt davon gesprochen hat,
dass es eine Wahrscheinlichkeit von 50 % gibt, dass es
lebend geboren wird –
aber es wird immer schwer krank sein –
und dass ich mir nicht vorstellen kann, dass es immer
im Krankenhaus liegen muss.
Nikolaus spricht nicht viel.
»Es ist ungerecht, manche Menschen dürfen lange leben
und andere nicht«, sagt er.
In der Schule haben sie gerade »Mittelalter« durch-
genommen.
Er war beeindruckt von den grausamen Bestrafungen
damals.
Dass heutzutage ein ungeborenes krankes Kind
getötet werden darf, kann er nicht glauben.

Später sagt Paula:
»Mama, wenn es für dich gefährlich werden könnte, musst du doch eine Abtreibung machen – wir drei brauchen dich ja auch.«

Dass man ein Kind mit »multiplen Fehlbildungen« abtreibt, entspricht den gesellschaftlichen Erwartungen, die Entscheidung, vor die eine Schwangere in dieser Situation gestellt wird, ist eigentlich keine. Der Arzt und die Gesellschaft, in der er agiert, artikulieren deutlich die Erwartung, dass das Kind abgetrieben wird. Katja aber sieht sich nicht als Schwangere, sondern als Mutter, die entscheiden soll, ihrem Kind das Leben zu nehmen.

Obwohl sie ihr Empfinden dabei als absolute Notsituation beschreibt und, wie sie sagt, in den Tagen darauf »nicht mehr ein noch aus« weiß, ist es ihr wichtig, gerade das zu dokumentieren. Deshalb gibt es ab jetzt fortlaufend filmisches Material, aus dem sie dann später den Film »Mein kleines Kind« macht. Dieser Film wirft nicht nur aus einer Erfahrungsperspektive die Frage der Pränataldiagnostik und ihrer Folgen auf, sondern eröffnet auch einen Raum jenseits der gesellschaftlichen Erwartungen an eine Schwangerschaft, die abzubrechen ist. Denn Katja entscheidet sich, das Kind zur Welt zu bringen. Sie spricht darüber mit ihren anderen Kindern: »Es gab viele, die gesagt haben, du behandelst die ja wie kleine Erwachsene! Weil ich den Kindern auch sehr frühzeitig gesagt habe, was los ist. Ich hab ihnen nicht irgendeine Geschichte erzählt, sondern gesagt, was ist. Und sie haben viel reifer reagiert, viel normaler als viele Erwachsene. Die haben das sehr gut erfassen können. Sie hatten ja die Herztöne gehört und hatten ihr kleines Geschwister schon ... das war ja schon Teil unserer Familie. Ich war natürlich nicht gleich sicher, was ich tun würde, ich hatte ja nicht das Gefühl, ich hab die endlosen

Kräfte und krieg das schon hin. Ich wusste gar nichts mehr in dieser Situation. Und da hat Nikolaus gleich Partei für das Kind ergriffen, und Paula hat gesagt: ›Wir dürfen dich auch nicht verlieren.‹ Sie hatte mehr Angst um mich.«

Nikolaus ist zwölf Jahre alt zu diesem Zeitpunkt, Paula zehn. Und dann gibt es noch den dreijährigen Michael. Im Film sind die Kinder so selbstverständlich dabei, dass es einen als Zuschauer zunächst irritiert, wie überhaupt die Kraft dieses Films darin liegt, eine extrem schwierige Situation als eine zu beschreiben, die auch dann zu bewältigen ist, wenn man nicht den Normalitätserwartungen folgt. Schauen Sie ihn sich an, er zeigt, worüber man gewöhnlich nicht einmal spricht, aber nicht konfrontativ, sondern so, dass er einen tief gerade deswegen berührt, weil er ein Film über das Leben ist. Jedenfalls sind die Kinder Teil von allem weiteren, bis zur Geburt und zum Tod des kleinen Martin:

»Sie waren ja auch bei der Geburt und hinterher dabei und haben ihn verabschiedet und das war dann alles fast normal. Das klingt jetzt blöd, aber so war es. Das ging so weiter, dass es so eine Ruhe hatte und Teil unseres Lebens war. Das war natürlich auch traurig, aber diese richtig schlimme Traurigkeit, die war am Anfang in dieser Notzeit, wo ich dachte, ich bin jetzt in der Falle und weiß nicht mehr ein noch aus. Aber später war es dann eher so, dass wir alle froh waren, es so hingekriegt zu haben. Und ich hatte das Gefühl, die Kinder haben gut damit weitergelebt. Wir haben dann auch ein paar Jahre noch den Geburtstag von Martin gefeiert. Als meine Großeltern gestorben sind, das haben die Kinder ja auch miterlebt und den Sarg geschmückt und so. Das Leben geht weiter, jeder hat sein Leben. Wenn ein Bogen sich vollendet und etwas vollbracht ist, dann ist das kein Aufhören. Dann ist es vollendet. Das ist etwas anderes.«

Katja sieht den Tod nicht als Aufhören, sondern als Ende eines linearen Verlaufs, der mit der Geburt beginnt. Das

Fluss des Lebens verläuft nur in eine Richtung, wie sie sagt, und wenn es zu Ende ist, »ist das nicht mehr linear, sondern in der Vollendung ist das rund«. Sie ergänzt: nicht wie ein Kreis, sondern räumlich, wie eine Kugel. An dieser Stelle reicht die Sprache nicht, um das Gefühl präzise zu beschreiben, das, was sie meine, sei »unsprachlich« besser auszudrücken. Ich verstehe trotzdem, was sie meint. Und vor allem: dass dieses Vollendet-Sein keine Frage der Dauer des gelebten Lebens ist. Das ist auch die zentrale Aussage des Films »Mein kleines Kind«: Leben ist nichts, was sich an seiner Dauer messen oder gar bewerten lassen würde. Das ist schwer zu akzeptieren, sind doch unsere Todesanzeigen voll von Formulierungen wie »viel zu früh« und »aus dem Leben gerissen«. Gilt, dass wir ein langes Leben prinzipiell für gelungener halten als ein kurzes?

»Das war das, was Klein-Martin mir beigebracht hat. Mein Großvater ist 97 geworden, was ist jetzt so ein ›kurzes‹ Leben? Als würde es sich nicht lohnen. Aber ich hatte damals das Gefühl: Okay, der ist jetzt nur kurz bei uns, da machen wir das so schön wie möglich. Der soll die schönsten Sachen erleben und wir mit ihm. Und wenn ich das jetzt so rückblickend sehe, dieses scheinbar kurze Leben, was es inspiriert hat – dass er mich inspiriert hat, den Film zu machen, und wie viel Menschen darauf wieder reagiert haben, das hat ja weite Kreise gezogen. Und ich lerne heute Menschen kennen, die damals diesen Film gesehen haben. Was da noch immer so weitergeht, dafür braucht man vielleicht kein langes Leben, sondern er brauchte vielleicht nur eine so kurze Lebensspanne für seine Art von Inspiration, was er in das Leben reingegeben hat als Inspiration für andere. Ich fand damals schon komisch, zu sagen, je länger je besser. Ich hab ja an meinem Großvater gesehen, wie hart auch ein langes Leben sein kann.«

Entsprechend betrachtet Katja ihre Arbeit als Hebamme

nicht als Dienstleistung, sondern als eine begleitende und schützende Aufgabe, die Leben zu ermöglichen hilft. »Der Weg geht ja von der Geburt an nur in eine Richtung, und diese besonderen Momente zu beschützen, das betrachte ich als meine Arbeit. Den Weg begleite und beschütze ich.« Vor fast drei Jahrzehnten hat Katja auch unseren Sohn auf seinen Weg gebracht, und ich weiß daher auch ganz konkret, was sie damit meint, obwohl sie auch hier sagt, eigentlich sei »unsprachlich«, was sie meint. Wir haben sehr gelacht, als ich ihr jetzt erzählte, dass sie mich damals wegen einer Nachlässigkeit heftig zusammengestaucht hatte. Was das war, fiel uns beiden nicht mehr ein.

Nun, es geht um Leben, um nicht weniger und nicht mehr. Das braucht keine Erklärung, auch keine Kategorien wie Spiritualität, Glaube, Religiosität. »Für mich ist das nicht entscheidend, es genau zu benennen. Ich habe keine Konzepte von einer Religion, wo ich drin aufgehen könnte, sondern ich muss das selber finden.« Hat sie in beiden Professionen, als Filmemacherin und Hebamme.

Kurz vor dem Gespräch mit Katja, habe ich mich mit einem anderen Freund, dem Komponisten

Thomas Kessler

getroffen. Er ist einer der wichtigsten Avantgardekomponisten, berühmt für seine Rolle in der Entwicklung elektronischer Musik. Ein Musiker muss etwas zum Aufhören zu sagen haben, dachte ich, und hatte recht: »Aufhören müssen wir immer. Mein Lehrer Boris Blacher hat zu mir gesagt: ›Weißt du, du musst einen guten Anfang und einen guten Schluss haben. Dazwischen ist nicht so wichtig.‹ Ich hab das sehr ernst genommen, auch in Bezug auf das Publikum. Der Anfang ist dafür da, dass die Leute aufmerksam werden, und der Schluss ist dafür, dass man das zeigt, worauf das Publikum gewartet hatte. Ich hab oft beim Anhören der Arbeiten von Kollegen gedacht, na ja, das ist jetzt nicht interessant, und zum Schluss wurde es dann gut. Der Komponist muss sich mit dem Schluss auseinandersetzen. Ich kenne kein Stück, das einfach abreißt. Ich hab noch keine Partitur gesehen, wo der Komponist schreibt, man soll irgendwo abbrechen, das ist dann der Schluss. Nein, alle denken an den Schluss. Was mach ich da, das muss etwas Besonderes sein. Und oft ist es so, dass mir während einer Komposition schon der Schluss einfällt, und ich denke, ja, das spare ich mir auf für den Schluss. Sonst verpulvere ich eine Möglichkeit, die am Schluss wunderbar sein muss.« Wie bei vielen ästhetischen Prozessen muss der Schluss schon gedacht werden, bevor das Stück, der Roman, der Film ans Ende kommen. Und wegen des Schlusses vibrieren sie nach, geben Anlass zum Durchdenken, zum Nachhören.

Ich frage: »Was sind die Eigenschaften eines guten Schlusses?« Die Antwort: »Das ist ein großes Geheimnis. Wenn ich das wüsste, wäre ich sehr berühmt. Es gibt phantastische Schlüsse, die gehen ganz leise ins Nichts. Das ist wunderbar. Und es gibt Schlüsse, die gehen mit einem vollen Crescendo ins Fortissimo hinein, das ist ein bisschen billiger, einfacher zu machen. Kann aber auch großartig sein. Aber Eigenschaften? Der Schluss muss anders sein, als man es erwartet. Der beste Schluss ist der, den man noch nicht gehört hat. Wobei er nicht unbedingt eine Überraschung sein muss. Er kann auch diesen einen Moment zeigen, und man weiß, das ist es!«

Man sieht, ein Schluss, ein Finale muss gut sein, ja, etwas, auf das die ganze Mühe hinsteuert und was man zuvor noch nicht erreicht hatte: der Schluss, den man zuvor noch nicht gehört hat. Darin liegt eine Umkehrung der gewöhnlichen Perspektive, dass das Ende möglichst bitte *nicht* kommen möge und daher negativ besetzt ist. In unserem Kulturmodell ist der Schluss das auf jeden Fall zu Vermeidende, in den Künsten spielt er dagegen eine entscheidend wichtige Rolle. Dabei ist der »gute Schluss« keine mechanische, vorab eingestellte Angelegenheit – er muss sich aus dem Stück selbst ergeben, dann aber – nach Möglichkeit – unerhört sein. Menschen, die ästhetisch arbeiten wie Thomas, haben da einfach mehr Möglichkeiten als all jene, die Produkte und Ergebnisse abliefern müssen, die vorab definiert sind.

Der Schluss kann eine Überraschung sein, natürlich auch deswegen, weil ja ein Konzert ohnehin nicht bis ins Letzte hinein determiniert ist, weil es ein gemeinsam hergestelltes Produkt ist: »Warum komponiere ich? Es sind Freundschaften, die mein Leben als Komponist bereichert haben. Ich glaube, dass man in keinem Beruf so spezielle Beziehungen zu Menschen bekommen kann wie in der Musik. Es ist die Hoffnung auf das Gelingen eines gemeinsamen Konzertes. Der Versuch, trotz verschiedenster Ansichten, sich zu verstehen. Etwas mit allen Kräften zum Guten, zu einem Ziel zu führen.«

Ein guter Hinweis und das Zurechtrücken einer Perspektive. Natürlich legt uns unser Kulturmodell, das habe ich schon ausgeführt, die Wahrnehmung und vor allem auch die Selbstwahrnehmung nahe, dass wir alle Individuen sind und demgemäß *allein* die Ursache von Wirkungen bilden. Aber Konzerte genauso wie etwa Fußballspiele oder Gespräche zeigen, dass alles, was wir bilden, bei genauerer Betrachtung Produkte gemeinsamen Handelns in wechselseitiger Abhängigkeit sind. Und wenn Menschen gemeinsam handeln, ist der Schluss nicht festgelegt. In gewissem Sinn wird er für alle neu und unerwartet sein. Demgemäß wäre auch der Tod als ein gemeinsam vorbereiteter Schluss zu betrachten und würde so viel von seiner Wildheit verlieren.

Für Thomas aber ist der Tod ohnehin keine beängstigende Sache. Er ist 83 Jahre alt und weiß seit zwei Jahren, dass er an Krebs erkrankt ist. Seine Prognose belief sich auf drei Monate, aber zu seinem Glück hat ein Medikament den Krebs einhegen können. »Ich will eigentlich nicht von meiner dummen Krankheit sprechen. Vor zwei Jahren hat man mir gesagt, du hast jetzt noch drei Monate Zeit. Und ein Arzt in der Station, der auch ein Faible für Musik hat und wusste, ich bin Komponist, der hat gesagt: Machen Sie gar nichts mehr, keine Untersuchungen, keine Kontrolle, keine Biopsie, leben Sie jetzt noch die drei Monate. Der wusste nichts vom Aufhören. Denn wenn man eine Chance hat, sollte man nicht alles fallenlassen.

Das war eine Situation des Aufhörens. Ich hab schon lange kein Interesse mehr am Tod. Ich hab das für mich zurechtgelegt wie ein Stück Musik, das hört einfach auf. Es kann langsam aufhören, kann plötzlich weg sein. Obwohl ich im Kern sehr religiös bin. Ich bin fähig zu glauben. Aber was nachher kommt – ich glaube, das ist einfach weg. Und das ist wunderbar. Ich muss mich nicht in einem Paradies rumquälen, wo dies und jenes fehlt. Oder den Menschen nachtrauern, die ich verloren habe. Nein, das hört auf, und deshalb muss es vorher einen Sinn geben. Was aufhören muss, das ist vorher wichtig. Und wenn es dann aufgehört hat, ist es uninteressant. Das ist meine ganz einfache Philosophie. Aber sie funktioniert auch in einer so ernsthaften Situation, wie ich sie erlebt habe. Da hab ich nicht an den Tod gedacht. Ans Aufhören schon. Ich hab gedacht, die drei Monate, die ich noch habe, die muss ich sehr gut nutzen.«

Was aufhören muss, ist vorher wichtig – in diesem Satz steckt das ganze Leben. Die kulturell geprägte und gelernte Orientierung auf ein immer noch jenseits der Grenze liegendes Ziel, das dauernd erneuerte und doch nie eingelöste Versprechen der Unendlichkeit erweist sich als irreführend.

Gerade weil etwas aufhören muss, erweist sich das Davor als der eigentlich zu nutzende und zu füllende Raum, nicht das fiktionale Weg-von-hier. Die Frage, ob es ein Leben nach dem Tod gibt, erfährt endlich eine klare und gültige Antwort: Es gibt ein Leben vor dem Tod. Und nur da.

»Ich hab ans Aufhören gedacht. Wenn das jetzt wirklich aufhört, das kleine Leben, was ist das Wichtigste, menschlich geschen, welche Menschen sind mir nah? Aber es war schwierig zu überlegen, was ist das Wichtigste? Ich wusste es nicht, ich hab einfach weitergemacht. Aber nicht mehr so oberflächlich wie früher. Als ich gespürt habe, dass es nach drei Monaten nicht zu Ende ist, sondern dass das Medikament wirklich funktioniert, da hab ich mir gesagt: Da musst du schon ein paar Dinge ändern. Vielleicht hat jeder Mensch eine Bestimmung, wann der Moment ist, wann man bereit ist. Vielleicht gibt das Schicksal mir die Kraft oder die Möglichkeit, noch ein bisschen weiterzumachen. Aber ich muss die Zeit ganz sinnvoll nutzen. Das ist schön. Natürlich gibt's Dinge, da will man nicht aufhören. Eine schöne Beziehung zum Beispiel, in der wir nicht wie in einer Sinfonie den Schluss vorausbestimmen und gestalten können. Auch hier ist die Zeit vor dem Ende wichtiger als das Ende selbst.«

Wenn man Thomas gegenübersitzt und ein Gespräch wie dieses führt, würde man nie auf die Idee kommen, dass man es mit einem alten, kranken Mann zu tun hat. Der Eindruck von Vitalität und Lebensklugheit lässt Fragen von Alter und Tod als unwichtig erscheinen, und dazu passt seine Strategie, sich, wie er sagt, selbst zu betrügen, indem er für sich eine neue Zeitrechnung aufgemacht hat: »De facto werde ich 84 dieses Jahr. Aber nach meiner Rechnung werde ich jetzt 88. Das ist doch ein schönes Alter. Wie ich das mache? Indem ich jedes Jahr dreifach zähle. Die Rechnung ist ein Beschiss, aber ein schöner Beschiss. Wenn du mit 82 sagst, du lebst jedes Jahr dreifach, dann bist du im nächsten Jahr 85 und im Jahr darauf 88. Das ist ein hohes Alter. Was hat der Kessler zu beklagen? Nichts.«

Thomas hat noch ein paar mehr Tricks, mit denen er die Zeit verlängert, aber die verrate ich hier nicht, das habe ich ihm versprochen. Aber eigentlich bescheißt er nicht, weder sich selbst noch jemand anderes, er definiert Zeit nur anders. Und wundersamerweise *ist* die Zeit auf diese Weise tatsächlich eine andere, wird ganz anders verfügbar. Sie läuft nicht weg, sondern dehnt sich aus, gibt Raum. Das hat Poesie und gibt Freiheit. Die Grenze, vor der man gewöhnlich zurückschreckt, so sehr, dass man sie nicht wahrhaben möchte, verliert jeden Schrecken. Time is on his side.

Zeit spielt auch eine bedeutende Rolle für

Christiane zu Salm,

die eine bemerkenswerte Lebensgeschichte vorweisen kann. Sie war schon mit Anfang 30 eine der wichtigsten Medienunternehmerinnen des Landes und eine öffentliche Person, zu sehen auch im Gesellschaftsteil von Zeitungen und Magazinen. Dazu sammelte sie Kunst, saß in Beiräten und Vorständen von Unternehmen, lehrte Medienmanagement an der Universität, war, mit einem Wort, einer dieser Erfolgsmenschen, bei denen man sich fragt, wie um Himmels willen sie das eigentlich alles machen, dazu noch Kinder und womöglich hinter den Kulissen ein ganz normales Leben haben. 2016 kaufte sie den traditionsreichen Nicolai-Verlag, der politische Bücher verlegt.

Wir lernten uns auf einer Wahlparty kennen, ohne dass ich viel von ihrer Geschichte als erfolgreiche Medienunternehmerin gewusst hätte. Und schon gar nicht von einer anderen, viel jüngeren Geschichte. Denn, wie ich in einem

Interview mit dem schönen Titel »Im Porsche heult man nicht«[78] gelesen hatte, ist sie heute, nach einem kritischen Lebensereignis und einer längeren Auseinandersetzung mit ihrer eigenen Lebensgeschichte – Sterbebegleiterin. In diesem Rahmen hat sie auch Gespräche mit Menschen, die wissen, dass sie sterben werden, geführt und als Buch publiziert.[79] Sie betreibt einen podcast, mit dem Titel »Before It's Too Late«. Ich spreche mit ihr, und sie erzählt mir von ihrer Ausbildung zur Sterbebegleiterin:

»In dieser Ausbildung wird man darauf vorbereitet, Menschen zu begegnen, die wissen, dass sie nicht mehr lange zu leben haben. Und das im Wortsinn Wunderbare an dieser Aufgabe ist die fast kindliche Freude sterbender Menschen darüber, dass sich noch jemand für sie interessiert und mit ihnen Zeit verbringt – das teuerste Gut, das wir haben! Wo sie doch scheinbar keine Rolle mehr spielen, wo sie doch keine soziale Maske mehr tragen – wo es mithin gleichgültig ist, was sie noch zu tun oder zu sagen haben, weil es ohnehin keine Wirkung mehr in dem sozialen Raum hat, in dem sie sich bewegen. Und genau in dieser scheinbaren Nutzlosigkeit liegt so viel Schönheit. Eine solche Begegnung ist natürlich alles andere als nutzlos, denn wenn kein äußerer Weg mehr möglich ist, dann ist es unsere Aufgabe als Sterbebegleiter, einen inneren Weg aufzumachen. Einen inneren Weg, Dinge, Themen, Gedanken, Schmerzen, die man in sich trägt, noch einmal aufzulösen, Frieden zu machen mit sich selber.«

Christiane zu Salm spricht hier darüber, dass wir die anderen unter Normalbedingungen immer auch instrumentell betrachten und benutzen. Jemand kann wichtig und nützlich sein in der Zukunft einer Freundschaft, eines Jobs, eines Netzwerks. Nicht nur, aber auch daraus speist sich unser Interesse an anderen, mal mehr, mal weniger. Wenn jemand keine persönliche Zukunft mehr hat, weil sein Tod sicher ist, hat diese Person instrumentell nichts mehr zu bieten – ihre Rolle im künftigen sozialen Raum, zu dem sie gehört, scheint annulliert. Gerade darin sieht die Sterbebegleiterin eine außergewöhnliche Chance, denn man kann Gespräche jenseits jeder konventionellen Instrumentalisierung und Nützlichkeit führen. Diese Gespräche sind *an sich* gut, nicht für einen Zweck. Darin liegt ihre Schönheit.

Natürlich geht es in diesen Gesprächen immer auch um Versäumtes, was das Leben nicht erlaubt oder was man sich selbst in diesem Leben nicht erlaubt hat:

»All die Konjunktive, all die nicht gelebten Dinge, diese typischen ›Hätte-ich-doch-nurs‹. Diesen Raum zu öffnen, ist die Aufgabe der Sterbebegleiter. Und das ist ja ein menschlich höchst wertvoller Raum, denn alles das, was sterbende Menschen zu sagen haben, solange sie es noch können, ist ein großes Geschenk an uns Lebende, die wir unser Leben noch leben und ändern, die wir noch äußere Wege gehen können.«

Am Lebensende werden Bilanzen gezogen und Rückblicke angestellt, die im Modus der immer schon nächsten Zukunft, der beständigen Arbeit, des Strebens nach vorn nicht vorkommen. Weder gibt es eine Gegenwart des Todes noch eine Kunst, sich auf ihn vorzubereiten. Wie ich anfangs schon ausgeführt habe, gibt es auch keine kulturelle Einbettung des Todes in das Leben – er ist das Andere, das um jeden Preis hinausgezögert und vermieden werden muss. Das sieht auch Christiane zu Salm so: »Wir leben in einer Zeit, in der es die Sterbekultur, die wir vor 200 Jahren hatten, mit Totenglocke und Sterberitualen, deswegen nicht mehr gibt, weil der medizinisch-technische Fortschritt ausgerichtet ist auf: am Leben bleiben, den Körper am Leben erhalten, immer mehr Schläuche, immer weniger Seele. Ich habe auch Wachkomapatienten begleitet, die seit acht Jahren im Hospiz lagen, künstlich ernährt, weil niemand die

Maschinen abschalten wollte. Das ist unsere Gesellschaft, immer höher, immer weiter, immer irgendwie am Leben bleiben. Aber die Kunst des Abschieds ... fehlt.«

Schon vor vielen Jahrzehnten haben zwei amerikanische Soziologen, Barney Glaser und Anselm Strauss, eine berühmte Studie verfasst, die »Interaktion mit Sterbenden« hieß.[80] Dieses Buch gehört zu den Zerlesensten aus meiner Studienzeit, weil die Autoren nach vielen intensiven Beobachtungen in Krankenhäusern und Praxisräumen, nach Gesprächen mit Ärzten, Angehörigen, Pflegepersonal ganz überraschend zeigen, dass auch Sterbende gesellschaftliche Erwartungen zu erfüllen haben. Also etwa kooperativ mit den Pflegenden sein, nicht die falschen Fragen stellen, aber auch: sich nicht in ihr Schicksal fügen sollen, ankämpfen sollen gegen die Krankheit und den drohenden Tod. Ich fand das damals ungeheuer interessant, denn man sollte eigentlich denken, dass es Menschen, die mit ihrem eigenen Sterben konfrontiert sind, ja schon schwer genug haben und dass sie daher mit den größten Freiheiten ausgestattet sein sollten. Aber das Gegenteil ist der Fall: Auch gestorben wird geregelt und ordentlich, und es gibt ein subtil choreographiertes Set von Anforderungen von den Angehörigen, der Klinikleitung, vom Pflegepersonal, von den Ärzten, dem die Patienten sich zu fügen haben. Noch heute sind die Todesanzeigen voll von entsprechenden Formulierungen (»Gekämpft, und doch verloren« usw.), und noch heute scheint die Vorstellung, dass man gewissermaßen einverständig mit dem Tod aus dem Leben gehen könnte, sehr abwegig zu sein. Wir begegnen dieser Haltung in der gesellschaftlichen Ächtung des Selbstmords (wozu Thomas Macho ein sehr kluges Buch geschrieben hat[81]), aber auch in der öffentlichen Erwartung, dass man bitte schön sich nicht aufgeben, sondern mit aller Kraft gegen den Tod kämpfen solle. Warum eigentlich, wenn er doch eine unausweichliche Tatsache ist? Macht Kämpfen gegen etwas schon Entschiedenes Sinn, erleichtert es den Abschied?

»Das ist ja die Kunst des Aufhörens. Sich bewusst machen und es tatsächlich realisieren, akzeptieren, dass es vorbei ist. Das ist etwas, das wir inhärent nicht können und was uns sehr schwerfällt, weil der Tod die letzte verbliebene Grenze in einer ansonsten total entgrenzten Zeit ist.«

Sterbebegleitung ist eine Handwerkskunst, die man lernen muss. »Wenn zum Beispiel jemand sagt: ›Ich habe Angst, ich habe große Angst vor dem Sterben‹, dann ist das Unsinnigste, was man entgegnen kann: ›Sie müssen keine Angst haben!‹ Dies ist der schädlichste Satz, den man zu Angst überhaupt sagen kann, vor allem, wenn es um Existenzielles geht. Warum? Weil die Angst ein ganz wesentliches Gefühl ist, das wir anzunehmen lernen müssen, anstatt es wegzudrängen. Denn alles, was wir ungelöst auf unserem Sterbebett liegen haben, sind ja die Auswirkungen unserer angstgetriebenen Entscheidungen. Mit jemandem nicht in den Konflikt zu gehen, sich mit jemandem nicht auszusprechen und zu versöhnen, das ist ja alles angstgetrieben. Die Angst davor, nicht oder nicht mehr geliebt zu werden. Das ist für mich der Kern hinter allem Ungelösten auf dem Sterbebett. Und deshalb ist es dann so wertvoll, wenn man es doch noch zu sagen in der Lage ist. Das geht natürlich gegenüber einer Sterbebegleiterin als neutraler Person viel einfacher, als wenn ich die Ehefrau oder die Tochter bin. Eine Sterbebegleiterin kann sagen: ›Erzählen Sie doch mal von Ihrer Angst. Wie fühlt die sich an, welche Farbe hat sie?‹ Dann entsteht ein Raum.«

Christiane zu Salm zieht aus der Reichhaltigkeit der Geschichten, die im Inneren dieses Raums erzählt werden, den Schluss, dass man daraus die Kunst einer »inneren Raumgestaltung« lernen kann, die nicht erst im Angesicht des Todes Sinn macht, sondern gerade dann, wenn das eigene

Sterben und der eigene Tod weit entfernt scheinen. Es geht also nicht um Zukunft, sondern um Gegenwart. »Um diese innere Raumgestaltung so sinnvoll und so substanziell wie möglich machen zu können, sind Begegnungen mit Sterbenden äußerst wertvoll. Sterbebegleitung ist in diesem Sinn auch das beste Narzissmus-Abbau-Programm.«

Man könnte sagen: eine praktische Relativierungsübung, die zu sehen erlaubt, was man aus seinem Leben machen könnte. Dazu gehört als praktische Übung: einen Nachruf auf sich selbst zu schreiben. Wer will man gewesen sein? Christiane zu Salm hat es als Übung in ihrer Ausbildung zur Sterbebegleiterin aufgetragen bekommen, in 15 Minuten einen Nachruf über sich selbst zu verfassen. »Und diese zentrale Frage: Wer will ich gewesen sein, die ist monumental. Sie ist existenziell. Deswegen hatte es diese Übung so in sich, auch durch den Zeitdruck. Und dann mussten wir unseren eigenen Nachruf auch noch innerhalb der Gruppe vorlesen! Ich wäre am liebsten in den Erdboden versackt. Wie wird man sich selber gerecht? War ich wirklich eine tolle Mutter oder eine erfolgreiche Managerin? Oder stelle ich mein Licht unter den Scheffel, was genauso eitel ist? Und dann soll man nicht werten, heißt es. Wie bitte soll ich meinen Nachruf schreiben, ohne zu werten?«

Später hat sie dann Menschen, die sie begleitet hat, gebeten, ihren Nachruf zu schreiben, und diese Nachrufe auf sich selbst dann als Buch veröffentlicht. Das ist in der Bandbreite der Betrachtungen über das gelebte Leben ungeheuer interessant, auch weil man sieht, dass die »objektive« Qualität eines gelebten Lebens nicht viel mit der jeweiligen Bewertung zu tun hat. Menschen, die viel Schlimmes erlebt haben, bilanzieren überraschend positiv; andere, in deren Leben eigentlich nichts wirklich misslungen ist, ziehen am Ende den Schluss: »Scheißleben, nie hat mir jemand eine Chance gegeben.« Ich glaube, am Ende geht es nicht um die ars moriendi, also die Kunst zu sterben, sondern die ist lediglich die Voraussetzung, um gut leben zu können. »Der Raum liegt ja vor einem«, sagt Christiane zu Salm, als Gestaltungsaufgabe. Ein Mittel, um diese Aufgabe zu verstehen, ist der Nachruf auf sich selbst. Den sie jedem empfiehlt. So ein Nachruf zu Lebzeiten ist ein »call for action«, wie sie sagt. Es geht also um den Nachruf nicht auf ein vergangenes, sondern auf ein zu lebendes Leben, und der muss dann »regelmäßig angesehen und verändert werden. Das Ziel muss sein, die Konjunktive auszumerzen.«

Ein Leben, das Konjunktive zu vermeiden lernt: Das scheint mir eine gute Voraussetzung für gelingendes Aufhören zu sein. Hören Sie mit den Konjunktiven auf, wenn es um Ihr eigenes Leben geht.

Und jetzt erzähle ich die Geschichte von

Hans-Dietrich Reckhaus.

Der hat ein Unternehmen, das Insektizide herstellt. Zusammen mit seinem Bruder führt er es in zweiter Generation, ein solides, zukunftsfähiges Geschäft. Insekten, die nerven und irgendetwas schädigen, gibt es immer. Insektizide werden gebraucht. So läuft das Business, bis Hans-Dietrich Reckhaus eine neue Fliegenfalle entwickelt. Da er für deren Vermarktung keine große Werbekampagne finanzieren will, denkt er an Künstler, die ihm beim Finden einer spektakulären Vermarktungsidee helfen könnten. Er wendet sich an die Schweizer Konzeptkünstler Frank und Patrik Riklin, stellt ihnen seine Fliegenfalle vor und bittet um Ideen. Die Künstler ihrerseits bitten um Bedenkzeit. Beim zweiten Treffen, in das Reckhaus mit gespannten Erwartungen geht, sagen die Riklins ihm, dass sie nicht für ihn arbeiten würden: »Deine Produkte sind einfach nur schlecht.

Wie viel Wert hat eine Fliege für dich? Anstatt Insekten zu töten, musst du Insekten retten.«

Reckhaus ist nachhaltig irritiert. Klar, er tötet mit seinen Produkten Insekten, aber bis dahin war er noch nie auf die Idee gekommen, dass daran etwas schlecht sein könnte. Er ist sauer auf die Künstler, aber ihre harte und klare Kritik lässt ihn nicht mehr los. Heute sagt er: »Diese drei Sätze haben meine Welt aus den Angeln gerissen.« Das war vor zehn Jahren. Heute produziert Reckhaus immer noch Insektizide, aber aus dem Insektenkiller ist in der Zwischenzeit ein Insektenretter geworden. Wie das?

Der harsche Einwand der Künstler hat Reckhaus keine Ruhe gelassen. Er hat sich wieder mit ihnen getroffen und zusammen mit ihnen dann nicht mehr nur die Frage verfolgt, wie man eine neuartige Fliegenfalle vermarkten, sondern wie man in großem Stil Insekten schützen könne. Denn Insekten, das ist ja eine Binsenweisheit, sind unverzichtbar für das menschliche Überleben. Sie sind verantwortlich für das Bestäuben von Pflanzen, bilden wichtige Glieder in der Nahrungskette, zum Beispiel für Vögel, halten wechselseitig Bestände im Gleichgewicht. Ohne Insekten läuft das alles nicht, und gewiss ist der Rückgang der Biomasse der Insekten in Deutschland um mehr als drei Viertel ein ökologisches Problem von gigantischer Dimension.

Reckhaus und die Riklins entwickeln also zwei Dinge: eine Kampagne, um Fliegen jene Aufmerksamkeit zukommen zu lassen, die sie aus ökologischer Sicht verdienen. Und ein erweitertes Geschäftsmodell. Die Kampagne kann man im Detail in Reckhaus' Buch »Fliegen lassen«[82] nachlesen – im Kern ging es um die Idee, einer Stubenfliege namens Erika einen Wellness-Urlaub zuteilwerden zu lassen. Ein anständiger Urlaub beginnt für ordentliche Deutsche mit einer Flugreise, also flog Erika mit der Lufthansa, selbstverständlich mit eigenem Sitzplatz, von Paderborn nach

Abb. 18: Erika im Sarkophag, Uni St. Gallen

München, um anschließend im 5-Sterne-plus-Hotel Schloss Elmau eine Woche Urlaub zu machen und danach mit Lufthansa zurückzufliegen. (Zur Erinnerung: Dies ist das Hotel, in dem seinerzeit der G7-Gipfel mit Barack Obama stattfand.) Erika wurde später, nach ihrem Ableben, in der Universität Sankt Gallen, die eine erstklassige Kunstsammlung besitzt, zur letzten Ruhe gebettet und ist dort in einem gläsernen Sarkophag zu besichtigen.

Die ganze Aktion zog, wie man sich denken kann, eine Menge Aufmerksamkeit auf sich, führte aber weniger zu einer Vermarktungsexplosion der Fliegenfalle, sondern zur Entwicklung einer Insektenrettungsstrategie, deren Kern die Kompensation und Überkompensation der durch die Reckhaus'schen Insektizide zu Tode gekommenen Insekten ist. Das geht so: Für die jeweils ermittelte Anzahl der getöteten bzw. potenziell zu tötenden Tiere werden Flächen reserviert, um einer vergleichbar großen oder größeren Zahl von Insekten Lebensraum zu bieten. Das zugehörige Label heißt »Insect Respect« und prangt inzwischen nicht nur auf den Verpackungen von Reckhaus' Produkten, sondern auch auf denen anderer Insektizidhersteller, sofern die sich darauf verpflichtet haben, die entsprechenden Kompensationsmaßnahmen zu ergreifen. »Insect Respect« ist – zehn Jahre nach seinem unerwarteten Start – ein erfolgreiches Konzept, das das Leben und die Weltsicht des Unternehmers Reckhaus deutlich umgekrempelt hat. Er sagt heute, dass sein Umsatz um 25 Prozent und sein Gewinn um 75 Prozent geschrumpft sei, sieht aber wesentlich mehr Sinn in seiner unternehmerischen Tätigkeit als früher. Denn im Kern geht es um das Aufhören mit dem alten Geschäftsmodell und um das Entwickeln eines neuen, das ein neues Naturverhältnis zur Grundlage hat.

Denn heute wird auf jeder Produktverpackung aus seinem Haus vor ebendiesem Produkt gewarnt und überdies noch eine Menge von Informationen zu Insekten vermittelt. Darüber hinaus wird erklärt, wie man auf die Anwendung des Produkts verzichten kann und, falls nicht, wie die Folgen im Fall der Anwendung kompensiert werden können. Des Weiteren verabschiedet sich Reckhaus' Firma von alten Produkten und entwickelt stattdessen sogenannte »Rettungsprodukte«, die dem Insektenbestand zu- und nicht abträglich sind. Schließlich, und deshalb hat Reckhaus auch eigens zwei Bücher zum Thema geschrieben und veranstaltet eine Menge »Insect Respect«-Events (Stunde der Insekten, Tag der Insekten etc.), geht es ihm um die Entwicklung eines unternehmerischen Geschäftsmodells, das zum Schutz der Biosphäre aktiv beiträgt.

Das ist eine ganze Menge für ein Jahrzehnt. Auch wenn Hans-Dietrich Reckhaus keineswegs idealisiert, welche Sorgen, Ärger, Kämpfe und Verluste ihm der mentale und faktische Umbau seines Geschäftsmodells eingetragen hat, kann er doch ein überzeugendes Beispiel dafür vorlegen, dass unternehmerisches Handeln im Kapitalismus selbst dann nicht zerstörerisch sein muss, wenn es um Insektizide geht. Man muss nur damit aufhören, Sinn und Ziel der Geschäftstätigkeit in der unbedingten Gewinnmaximierung zu sehen, sondern stattdessen im eigenen Beitrag zur Entwicklung einer lebensdienlichen Ökonomie.

Reckhaus' Ehrgeiz geht heute dahin, die Transformation von Geschäftsmodellen hin zu einer nachhaltigen Wirtschaft im emphatischen Sinn zu befördern – die Sache mit den Insekten versteht er für sich selbst als eine Phase der Selbstaufklärung. Ihre praktische Übersetzung setzte eine Menge Aufhören voraus.

Aufhören muss man lernen wie jede andere Fähigkeit.

Eines Tages im Jahr 2017 rief mich

Peter Sillem

an, seines Zeichens Geschäftsführer bei meinem Verlag. Und teilte mir mit, er würde demnächst diesen Verlag, bei dem er 30 Jahre gearbeitet habe, verlassen und eine Galerie für Fotokunst eröffnen. Ob ich, da ich in einem früheren Leben auch mal Galerist war (eine andere Geschichte), ein paar Ratschläge geben könne. Nun, mein Ratschlag war hauptsächlich, dass man wirtschaftlich einen langen Atem braucht, wenn man mit dem Verkaufen von Kunst seinen Lebensunterhalt verdienen wolle und dass dies ein sehr besonderes Business sei, was viel Beziehungsarbeit voraussetze – zu den Künstlerinnen und Künstlern des eigenen Programms und zu den potenziellen Kunden und, am besten, Sammlern. Darüber hinaus schien mir besonders schwierig, mit einer Galerie für Fotokunst erfolgreich zu sein, weil der Status des Unikats beim Foto anders ausfällt als bei Malerei oder Skulptur. Ich selbst hatte in meiner Galeristenzeit wirtschaftlich ziemlich Schiffbruch erlitten.

Peter Sillem hörte sich das interessiert an, aber mir war schon bei diesem Gespräch absolut klar, dass ihn nichts von seinem Vorhaben abbringen würde. Er stand kurz vor seinem fünfzigsten Geburtstag und hatte das dringende Gefühl, nun etwas anderes machen zu wollen.

Jetzt sprach ich mit ihm über sein damaliges Aufhören, und er erzählte rückblickend über sein Empfinden in dieser Zeit. 50 Jahre gelebt, 30 davon mit demselben Arbeitgeber: »Ich musste eine Entscheidung treffen. Damit hatte natürlich auch zu tun, dass ich diesen Weg durch die Institutionen vom Auszubildenden über den Freelancer und den Lektor gemacht hatte, also das, was Karriere genannt wird. Ich war dann auf einem Hochplateau angekommen, spätestens mit der Berufung zum Geschäftsführer: Ich bin jetzt das, was ich da sein kann. Und was jetzt? Mir ist aber auch immer klarer geworden, dass ich in einer Weise fremdbestimmt bin in diesem Job, wie man es sich nicht ausmalt. Man denkt immer, das ist mit Entscheidungs- und Durchsetzungsmöglichkeiten verbunden, aber faktisch ist es so, dass man in einem Spannungsfeld von tausenderlei Interessen steht und viel Zeit damit verbringt, die auszugleichen. Die Gestaltungsmöglichkeiten habe ich überschätzt. Das hat sicher zu dem Entschluss beigetragen, aufzuhören. Aber primär war es dieser Punkt: Jetzt bin ich 50. Jetzt habe ich noch 15 oder 20 Jahre, in denen ich etwas machen kann. Und was eine ganz große Rolle spielt in meinem Leben, Sie werden lachen, ist tatsächlich das Futur II. Die Perspektive: Wie werde ich gelebt haben, wie will ich gelebt haben, was will ich mit meinem Leben gemacht haben, welche Wege will ich gegangen sein? Das war immer eine entscheidende Perspektive. Mein Vater hat mal, als es um irgendeine Entscheidung ging, den Begriff der ›biographischen Wunden‹ ins Spiel gebracht. Wo könnten irgendwann mal Wunden oder Narben entstehen, irgendwas nicht richtig verheilen?«

Peter Sillem blickt auf eine enorm erfolgreiche Karriere im Verlag zurück, zudem noch in einem Beruf, den man wohl durchaus als interessant, sinnhaft und herausfordernd bezeichnen kann. Aber auch hier gibt es biographisch einen Punkt, wo der Blick zurück und der Blick nach vorn eine Spannung bilden, die eine Entscheidung fordert. Wie will ich gelebt haben? Wie will ich eine »biographische Wunde« aufgrund einer falschen oder einer nicht gefällten Entscheidung vermeiden? Biographische Wunden entstehen nach Entscheidungssituationen, und zwar dann, wenn man sich falsch entschieden hat – die große Liebe nicht geheiratet, die große Chance nicht ergriffen, den falschen Vertrag unterschrieben hat. Peter Sillem entschließt sich, aufzuhören.

Sein Entschluss manifestiert sich auf eine beinahe zufällige Weise, denn bei seinen Überlegungen, auszusteigen, zieht er Erkundigungen ein, unter anderem darüber, was Galerieräume wohl so kosten würden. »Dann wurde es schnell konkret, als ich diese Räume gefunden habe. Dann hatte ich plötzlich die konkrete Vorstellung: Da könnte das Ganze stattfinden, und damit war der Anfang vom Aufhören gemacht.

Ich wollte eigentlich nur wissen, was solche Gewerbeflächen kosten. Deshalb habe ich die heutigen Räume angesehen und wusste schnell, das könnte es sein. Und dann ging's ans Aufhören. Das ist mir nicht schwergefallen, weil ich das Gefühl hatte, das ist ein Punkt, wo ich etwas beenden muss. Das ist ein wichtiger Punkt beim Aufhören. Man muss sich sehr gründlich Gedanken machen und das sehr gut vorbereiten und sich einen Plan machen, wie das Aufhören geht, eine Exit-Strategie für einen selber. Und dann ist es eigentlich gar nicht schwer.«

Dabei ist ihm das wirtschaftliche Risiko deutlich bewusst, aber er ist bereit, es einzugehen: »Es bleiben ja auch viele Menschen in dysfunktionalen Beziehungen und trauen sich nicht, die zu verlassen. Das liegt vermutlich daran, dass die Zukunft Unsicherheiten bringt. Und es bereitet einem natürlich Sorgen, das Vertraute und seine festgefügten Koordinaten zu verlieren. Auch wenn sie doof sind, aber die hat man wenigstens. Ich glaube, auch der Zeitpunkt ist wichtig. Ich habe so ein Bild im Kopf, wie Herbert von Karajan mit gefühlt hundert Jahren auf einen Sattel gehievt wird. Ich dachte, wenn das das letzte Bild ist, was von einem bleibt, dann ist das schrecklich. Ich habe immer Greta Garbo dafür bewundert, dass sie auf dem Höhepunkt ihres Erfolgs ausgestiegen ist. Besser wird es nicht, und jetzt machen wir Schluss. Das ist wirklich der entscheidende Punkt: dass man seine Handlungsfähigkeit behält und dass einem die nicht in irgendeiner Weise abgenommen wird. Das halte ich für das Entscheidende.«

Das Wichtige ist also, den Moment zu erkennen, wo eine weitere Entwicklung falsch wird. Wie bei Reinhold Messner und Johannes Heimrath erscheint auch hier das Motiv der Banalität – man muss in dem Augenblick aufhören, wo man etwas maximal beherrscht oder durchdrungen hat, sonst droht es, banal oder peinlich zu werden. Aufhören ist Selbstschutz vor der Banalität. Greta Garbo ist nie banal geworden. Und was man beim Aufhören auch lernen muss: Nachsichtig mit sich selbst sein. Denn es ist ja klar, dass man die neue Existenz nicht so souverän und selbstverständlich beherrscht wie die vorherige: »Was natürlich schön ist für mich: in eine ganz andere Branche gewechselt zu sein. Das war ein klarer Schnitt. Das finde ich das eigentlich Reizvolle: Dinge wieder zum ersten Mal zu tun. Die Großzügigkeit sich selbst gegenüber, Fehler zu machen. Das geht ja gar nicht anders. Ich werde Fehler machen, aber die mache ich bewusst. Und ich werde mir die nicht nachtragen. Ich werde damit gelassen umgehen und sagen, Haken dran, das haben wir jetzt gelernt. Diese Toleranz sich selbst und den eigenen Fehlern gegenüber, die ist wichtig.«

Aufhören ist mit der Angst verbunden, Fehler zu machen, vielleicht sogar mit der Aufgabe der gewohnten, sicheren Existenz *den* Fehler überhaupt zu machen. Daher gehört zum Aufhören die Bereitschaft, Fehler zu machen, sie sich aber nicht nachzutragen. Mir scheint, das ist eine sehr gute Strategie, die »Hätte-ich-nurs«, von denen Christiane zu Salm gesprochen hat, zu vermeiden. Der beste Weg, Enttäuschungen zu vermeiden, ist, sie für realistisch zu halten. Das Leben ist nur bitter für die, die es sich süß vorstellen, heißt es im Film »Sans Soleil« von Chris Marker. Oder in der abschließenden Formulierung von Peter Sillem: »Wenn man schon dieses eine Leben hat, dann gehört auch der Mist dazu.«

Ist es verwunderlich, dass die Galerie Peter Sillem sehr erfolgreich geworden ist? Ich glaube nicht.

Über

Klaus Wiegandt

könnte man gleich zwei Biographien schreiben. Einerseits die Geschichte einer prägenden Topmanagerpersönlichkeit der Bundesrepublik: 1976, mit 37 Jahren, wurde er Generalbevollmächtigter der Einzelhandelsgruppe REWE Leibbrand, schon ein Jahr später machte ihn Willi Leibbrand zum Mitgesellschafter seiner Familienholding. 1991 wurde er Chef des Handelsunternehmen Asko, das 1996 in der Metro AG aufging. Wiegandt war einer der Mitinitiatoren der spektakulären Fusionierung von Asko, Kaufhof und Metro zum größten deutschen Handelsunternehmen. Zu den 60 Milliarden DM jährlichem Umsatz, auf die die drei damals zusammen kamen, sattelten Wiegandt und seine

Kollegen innerhalb von drei Jahren nochmals 40 drauf; da war die Metro dann mit 100 Milliarden Umsatz nach Wal-Mart das zweitgrößte Handelsunternehmen der Welt.

Aber, und jetzt kommt die zweite Geschichte, Wiegandt hatte in seinem Vertrag eine Klausel, dass er mit 60 Jahren aussteigen konnte. Was er auch tat. Und in gewisser Weise die Seiten wechselte. Er gründete nämlich die Stiftung »Forum für Verantwortung«, und veranstaltete nun regelmäßig hochklassige Symposien zu den zentralen Überlebensfragen der Menschheit. Von A wie Artenvielfalt bis W wie Wasser – die Liste der Referentinnen und Autoren ist das *Who is Who* der zeitgenössischen wissenschaftlichen Publizistik, Jared Diamond, Robin Dunbar, Josef Reichholf, Mojib Latif, um nur einige zu nennen. Parallel startete er eigene Buchreihen, zunächst zum Zustand der Erde, dann zu konkreten Utopien, finanzierte Übersetzungen wichtiger internationaler Titel, entwickelte Handreichungen für Schulen und Journalisten, förderte den wissenschaftlichen Nachwuchs, initiierte einen Preis für Nachhaltigkeit – alles in enger Kooperation mit maßgeblichen Instituten und Verlagen.

Wiegandts Antrieb war und ist bei alldem immer ein doppelter: ein unbedingter Glaube an die Aufklärung und ein ebensolcher Wille, dass die Welt nicht unnötig schlechter wird, als sie sein könnte. Als hartnäckiger Verfechter einer Nachhaltigkeitswende von Wirtschaft und Gesellschaft hat er sich in den letzten Jahren besonders einem Projekt verschrieben, dass er »Wälder für die Welt« nennt: Geboren aus der Einsicht, dass das Pariser Abkommen zum Klimaschutz, falls überhaupt, dann jedenfalls spät greifen wird, setzt er auf eine Trias aus Regenwaldschutz, Renaturierung degenerierter Wälder und großflächigen Wiederaufforstungen. Sein Argument: Zeit kaufen, CO_2 durch Wälder absorbieren, um dem Umbau zu einer postfossilen Weltwirtschaft überhaupt zu ermöglichen, bevor die 3-, 4- oder

5-Grad-Szenarien der Klimaforschung Wirklichkeit und die Handlungsräume zu eng werden. Kostenpunkt: etwa 140 Milliarden Dollar jährlich, nicht zu viel für zivilisiertes Weiterleben. 168 Millionen Hektar stehen gegenwärtig für Wiederaufbau von Wäldern zur Verfügung, beim Geld hapert es wie üblich noch. Aber das grundlegende Prinzip: Eindämmen des Klimawandels durch Aufhören mit einer gewohnten Praxis leuchtet sofort ein.

Wiegandt, der Pfadwechsler von der Wirtschaft in die Nachhaltigkeit, ist in beiden scheinbar so unterschiedlichen Aktionsfeldern wahrscheinlich wegen derselben Eigenschaften erfolgreich: persönlich absolut im Hintergrund, der Sache verschrieben, ein nachhaltig freundlicher, klar denkender, großer Mann – zudem, wie ein früherer Metro-Kollege über ihn sagte, ein ausgezeichneter Stratege, der seine Ziele erreicht. Hoffen wir für uns alle, dass das auch für die Sache mit den Wäldern gilt. Das Abholzen muss aufhören. Es muss nur das Aufhören mit dem Abholzen bezahlt werden.

Und nun fehlt noch

Slicky Baby.

Der 5. April 2016 war für mich so ein Tag, den Johannes Heimrath »Beispieltag« nennen würde – ein Tag, an dem unglaublich viel passiert ist und der auf eine ganz außerordentliche Weise stimmig war. Später wundert man sich, wie so viel in einen einzigen Tag passen konnte. An diesem Tag lief ich mit Corinna und Jochen Hein durch New Orleans. An einer Straßenecke nahmen wir uns ein Taxi, weil ich gerne zum 9th Ward wollte, jenem Viertel, das durch den Hurrikan Katrina im August 2005 völlig verwüstet wurde – statt fast 5000 Haushalten vor der Katastrophe gab es nun, mehr als ein Jahrzehnt später, nur noch etwas mehr als 1000. Die entsprechende Zahl von Häusern war zerstört und nicht wieder aufgebaut worden. Ich hatte von einem Wiederaufbauprojekt der Braunschweiger Graft Architects gehört, das im 9th Ward mit Hilfe einer von Brad Pitt gegründeten Stiftung und einer Menge zum Selbstkostenpreis arbeitender anderer Architekturbüros 150 Häuser baute – erschwinglich für frühere Bewohner, die ihre Häuser verloren hatten, überflutungssicher und architektonisch interessant. Das wollte ich sehen.

Sean, der Taxifahrer, fragte erst etwas mürrisch, was um Himmels willen wir denn ausgerechnet im 9th Ward wollten, und ich erklärte es ihm. Daraufhin schlug er vor, wir sollten uns nicht nur das anschauen, sondern das komplette New Orleans, er habe den ganzen Tag Zeit und würde einen Pauschalpreis machen. Okay. Wie sich herausstellte, einer der besten Vorschläge, die überhaupt jemals gemacht wurden. Denn wir bekamen unversehens von Sean einen Crash-Kurs zu dieser Stadt und insbesondere zum Desaster, das Katrina in ebendiesem Viertel angerichtet hatte, das mich so interessierte. Denn wo früher der 9. Bezirk gewesen war, hatte auch Sean gelebt. Er führte uns zum Fundament seines eigenen Hauses – mehr hatte Katrina davon nicht übrig gelassen. Mehr als zehn Jahre nach der Katastrophe sah das Viertel noch immer völlig kaputt aus, zwischen einzelnen, zum Teil verfallenen Gebäuden fuhren wir an riesigen Freiflächen vorbei. Die meisten Häuser waren nie wieder aufgebaut worden, man sah nur noch die Grundmauern oder sinnlose Treppenstufen zu Eingängen, die es nicht mehr gab. Zerstörte Schulen, unbefahrbare Straßen und an vielen verfallenen Häusern immer noch die Zeichen, die man damals, nach der Flut, angebracht hatte, um den Räumungstrupps zu signalisieren, wie viele Leichen darin lagen und wie viele Menschen vermisst waren.

Das Graft-Projekt war interessant, viel interessanter noch war aber dieser spezielle Blick auf die USA und ihren Umgang mit besonders verletzlichen Gruppen. Oder sagen wir besser mit Armen. Denn besonders der Lower 9th Ward mit der ärmsten Population von New Orleans war durch Katrina nahezu vollständig verschwunden, und es gibt eine Theorie (die unter anderem auch in einem Film von Spike Lee (»When the levees broke« 2006) vertreten wird), dass man, um die berühmten innerstädtischen Touristenviertel von New Orleans vor der Zerstörung zu schützen, die Wassermassen auf jenes fast ausschließlich von Afroamerikanern bewohnte Viertel geleitet und es mitsamt den Bewohnerinnen und Bewohnern geopfert habe. Die Folgen waren so oder so verheerend. Nicht nur, dass so viele Menschen ums Leben kamen. Viele derer, die überlebt hatten, mussten die Stadt verlassen und woanders versuchen, sich eine neue Existenz aufzubauen. Zunächst war ja an eine Rückkehr nicht zu denken, und tatsächlich kamen am Ende so wenige zurück, dass sich sowohl die Sozialstruktur als auch die Zusammensetzung der Wahlbevölkerung zuungunsten der Afroamerikaner stark verändert hatte. Nach Katrina hatte New Orleans rund 100 000 Einwohnerinnen und Einwohner weniger, die meisten derer, die alles verloren hatten und gegangen waren, gehörten zur afroamerikanischen Bevölkerung. New Orleans ist durch Katrina weißer und wohlhabender geworden. »Black Lives Matter«, schwarzes Leben zählt – das wurde hier radikal widerlegt, und wir standen im Lower 9th Ward buchstäblich auf den Trümmern der Ungleichheit und Ungerechtigkeit, Brad Pitt hin oder her. Angesichts der nach einem Jahrzehnt immer noch radikalen Zerstörung war klar, dass sein Projekt gut war, aber das Angerichtete kaum korrigieren konnte. Auf all das schien die Sonne, und wie gesagt, Sean erklärte alles, zeigte alles, brachte uns mit verbliebenen Bewohnern zusammen, führte uns herum. So sieht eine Gesellschaft aus, in der der Katastrophenschutz unzureichend ist und die soziale Ungleichheit hoch. In der Gemeinwohl nicht viel gilt und höchstens eine Angelegenheit für wohlmeinendes Spenden ist. Wo Menschen, die kein Geld zum Zurückkehren haben, einfach nicht zurückkehren. Natürlich gab es einige restaurierte Häuser, und natürlich gab es, wir sind in New Orleans, Leute, die auf den Porches saßen und Musik machten. Es gibt ja keine Klischees, die nicht stimmen.

Und als wäre das alles noch nicht eindrücklich genug gewesen, gerieten wir plötzlich in eine Beerdigung. Eine Beerdigung vom Typ New Orleans. Eine Band spielte laut und fröhlich Creole-Jazz, alle tanzten auf der Straße, man hielt Schilder hoch und trug T-Shirts, auf denen zum Beispiel »What a hell of a nigga« stand.

Der Verstorbene war James Hayes, genannt Slicky Baby, und ihn feierte man hier. Beerdigungen nennt man in New Orleans »Celebration of Life Services«, und mitten in diese Feier des Lebens waren wir, die Desaster-Touristen, jetzt geraten. Man feierte ausgelassen und mitreißend zu Ehren von Slicky Baby. Ich, der ich bis dahin nur die europäische Variante der ritualisierten Trauer kannte, kam aus dem Staunen nicht heraus. So kann man auch mit dem Tod umgehen, indem man das Leben feiert! Ich weiß nicht, wie Slicky Baby diese seine Beerdigung fand, aber ich nehme an, jeden anderen Umgang mit seinem Tod hätte er entsetzlich gefunden, und dieser hier stand ihm sehr gut.

Deshalb hier nun ein ganz kurzer Nachruf auf James Hayes, der sechs Kinder und elf Enkelkinder, jede Menge Nichten und Neffen und Geschwister zurückließ und – wenn man der Stimmung auf der Beerdigung glauben darf – ein guter Typ war. Die Trauer um ihn formulieren die Angehörigen und Freunde nicht auf der »Celebration of Life«, da geht es um die Lebendigkeit. Die Trauer findet

Abb. 19: Beerdigung von Slicky Baby: Cool

schriftlich statt. Seine Lieblingsnichte Latrice schreibt ihm: »You left without giving us a warning, that wasn't cool.« Es sieht so aus, als sei dies das Einzige gewesen, was an Slicky Baby nicht cool war.

Mir, dem ihm völlig unbekannten, aber fast gleichaltrigen Deutschen, hat James Hayes eine wichtige Einsicht mitgegeben: Es gibt ein Abschiednehmen, das zurück auf das Leben des Gestorbenen blickt, aber im selben Augenblick nach vorn in die Zukunft schaut, die voller Leben ist und sein wird und das man deshalb feiern muss.

Mir scheint, dies ist eine Variante des gezähmten Todes, von dem am Anfang dieses Buches die Rede war und den wir in der Moderne verloren haben. New Orleans ist da so etwas wie eine Exklave in der Sterbekultur der Moderne. Als ich im privaten Kreis mal erzählte, dass man später meine Beerdigung wie die von Slicky Baby feiern sollte, wurde ich prompt angegriffen. Nicht nur, dass das eine feindliche kulturelle Übernahme vom Typ Blackfacing von einem bescheuerten weißen Mitteleuropäer sei, auch wurde mir entgegengehalten, dass es wohl eine Zumutung für diejenigen sei, die um mich trauern wollten, wenn da stattdessen fröhlich gesungen und getanzt werden sollte. Das ginge ja wohl nicht.

Immerhin: Man wusste also offenbar, wie man es richtig macht. Ich dagegen denke: Das ist doch eine schöne Form von Aufhören, wenn sie sich in eine Feier des Lebens übersetzt. Etwas Zugewandteres und Lebensfreundlicheres kann ich mir angesichts eines eigentlich traurigen Anlasses nicht vorstellen. Da erscheint mir sogar mein eigener unausweichlicher Tod, mit dem ich mich immer noch nicht ganz angefreundet habe, ein bisschen erfreulicher. Party!

III *Nachruf auf mein zu lebendes Leben*

Ich habe bis hierhin beim Schreiben dieses Buches eine Menge gelernt. Aus all den Gesprächen, aus der Literatur, von der Intensivstation, von der Revue meines eigenen Lebens, das ich mir im vergangenen Jahr oft vor Augen geführt habe, übrigens mit merkwürdig unwichtigen Details, Erinnerungen an Gefühle in Augenblicken, die ich schon längst vergessen geglaubt hatte.

Wie solche Kindergeschichten: Ich war vielleicht zwölf oder dreizehn Jahre alt, als ich unglaublich scharf auf ein Paar Wildlederboots war. Es kam gar nicht in Frage, dass meine Mutter sie mir kaufen würde: Das waren halbhohe Stiefel, und wir hatten Sommer, was für ein Unsinn! Schuhe waren eine Vernunftsache, nichts anderes. Also musste ich sie mir selbst zusammensparen, die Boots. Unter anderem bekam ich ein bisschen Geld dafür, dass ich regelmäßig Michael, den kleinen Nachbarsjungen, zum Sport in die Turnhalle der Grundschule brachte. Auf dem Fahrrad, mit so einem simplen Zusatzsattel, der auf die Stange geschraubt war, dazu zwei Fußrasten an der Gabel. Heute, in der Hypersicherheitsgesellschaft, völlig undenkbar. Das ging eine Weile sehr gut, und ich konnte jedes Mal 50 Pfennig in meine Sparbüchse werfen, die Boots rückten Woche um Woche näher. Bis zu jenem verhängnisvollen Tag, als ich mit Schwung auf den Schulhof bog und mit gewohnter Präzision direkt in die vorgesehene Spur des Fahrradständers einflog. Einfliegen wollte. Wie jedes Mal. Nur: dieses Mal verlor ich bei der Show das Gleichgewicht und fiel mitsamt Rad und kleinem Michael in Zeitlupe seitwärts, wo leider schon ein Fahrrad stand. Das der Putzfrau. Eingespurt in den Ständer, weshalb sich das Vorderteil ihres Rads unter unserer Last in Richtung 90 Grad verformte. Und leider stand ein paar Meter weiter auch Herr Bergander, der Hausmeister, der mit großem Interesse die Verformung des vorderen Teils des Fahrrads der Putzfrau betrachtete. Für mich war augenblicklich klar: Tschüs Boots, tschüs all das Geld, das ich mir zusammengespart hatte. Ich rappelte mich und das Kind auf, gab ihm einen Klaps (»Rein in die Schule, Michael«), schaute Bergander an, drehte mein Rad und gab Gas. Bergander rief hinter mir her, halt, stopp, stehen bleiben, das Übliche, aber ich war ja schon über alle Berge. Doch ich wusste: Wenn ich jemals wieder diesen Schulhof betreten oder befahren würde, hätte Bergander mich und ich müsste den Schaden bezahlen. Wenn nicht noch Schlimmeres, Fahrerflucht oder so. Und der Putzfrau – was sollte ich der armen Frau sagen, deren Fahrrad ich gecrasht hatte? Die für den Schaden schuften musste. Ich hatte ein furchtbar schlechtes Gewissen. Meine verzweifelte Lösung: Ich konnte den kleinen Michael leider nicht mehr zum Sport bringen. Aber leider konnte ich auch nicht erklären, wieso. Ich machte es einfach nicht mehr. Weder die Nachbarin noch meine Mutter konnten es sich erklären, wieso nicht. Und ich konnte ihnen auch nicht helfen. Ich sagte nichts. Ich verbrachte Wochen in stiller Panik, dass meine Tat auffliegen könnte und ich büßen müssen würde. Aber ich kam davon. Ich konnte mir sogar ein bisschen später die Boots kaufen, sie waren sehr schön.

Oder mehr als ein Jahrzehnt später, als ich draußen vor einer dieser Am-Arsch-der-Welt-Bars in Mexiko sitze, ein sehr alter Amerikaner als einziger weiterer Gast 20 Meter entfernt. Ich sehe, dass er vergeblich versucht, eine Zigarre anzuzünden, gehe zu ihm, gebe ihm Feuer, setze mich wieder an meinen Tisch, alles ohne ein einziges Wort. Ein paar Minuten später bringt mir der Kellner ein Bier und deutet mit einer Kopfbewegung auf den alten Mann. Ich proste ihm zu.

Oder, eine kurze Zeit davor, meine in Sekundenbruchteilen atomisierte Liebe zu einer Frau, die mir, als vor uns im Bus ein glatzköpfiger, offenbar krebskranker und chemotherapierter junger Mann saß, zuflüsterte: »Man könnte ja auch einen Hut aufsetzen!«

Keine Ahnung, warum einem so etwas ein halbes Jahrhundert später einfällt. Aber solche Geschichten sind mir im vergangenen Jahr viele eingefallen, manche banal, manche nur aus einer Geste von irgendjemandem bestehend, oder aus einem Blick, einem Satz. Sie bilden offenbar die Textur eines Lebens. Das ist wie im legendären Spielfilm »Citizen Kane« von Orson Welles, dessen Handlung in der Suche nach der Bedeutung des letzten Wortes des Tycoons Charles Foster Kane besteht: »Rosebud«. Und auch hier ist die Lösung des Rätsels mehr als profan: Es ist kein geheimes Codewort, kein Schlüssel zu einem Geheimbund, zu einer heimlichen Affäre, es ist der Markenname eines Kinderschlittens. Nicht mehr, aber auch nicht weniger.

Was unser Leben ausmacht, sind diese Kleinigkeiten – ein Begriff, ein Satz, eine Berührung, eine Befremdung, eine Überraschung, ein Lächeln, eine unerklärliche Fixierung, eine Passion –, und viel weniger die konventionellen Geschichten, die wir uns und anderen über unser Leben erzählen. Denn Lebensläufe sind keine Kausalketten, sie bestehen aus Knoten in einem Beziehungsgeflecht, und obwohl diese Knoten aus den verschiedensten Gründen entstehen und in den seltensten Fällen bewusst geknüpft werden, hängt es doch von ihnen ab, wie es von da an weitergeht. Oder nicht. Max Frisch war genial darin, davon zu erzählen, wie man seine Geschichten für sein Leben zu halten beginnt. Aber vielleicht setzt es sich und seine Wichtigkeiten aus ganz anderen Partikeln zusammen, das Leben, solchen wie der von Nachtschwester Barbara mit dem Schultheiss oder meiner Geschichte mit dem beschädigten Fahrrad und Hausmeister Bergander. Das ist eine Geschichte über Schuld und Gewissen und die scheinbare Unmöglichkeit der Bewältigung eines Konflikts. Darüber, etwas zu tun, obwohl es falsch ist. Über die Einsamkeit und Sprachlosigkeit in einem Konflikt. Einem tiefen emotionalen Konflikt. Was das für mein weiteres Leben bedeutet hat? Das überlassen wir jetzt mal den Psychoanalytikerinnen und leiten nur eine Schlussfolgerung aus dieser Frage ab: Es kommt auf andere Dinge an, als wir gewöhnlich denken. Auf die Dinge, die mit tiefen Emotionen verbunden sind. Wo Ursachen nichts mit Wirkungen zu tun haben.

Mein Nachruf auf mein noch zu lebendes Leben müsste genau dort ansetzen, wo dieses Thema verschiedentlich auch schon im Buch aufgetaucht war: dort, wo es um die Überbewertung von Angst ging und um die Rolle von Konjunktiven. Und dort, wo es um die Notwendigkeit des Ausscherens aus den Routinen und Gewohnheiten ging, um die Abweichung vom Vorgesehenen, um das Leben, das sich wagt. Und schließlich dort, wo man etwas ergründet und verstanden hat und eine maximale Könnerschaft erreicht hat und plötzlich banal wird, was man kann.

Mein Nachruf setzt beim Lebensalter 62 an. Ich sitze, während in Deutschland gerade mal wieder eine weitere Coronawelle Anlauf nimmt, auf einer Insel und schaue aufs Meer. So kann es schon mal weitergehen. Eine wichtige Lernaufgabe, nachdem ich so glücklich gerettet worden bin, besteht für mich darin, faul sein zu wollen. Als Aufsteiger aus sogenannten kleinen Verhältnissen haben mich jahrzehntelang zwei Dinge angetrieben: Ehrgeiz und Angst vor Armut. (Letzteres klingt lächerlich, sitzt aber ganz weit hinter dem rationalen Bewusstsein, ist so etwas wie eine gelernte und eingeübte Angst, so ähnlich wie Tischler einen dicken Daumen haben oder Jockeys breitbeinig gehen, nur psychisch.)

Beides zusammen, Ehrgeiz und Angst, führt wiederum zu zu viel Arbeit, Stress und der chronischen Befürchtung, zu wenig zu tun. Und das wiederum zum Tanzen auf zu vielen Hochzeiten – zu viele Projekte zugleich, zu viele Termine, zu viele Verpflichtungen, echte und gefühlte. Und natürlich: Jenseits von alldem viel zu viel Eitelkeit, die ständig gefüttert werden muss. Spitzenleistung: vier Vorträge in drei Städten in zwei Tagen. So ging das, während ich in diesen Vorträgen unter anderem reduktive Lebensstile, Innehalten, weniger von allem predigte. Haha. Und was ebenso makaber war: Der Herzinfarkt überfiel mich nicht in Phasen hohldrehender Hektik – Zug bleibt liegen, Termin droht baden zu gehen, mit irrem Aufwand Bahnleute überreden, die Türen zu öffnen, Taxi organisieren, total gestresst am Veranstaltungsort ankommen, abends dann zur Erholung und Stressabbau sich ordentlich einen auf die Lampe gießen, was den nächsten Tag nicht leichter macht und immer so weiter –, nein, nein, der Infarkt kam, als ich wegen des Corona-Lockdowns Nr. 1 die entspannteste Phase seit meiner Kindheit hatte. Wenn der mich auf irgendeinem Bahnsteig ereilt hätte, wäre ich weniger verwundert gewesen.

Und was Ruhe und Auszeiten angeht: Länger als eine Woche oder einmal sogar neun Tage Urlaub waren mir lästig, es gab doch immer was zu tun. Jetzt sitze ich seit fast vier Monaten auf meiner Insel wie Wawa, der Waran, und staune darüber, dass es einige Übung und Selbstüberwindung erfordert, die Dinge so ziehen zu lassen. Okay, ich schreibe ein Buch und habe eine Menge Zoom-Konferenzen, aber doch sehr viel Zeit, bei der mir meine protestantische Ethik permanent sagt, dass ich doch jetzt dringend etwas Nützliches mit ihr tun müsste, anstatt schon wieder zum Strand zu fahren. Heißt: Nicht nur Aufhören muss man lernen, sondern auch die Fähigkeit, nicht jede verfügbare Zeiteinheit unter Nutzenkriterien zu betrachten. So ein Sternenhimmel ist ja auch super, wenn man gar nichts mit ihm machen kann, außer ihn anzuschauen. Ich habe mir also ein Programm der Verschwendung von Zeit verordnet, das inzwischen so gut funktioniert, dass es mich nervt, wenn mich irgendetwas an der jetzt schon ritualisierten Fahrt zum Strand und der Runde Schwimmen hindert. Großer Fortschritt.

Ich habe gelernt, das »Sinnlosen« (um dieses wunderbare, von Gerhard Polt erfundene Verb zu zitieren) dem Fleißigsein vorzuziehen, gelegentlich jedenfalls. Wenn ich auf einen Berg steige, interessiert mich mehr das Stehenbleiben, Umdrehen und ins Tal schauen, als die Geschwindigkeit, mit der ich das Ziel erreiche. Auch Fortschritt. Und da ich sozial kaum aktiv bin – merkwürdigerweise reichen mir die kurzen Gespräche beim Zeitungholen, mein Sprachunterricht und das Zoomen mit fernen Menschen –, schaue ich abends manchmal sogar zwei Filme und traue mich kaum, das zu sagen. Ist aber manchmal ganz gut und schadet niemandem, nicht mal mir selbst.

Was meinen Nachruf auf mich selbst angeht: Für mein noch zu lebendes Leben habe ich vor, diese Gymnastik in anderer Nutzung der Zeit und im Betrachten des Sternenhimmels weiter zu trainieren und besser darin zu werden. Aufholen, was ich in diesen Übungen lebenslang versäumt habe, kann ich nicht mehr. Aber ich kann durchaus einen sorgsameren, freundlicheren Umgang mit der Zeit einüben und sie und mich von den Zumutungen des Nützlichen befreien.

1. *Ich möchte, dass in meinem Nachruf steht:*
Er konnte gut Zeit verschwenden.

Vor einigen Jahren hat Karoline Walter für unsere Plattform FUTURZWEI einen wunderbaren Text über einen ihrer Wohngemeinschaftsgenossen geschrieben, der stinkend faul war, sich nach Möglichkeit vor allen Arbeiten gedrückt und die meiste Zeit mit Nichtstun verbracht hat. Und dann hat sie dieses sein Verhalten unter Kriterien der Nachhaltigkeit betrachtet und festgestellt, dass dieser Mensch schon aufgrund seiner spektakulären Faulheit einen viel geringeren Ressourcenverbrauch hatte als seine ökologisch hochmotivierten Zeitgenossinnen und Zeitgenossen. Er verbrauchte einfach weniger, weil er weniger machte. Das ist lehrreich und ein praktiziertes Gegenmodell gegen die permanente Entgrenzung des Lebens in der Moderne. Denn auch die guten Ökos sind ja dem Optimierungszwang unterworfen und müssen sich stets darüber Rechenschaft ablegen, warum sie jetzt eine Strecke mit dem Auto oder gar mit dem Flugzeug zurückgelegt haben, ob sie das richtige Gemüse mit der korrekten Herkunft gekauft oder genug Stoffwindeln für das Baby verwendet haben, damit das nicht gleich einen fetten ökologischen Rucksack mit sich herumträgt. Das Paradigma auch hier allüberall: optimieren, nicht aufhören, besser werden, nicht schlechter.

Ich weiß, dass ich mich hier auf einem schmalen Grat bewege, denn natürlich befürworte ich es sehr, wenn Menschen ein Bewusstsein von den Ressourcen haben, die sie ge- und verbrauchen, aber zugleich denke ich, dass wir oft nur die richtigen Antworten, aber leider die falschen Fragen haben. Denn das mit den Ressourcen würde ja schon mal viel besser sein, wenn man sich nicht ständig einem Wahn der Optimierung unterwerfen würde, und sei es einem Wahn für die gute Sache.

Der verstorbene Philosoph Peter Heintel hat vor vielen Jahren einen »Verein zur Verzögerung der Zeit« gegründet, dessen Mitglieder in ihren guten Zeiten Ausflüge etwa zu berühmten Skigebieten gemacht haben, wo Weltcup-Rennen abgehalten wurden, um dann auf den Pisten akribisch jene Zehntelsekunden zu suchen, die die Champions im Rennen verloren hatten. Denn darum geht es ja in diesen Formen des hochprofessionalisierten Sports: um Tausendstel-, Hundertstel- und Zehntelsekunden, die jemand irgendwo unterwegs verliert und deshalb nicht gewinnt. Und weil es immer nur einen Gewinner oder eine Gewinnerin gibt, müssen ja nach einem Weltcup wirklich jede Menge Sekunden zu finden sein, und genau danach suchen die Vereinsmitglieder. Wenn Sie sich jetzt fragen, ob sie dabei erfolgreich sind, sind Sie sehr weit von einer Antwort entfernt.

Oder Nikolaus Huhn, der Erfinder des »Hörenden Fußmarsches«. Huhn läuft mit einer Karre mit riesigen Ohren durch Thüringen, bis zu 1200 Kilometer im Monat, und hört den Leuten zu. Denn wo er ankommt, veranstaltet er abends Gesprächsabende und fragt: Wovon leben Sie? Womit heizen Sie? Gibt es hier einen Brunnen? Manchmal wandern die Leute dann am nächsten Tag ein bisschen mit und sprechen weiter mit Nikolaus Huhn, der sich immer Notizen zu den Gesprächen macht. Auch ihm geht es um Zeit: »Ich komme aus einer Generation, für die es seit 30 Jahren fünf vor zwölf ist. Unbedingt Zeuge des Weltuntergangs werden zu wollen, ist auch nur eine Form von Eitelkeit. Es ist längst nicht mehr fünf vor zwölf. Es ist halb vier, wir trinken Kaffee, es geht uns gut.«

Seltsam, mit solchen einfachen Sätzen gelingt Nikolaus Huhn eine irritierende Perspektivenverschiebung. Er macht einfach eine andere Wirklichkeitsbehauptung und öffnet damit einen Erkenntnisraum, den man bis dahin noch nicht betreten hatte. Huhn betreibt die Kunst, das Vorhandene

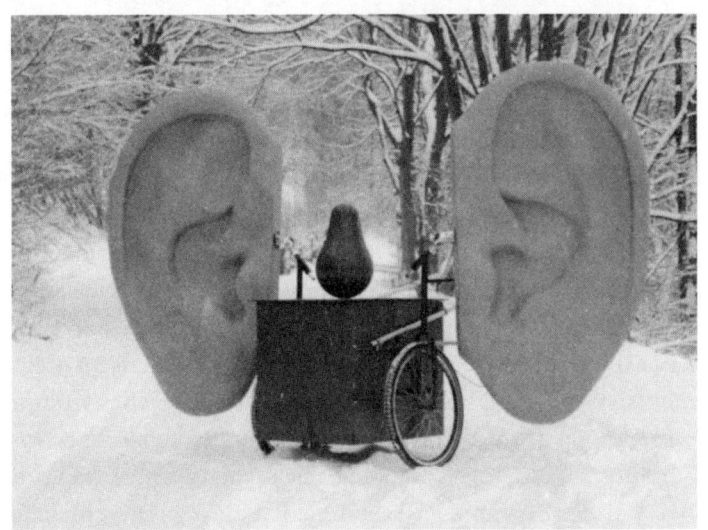

Abb. 20: Hörender Fußmarsch: Versiegen lernen

nicht zu bereichern, zu ergänzen und aufzustocken, sondern lediglich anders auszuwerten. Und natürlich ist das nicht nur verblüffend, sondern manchmal auch sehr witzig. Zu seinen berühmtesten Schlussfolgerungen aus den unbekannten, weil eher erfolglosen Versuchen der DDR, Erdöl zu fördern, zählt der schöne Satz: »Von Thüringen lernen, heißt versiegen lernen.«

Heintel und Huhn, Meister des Nichtoptimierens.

2. *Ich möchte, dass in meinem Nachruf steht:*
Er hatte gelernt, das Optimieren zu lassen.

Ich glaube nicht, dass mir das vollends gelingen wird, aber das ist schon okay.

»Woran arbeiten Sie?«, wurde Herr K. gefragt. Herr K. antwortete: »Ich habe viel Mühe, ich bereite meinen nächsten Irrtum vor.« Diese Geschichte von Bertolt Brecht trägt den Titel »Mühsal der Besten«. Klar. Nur die Besten wissen, dass man seine Irrtümer gut vorbereiten muss. Nur die Besten wissen, dass Fehler und Irrtümer eine gute Sache sind, wenn man mit ihnen etwas anzufangen weiß. Keine Kleinigkeit – viel Mühe ist damit verbunden. Was für eine Verschwendung, Irrtümer und Fehler vermeiden zu wollen, was für ein Blödsinn, Menschen, zum Beispiel Studierende, vom Begehen von Fehlern abhalten zu wollen. Aus Fehlern, die man nicht selbst macht, lernt man nichts. Ein reiner Positivismus des Richtigmachens überschreitet nie den wahrgenommenen Möglichkeitsraum. Der Architekt Wolfgang Rossbauer hat mir das sehr schön am Beispiel der gotischen Kathedralen erklärt. »Die gotische Kathedrale musste kollabieren. Die Simulation am Computer kommt da nicht ran. Wir versuchen, den Kollaps zu simulieren, aber da erzeugt das Scheitern keinen Schmerz, also auch nicht die wirklich notwendige Erfahrung. Ich weine der Zeit ein bisschen nach. Wir sehen heute nur die Kathedralen, die stehen geblieben sind. Die Gescheiterten sehen wir nicht. Der Schmerz ist im künstlerischen Prozess zwangsläufig. Und wenn ich den nicht liebe, den Schmerz, komme ich nicht zum guten Ergebnis.«

Tatsächlich sind die himmelwärts strebenden gotischen Kathedralen nicht selten spektakulär eingestürzt, weil man die möglichen Höhen von Kirchenschiffen und Gewölben steigern wollte. Die Kathedrale von Beauvais etwa, mit einer Höhe des Querhauses von 48,50 Metern, ist kurz nach Ende der ersten Bauphase 1284 eingestürzt und wurde dann in einem mehrere Jahrzehnte dauernden Prozess besser gebaut. Dasselbe Schicksal erlitt der Turm, der mit 153 Metern das höchste Bauwerk der Zeit war (wir schreiben allerdings 1573, so lange dauerten Dinge damals, als es den Begriff der Nachhaltigkeit noch nicht gab), er stürzte

Abb. 21: Eingestürzte Kathedrale: Scheitern lernen

spektakulär zusammen, mit erheblichen Schäden am Rest der Kirche. Der Schmerz, um mit Rossbauer zu sprechen, muss angesichts des ungeheuren, jahrhundertelangen Aufwands gigantisch gewesen sein, aber man wusste dann: Über bestimmte Höhen geht es nicht hinaus. Die Simulation am Computer ist demgegenüber eine Angelegenheit, die nicht weh tut, vielleicht ist das mittelfristig gefährlicher als das schmerzhafte Scheitern, aus dem man Substanzielles lernt.

Fehler sind überdies erst dann Fehler, wenn sie Folgen haben, wenn also der Testlauf in Tschernobyl nicht einfach nur schiefläuft, was niemanden interessiert hätte, sondern zur größten Atomkatastrophe der Geschichte führt. Erstaunlicherweise scheint der Fehler wissenschaftlich nicht sehr interessant, obwohl er seit Adams Biss in den Apfel oder meinetwegen auch erst seit dem Hereinziehen eines Holzpferds voller griechischer Soldaten in die Stadt Troja die Menschheitsgeschichte durchaus prägt. Sigmund Freud hat ihm mit der »Psychopathologie des Alltagslebens« Beachtung geschenkt, eine ausgesprochen witzige übrigens.

Dabei sind Fehler nicht nur dann Erkenntnismittel, wenn ein Brautvater in seiner Ansprache »Schweinesohn« statt »Schwiegersohn« sagt, sondern sie können auch systematische Fehlentwicklungen anzeigen – wenn konstruktive Mängel durch Software kaschiert werden sollen, wie bei der Boeing 737 Max oder beim Dieselskandal – oder – wie im Fall Wirecard – auf schon lange laufende kriminelle Vorgänge hinweisen. Aber ist es nicht gerade dann, wenn die Handlungs- und Abhängigkeitsketten immer länger und intransparenter werden, extrem wichtig, Fehler ganz anders zu betrachten als gewöhnlich: nämlich nicht als zu vermeidende und zu kaschierende, höchst unangenehme Sachverhalte, sondern als Hinweise darauf, was systemisch falschläuft, also desto gravierender wirkt, je länger es unkorrigiert bleibt?

Die Organisationspsychologen Karl Weick und Kathleen Sutcliffe haben schon vor längerer Zeit ein Buch mit dem schönen Titel »Managing the Unexpected«[83] geschrieben. Dafür haben sie sogenannte High-Reliability-Organisationen analysiert – Institutionen, bei denen das Auftreten von Fehlern nicht einfach nur unangenehme, sondern katastrophale Folgen haben kann. Beispiele dafür sind Atomkraftwerke, Flugzeugträger, Feuerwehren, Krisenteams, die bei Geiselnahmen eingesetzt werden, Katastrophenschutz etc. Die Arbeit in solchen Organisationen zielt vor allem darauf ab, dass bestimmte Ereignisse *nicht* eintreten – weshalb vieles, was in anderen Organisationen als wertvoll gilt, hier problematisch ist: Jede Form von Routine etwa ist ein Problem, weil sie die Sensibilität in Bezug auf sich ankündigende Probleme unterminiert. Erfahrung führt dazu, dass man ein Ereignis vorzeitig für etwas hält, was schon mal vorgekommen ist und was man daher wie üblich betrachtet und behandelt – ein häufig tödlicher Fehler. Erfahrung kann also zur Falle werden, wenn etwas so aussieht wie ein

Ereignis, das man kennt, in Wahrheit aber etwas ganz anderes ist – das Challenger-Unglück ist auf diese Weise ebenso entstanden wie der Super-GAU von Tschernobyl.

Auch Pläne sind nach Daten und Abläufen entwickelt, die man schon kennt, und deshalb haben sie oft die verhängnisvolle Wirkung, haargenau an den Anforderungen und Aufgaben vorbeizuführen, die man eigentlich anzugehen hätte, um ein neues oder gar unerwartetes Problem zu bewältigen. Für den Umgang mit Unerwartetem kommt es vor allem darauf an, Sensorien dafür zu entwickeln, dass sich etwas ankündigt oder abzeichnet, das die routinemäßige Behandlung sofort überfordern würde – das heißt, es geht darum, misstrauisch gerade gegenüber der Erfahrung zu sein und die Phänomene immer aufs Neue in Augenschein zu nehmen. Besonders krass erlebt man das nach einem kritischen Lebensereignis, wenn es, wie im Fall meiner Erkrankung, schon sehr dumm wäre, so weiterzumachen wie vorher. Das berühmte Kölnische »Es ist ja noch immer gutgegangen« ist gerade keine gute Handlungsanleitung, und vielleicht liegt es auch an ihr, dass Köln ziemlich verwahrlost aussieht.

Aber nicht nur individuell heißt das: Es braucht gerade in immer verletzlicher werdenden Gesellschaften – verletzlich durch Umweltstress genauso wie durch zu lange Abhängigkeitsketten – eine Neubewertung des Fehlers. Mal aufhören mit der nervtötenden Suche nach irgendwem, der Schuld hat, wenn x oder y passiert ist. Endlich lernen, dass Fehler eine konstruktive Sache sind, aber eben nur, wenn sie nicht vertuscht oder jemand anderem in die Schuhe geschoben werden. Schluss mit dem Vertrauen in glasklare und überzeugungsharte Entscheidungen von sogenannten Entscheidern – die taugen nämlich spätestens dann nix mehr, wenn sich die Lage verändert hat. Und das macht sie ja leider permanent, die Lage.

Eine Eigenschaft, die hilft, nicht sofort alles, was einem in die Optik kommt, sofort in die Kategorien des schon Bekannten und Gewussten zu sortieren, nennen Weick & Sutcliffe »mindfulness«, was nichts anderes meint als die permanente Prüfung und Überarbeitung bestehender Erwartungen, dazu eine erhöhte Aufmerksamkeit auf mögliche Fehler und Abweichungen – kurz: ein permanentes Lernen in einer Umgebung, die in ständiger Veränderung begriffen ist. Dabei gelten Fehler nicht als schlecht, sondern als eminent wichtige Quellen von Informationen – Informationen darüber, welchen Lauf die Dinge nehmen können. Während das normale Verhalten Fehler zu vermeiden und, wenn sie geschehen sind, möglichst zu vertuschen sucht, gilt hier der Fehler als etwas sehr Wertvolles: Entsprechend werden Mitarbeiter, die auf Fehler hinweisen, in High-Reliability-Organisationen auch nicht gemobbt, sondern ausgezeichnet.

Mindfulness lenkt, so Weick & Sutcliffe, den Blick vom Erwarteten auf das Relevante um, von der Bestätigung auf die Irritation, vom Angenehmen auf das Unangenehme, vom Expliziten zum Impliziten, vom Übereinstimmenden zum Widersprüchlichen. Anlass für diesen umgelenkten Blick kann eben der Fehler sein, der in unserer Gegenwartskultur so falsch bewertet wird.

Eine Kultur, in der alle alles richtig zu machen behaupten, kann entweder nur tief zerstritten oder komplett anästhesiert sein, beides ist unproduktiv. Besonders dann, wenn die größte Herausforderung des 21. Jahrhunderts darin besteht, unseren wirtschaftlichen Stoffwechsel auf ein anderes, nicht zerstörerisches Wirtschaftssystem zu bauen, aber niemand weiß, wie das gehen soll. Es ist, wie gesagt, eine Lebenslüge der Wachstumswirtschaft, dass mit der sogenannten Decarbonisierung die Probleme schon gelöst seien – wenn der Umfang des Stoffwechsels weiter wächst,

wächst auch die Zerstörung weiter, CO_2 hin oder her. Wie aber eine natural befriedete Wirtschaft und Gesellschaft aussieht, mit der wir durch das 21. Jahrhundert kommen, weiß ja niemand. Um das wissen zu können, braucht es einen kollektiven Lernprozess, der vor allem durch Lernen aus Fehlern vorangetrieben werden kann. Das autonom fahrende Auto: ein Fehler, weil es den Individualverkehr fortschreibt. Die Digitalisierung von Infrastrukturen: ein Fehler, weil es die Verletzlichkeit der Infrastrukturen erhöht. Die Externalisierung von Kosten: ein Fehler, weil es andere für Zerstörungen aufkommen lässt, von denen man selbst profitiert. Das Streben nach Kosteneffizienz: ein Fehler, weil das Resilienz verhindert. Die Homogenisierung von Kultur: ein Fehler, weil es die größte soziale Produktivkraft, nämlich Differenz, zerstört.

Fehler sind kein Grund, übereinander herzufallen oder Schuldige zu suchen, sondern Anlässe, Dinge besser zu machen. Aus A folgt, mit Bertolt Brecht, nicht notwendigerweise B, sondern vielleicht auch die Erkenntnis, dass A falsch war. Und daraus wiederum folgt, dass man, mit Peter Sillem, lernen muss, nachsichtig mit sich selbst zu sein, wenn man das mit A entdeckt hat.

3. *Ich möchte, dass in meinem Nachruf steht:*
   Er hat sich stets bemüht, gute Fehler zu machen.

Sowohl Reinhold Messner als auch Johannes Heimrath und Peter Sillem hatten für sich als Erfahrung und auch als Maxime benannt, dass man dann mit etwas aufhören muss, wenn man es maximal beherrscht. Wenn man dennoch weitermacht, wird es banal. Ich würde, wenn ich auf mein Leben zurückblicke, nicht denken, dass ich viel maximal beherrscht habe. Leider ist es sogar so, dass ich fast gar nichts kann, außer Reden und Schreiben und Klugscheißen vielleicht. Ich hatte andere Gründe, Dinge aufzuhören. Ich habe als Mittzwanziger meine hoffnungsvolle Karriere als Journalist aufgegeben, weil mein Redakteur mir – zumindest habe ich es damals so verstanden – klargemacht hat, dass mir die richtige Einstellung zum Beruf fehlte. »Herr Welzer, Sie verwechseln Journalismus mit Oberflächlichkeit!« Das hat mich sehr gekränkt, aber leider hatte Jochen Döring, damals zuständig für Technik und Wissenschaft beim Norddeutschen Rundfunk, vollkommen recht. Ich glaube, mir hatte schon gereicht, mit Mikro und Tonband wichtig zu sein und viel mit O-Tönen zu arbeiten, anstatt gut durchgearbeitete Beiträge zu bauen. Dabei war Journalismus mein echter Berufswunsch gewesen, und ich war sehr stolz, damals in Zeiten dramatischer Arbeitsmarktaussichten für Geisteswissenschaftler, den Einstieg in den Hörfunk geschafft zu haben. Nun war das nix.

Daher dachte ich, gut, promovierst du, das ist vielleicht interessant und verbessert deine Arbeitsmarktchancen. Und durch unglaubliches Glück geriet ich an den Psychologen Ali Wacker, eine Koryphäe der Arbeitslosenforschung, der mir peu à peu eine wissenschaftliche Karriere eröffnete und ermöglichte. Von ihm habe ich erst Wissenschaft gelernt, einen Magister hatte ich schon vorher. Dafür bin ich ihm bis heute sehr dankbar, auch, weil er mich unter anderem durch ständige Kritik besser machte. Als ich das erste Mal mit ihm zusammen einen Aufsatz publizieren sollte, gab ich ihm nach langer und intensiver Arbeit mit einiger Furcht die von mir formulierten Abschnitte und wartete gespannt auf sein Urteil. Das lautete ohne jede Erläuterung: »Untauglich.« Ich fing also von vorne an, irgendwann wurde es dann »tauglich«. Ein anderer von mir bewunderter akademischer Übervater war Raul Hilberg, der wichtigste Ho-

Abb. 22: Hilberg: »Dann können Sie's nicht!« –
»Danke schön.«

locaustforscher überhaupt. Der gestand mir mal auf einem gemeinsamen Spaziergang, dass er fürchte, manchmal in seinen grundsätzlich frei, ohne Manuskript gehaltenen glänzenden Vorträgen Details zu vergessen. Er werde wohl alt. Details, das waren für Hilberg Ausführungen wie: »Als am Morgen des 13. April 1943 Obergruppenführer Soundso das Arbeitszimmer 117 betrat, um dort …« – wie gesagt, im freien Vortrag, ohne Notizen. Ich sagte: »Ach, Herr Hilberg, das liegt nicht am Alter, mir geht es ja heute schon so.« Darauf blickte Hilberg mich irritiert an und teilte mir mit: »Dann können Sie's nicht!«

Okay, dachte ich, das werden wir ja sehen. Und lernte irgendwann, meine Vorträge frei zu halten, übrigens etwas, was mir bis heute großen Spaß macht und auf einen Effekt bauen kann, auf den alle die Powerpoint-Karaoke-Sängerinnen und Sänger leichtfertig verzichten. Wenn man frei spricht, interagiert man mit seinem Publikum, was einen ganz wunderbar durch die Gedanken führt und sie so aussprechen lässt, dass das Ganze Stringenz, Spannung und nach Möglichkeit Hand und Fuß hat. Heinrich von Kleist hat genau das in »Über die allmähliche Verfertigung der Gedanken beim Reden« beschrieben. Und das freie Reden hat im Übrigen den Vorteil, dass man sich nicht selbst unendlich langweilt, sondern beim Vortragen selbst Argumente erproben, weitertreiben, entdecken kann. Mir ist es völlig rätselhaft, wie Kolleginnen und Kollegen es schaffen, denselben Vortrag zigmal zu halten, ohne sich nicht selbst wie ihre eigene Bauchrednerpuppe vorzukommen.

Jedenfalls, zurück zum Thema, war brutale Kritik für mich das Wichtigste, und ich freue mich noch heute wie ein Schneekönig über einen guten Verriss, vorausgesetzt, er ist intelligent. (Ich ahne schon, wie es jetzt bei einigen professionellen Lesern zuckt – »Das kann er haben!«) Gute Kritik ist das Gegenteil von banal, eine sehr große Anerkennung mit Lernaufforderung. Tatsächlich ist es nie banal, etwas Neues zu lernen, und ich habe jeweils postwendend mein Forschungsthema gewechselt, wenn ich das Gefühl hatte, eine wissenschaftliche Frage, die für mich immer zugleich eine persönliche Frage war, beantwortet zu haben.

Es wäre mir nicht im Traum eingefallen, den Rest meines Lebens mit Holocaust- und Täterforschung zu verbringen, nachdem ich (nach meiner Einschätzung) verstanden hatte, was »ganz normale« Menschen dazu bringt, sich an Massenmorden und extremen Gewalttaten zu beteiligen. Ich konnte nämlich nicht nur (nach meinen Maßstäben) diese Frage beantworten, sondern auch lernen, dass es Potenziale sind, die je nach Situation und Lage entfaltet oder zurückgehalten werden. Entscheidend ist die Situation, in der diese Potenziale entfaltet werden, und nicht so sehr, was die Einzelnen an biographischer Ausstattung in diese Situation mit hineinbringen. Deshalb tun Menschen Dinge, von denen sie selbst nie geglaubt hätten, dass sie sie tun könnten und würden. Dieses Ergebnis half mir sehr, nach Jahren der unerfreulichen Beschäftigung mit Mord und Totschlag, mich mit Fragen der Ermöglichung von gutem, proaktivem Handeln zu befassen. Usw. usf., ist alles nicht so interessant – in jedem Fall kam es mir darauf an, der Verlockung der Banalität zu entgehen und jene geistige Wachheit zu trainieren, die mich bei meinen Vorbildern so stark beeindruckt hatte.

Ich glaube, dass mir das beim jeweiligen Aufhören sehr geholfen hat, obwohl ich wie gesagt meist weit vom auszuschöpfenden Maximum entfernt blieb. Ich war also Journalist (na ja), Hochschullehrer (recht gut), Galerist (erfolglos), Sänger in einer Band (maximal erfolglos), Autor (recht gut), Gründer und Mitgründer von Institutionen (mittel), Täterforscher (recht gut), Gedächtnisforscher (recht gut), Transformationsforscher (nun ja). Also nirgendwo glänzend, aber stets bemüht, die Dinge radikal zu durchdenken und nach Möglichkeit auch so zu praktizieren. Mein Freund und früherer Kollege Gerd Weiberg hat mich mal als »immer radikal, niemals konsequent« bezeichnet (das hat Walter Benjamin einmal über sich selbst geschrieben), große Ehre.

4. *Ich möchte, dass in meinem Nachruf steht:*
Er war albern, unernst, interessant, anregend, arro-
gant, ärgerlich, lehrreich, ungerecht – aber nie banal.

Bleiben wir gleich beim Benjamin-Zitat: Mein Verdacht ist, dass die Forderung nach Konsequenz dem Ideal der Freiheit und Autonomie widerspricht und die Menschen bei sich selbst gefangen hält. Hannah Arendt hat in ihrem Buch »Elemente und Ursprünge totalitärer Herrschaft« herausgearbeitet, dass eines dieser Elemente die konsequente Folgerung ist und das am Beispiel der Verschwörungstheorie vom jüdischen Streben nach der Weltherrschaft illustriert: »Die Nazis handelten wirklich so, als ob die Welt von Juden beherrscht sei und einer Gegenverschwörung bedürfe, um gerettet zu werden. Die Rassedoktrin war nicht mehr eine Theorie höchst zweifelhaften wissenschaftlichen Wertes, sondern wurde jeden Tag innerhalb einer funktionierenden Welt realisiert, in deren Rahmen es höchst ›unrealistisch‹ gewesen wäre, ihren Realitätswert zu bezweifeln.«[84] Diese Einschätzung lässt sich geradezu spiegelbildlich mit einem Satz von Joseph Goebbels belegen, der am 20. 8. 1941 in seinem Tagebuch notiert: »Man braucht sich nur vorzustellen, was die Juden mit uns machen würden, wenn sie die Macht besäßen, um zu wissen, was man tun muß, da wir die Macht besitzen.«[85]

Man hat also eine Theorie, richtet die Welt nach ihr ein und betrachtet dann jedes Element der Wirklichkeit als Bestätigung der Theorie. Und ist der Prozess der scheinbar logischen Folgerung erstmal praktisch umgesetzt, wird die Wirklichkeit so gestaltet, wie die Theorie voraussetzt: »Die Behauptung, dass nur Moskau eine Untergrundbahn habe, ist nur solange eine Lüge, als die Bolschewisten nicht die Macht haben, alle anderen Untergrundbahnen zu zerstören.«[86] In der Gegenwart nennt man dasselbe Prinzip »Sach-

Abb. 23: Einzige U-Bahn der Welt: Moskau

zwang« und »Pfadabhängigkeit«, was einerseits bedeutet, dass bestimmte Handlungen Folgen hervorrufen, die Alternativen nicht mehr zulassen, andererseits aber auch, dass man vergessen hat, was eigentlich die Frage oder das Problem war, auf das man mit dieser einen Handlung reagiert.

Individuell führt das eben zu der Maxime »Wer A sagt, muss auch B sagen« und eher nicht dazu, dass man A zurücknimmt. Deshalb verfängt man sich nicht selten in Zwängen, deren Ursprung man eigentlich selbst ist, von denen man aber vergessen hat, dass sie einen Anfang und eine Ursache haben und keineswegs eine objektive Zwangsläufigkeit. Psychotherapien haben ja exakt die Funktion, solche Zwänge aufzulösen, und dass das häufig gar nicht einfach ist, liegt daran, dass sie erstens gar nicht als Zwänge empfunden werden (»Ich bin nicht paranoid, sie sind wirklich hinter mir her!«), und zweitens Orientierung geben. Peter Sillem hatte darauf ja hingewiesen, als er sagte, dass Menschen auch an dysfunktionalen Beziehungen festhalten – das Leiden an einer schlechten Situation zählt da nicht so viel wie der Umstand, dass man sich mit diesem Schlechten wenigstens auskennt.

Obwohl ich wie jeder Mensch auch solche Zwänge habe (zum Beispiel eben die Angst, zu verarmen), war ich immer – und manchmal erfolgreich – darauf aus, sie zu ignorieren und ihnen nicht zu dienen. Zum Beispiel durch die wirtschaftlich völlig absurde Idee, eine Galerie zu eröffnen, was meinem Sicherheitsbedürfnis diametral entgegengesetzt war. Strafverschärfend kam noch hinzu, dass ich überhaupt kein Kaufmann bin und viel zu arrogant wirke, als dass Menschen gern bei mir Kunden wären. Diejenigen, die damals trotzdem Arbeiten von Künstlerinnen und Künstlern sammelten, die ich vertreten habe, mussten entweder über diese persönliche Hürde hinweg, oder sie haben sie woanders gekauft, in einer freundlicheren Galerie. Kurz: Die ganze Angelegenheit war finanziell ein ziemliches Fiasko, aber ich habe dieses Fiasko zehn Jahre lang finanziert, weil es mir etwas ganz anderes gegeben hat – nämlich einen Zugang zu einer Welt, die in ihren Werten und in ihren Funktionen der Wissenschaft geradezu entgegengesetzt war. Ich habe damals sehr interessante Menschen kennengelernt, bin viel gereist und habe unheimlich viel auf sehr erfreuliche Weise gelernt. Das war das Geld wert, könnte ich sagen, aber wenn ich das sagen würde, würde ich ja die Qualität dieses galeristischen Lebensabschnitts wiederum monetär bewerten. Aber das war es ja gerade nicht, sondern eine tolle Zeit, die mein Leben bis heute bereichert.

Daher ist es Blödsinn, mit seinem eigenen einzigen Leben konsequent umzugehen und sich keine Abweichungen vom selbst eingeschlagenen Pfad zu gestatten. Das heißt ja keineswegs, dass man die Dinge, von denen man dann irgendwann glücklicherweise abweicht, nicht intensiv betreibt. Vielleicht kann man sie sogar intensiver und nachhaltiger betreiben, wenn man weiß, dass man sie auch wieder beenden kann. Wirklich unangenehm sind ja Menschen, die in aller Konsequenz an dem festhalten, was sie einmal gelernt haben als ihre Überzeugung zu haben. Es war vielleicht gut, sich diese Überzeugung zuzulegen, und hat in einem bestimmten Zeitabschnitt Sinn gemacht, aber irgendwann kann eine solche Überzeugung zum Hindernis beim Weiterdenken und Weiterleben werden und ist dann nur noch etwas, um das man kreist, ohne einen Ausgang zu finden. »Adorno muss man gehabt haben wie die Masern«, hat Odo Marquardt mal formuliert, und das bezeichnet den Fall genau. Es ist gut, sich in Adornos Denken hineingearbeitet und es verstanden, ja, geradezu inhaliert zu haben, aber es wäre fatal, darin gefangen zu bleiben. Dann ist man nur noch ein Jünger, der sich selbst und seine Welt nach der Frage beurteilt, was Adorno wohl dazu gesagt hätte. Damit kann man, wenn man Glück hat, durchkommen, aber schön sind solche Menschen nicht.

5. *Ich möchte, dass in meinem Nachruf steht:*
   Er war immer radikal, aber doch jederzeit bereit,
   inkonsequent zu sein.

Wo wir gerade bei bestimmten Theorien und Gedanken waren, die man gehabt haben muss wie die Masern, um eine gewisse Immunität gegen die Verführungen hermetischer Gedankengebäude zu erwerben – da fällt mir natürlich noch viel mehr ein. Als ich Soziologiestudent war, waren »Strukturen« und »Systeme« eine ganz große Sache. Damit konnte man unfassbar viel erklären, und man hatte zugleich den Vorteil, Dinge zu durchschauen, die man mit dem naiven Blick auf das, was Menschen so tun, niemals verstehen würde. Nein, Menschen waren Objekte, man möchte fast sagen Spielbälle obwaltender kapitalistischer, bürokratischer, geschlechtsspezifischer und noch allerlei anderer Strukturen, und wer ordentlich systemtheoretisch denken wollte, für den konnten Menschen in der Welt erst gar nicht vorkommen, nur Systeme, denen sie nicht durchschauend dienen.

Man verstand also die Gesellschaft als ein Gewebe von allem Möglichen, nur nicht von Menschen. Die waren inmitten oder hinter oder unter all den Strukturen gar nicht zu sehen, und wer sie suchte, entlarvte sich sogleich als akademisch minderbegabt.

Das Denken in Systemen und Strukturen hat einen hohen Attraktionswert, weil man die Welt und die Menschen von dieser Denkwarte aus etwa so betrachten kann wie ein Verhaltensforscher seine Ratten im Labyrinth. Und wie ein Verhaltensforscher sich ja selbst nie zu den Ratten in das Labyrinth setzt, so hat das Denken in Systemen und Strukturen den unschätzbaren Vorteil, sich aus allem heraushalten zu können und gleichzeitig viel mehr zu wissen als alle anderen. Wenn man so unterwegs ist, hält man sich nicht lange mit der wirklichen Welt, ihren Widersprüchen und der eigenen kleinen Rolle im großen Ganzen auf, man steht ja drüber. Und genießt noch den unschätzbaren persönlichen Vorteil, immer recht zu haben. Deshalb haben bestimmte Theorien auch eine große Attraktivität für eher schlichte Gemüter, so dass man etwa als Anhänger der Psychoanalyse jederzeit kritische Einwände mit der Bemerkung parieren kann: »Das ist klar, dass Sie das jetzt sagen: Reine Abwehr!«

In meinem Fall hat es nach dem Durchqueren der »Eiswüste der Abstraktion« zum Glück wieder ein starkes Interesse an der Rolle von Menschen in der Wirklichkeit gegeben, insbesondere daran, wie sie ihre jeweilige Welt wahrnehmen, wie sie diese Wahrnehmungen deuten und welche Schlussfolgerungen sie aus ihren Deutungen ziehen. Denn schließlich bekommt man nur dann heraus, warum Menschen dieses oder jenes tun, wenn man zu sehen versucht, welche Wirklichkeit sie gesehen haben, als sie etwas getan haben. Wenn man eine solche Perspektive anlegt, dann beginnt man plötzlich zu verstehen, warum Menschen – und gar nicht mal selten – Handlungen wählen, die nach der objektiven Lage der Dinge gar keinen Sinn zu machen, ja, sogar gegen ihre eigenen Interessen zu verstoßen scheinen.

Das Wundern über so etwas ist auch heute noch weit verbreitet, etwa dort, wo politische Journalisten gar nicht aufhören können, sich über Trump-Wähler zu wundern, oder dort, wo man nicht hinter das »irrationale« Verhalten von Menschen kommt, die doch alles über die Klimakrise wissen, sich aber trotzdem einen riesigen Stadtgeländewagen kaufen. Aus der Perspektive der betreffenden Personen sind beide Phänomene leicht zu verstehen: Trump ist es als hochbegabtem populistischen Politiker mit extrem hoher Medienkompetenz gelungen, eine Gemeinde zu bilden. Und für die Gemeindemitglieder ist Zugehörigkeit zu einer im gemeinsamen Glauben an etwas zusammengeschweißten Gemeinschaft etwas sehr Wertvolles und Attraktives, das mit den politischen Inhalten nicht einmal etwas zu tun haben muss. Der Trumpismus gibt Heimat, und wenn er zehnmal gegen die »objektiven Interessen« der Heimatbedürftigen verstößt. Das ist eigentlich sehr einfach. Und mit dem Stadtgeländewagenkäufer ist es nicht rätselhafter: Denn der kann ja, wie oben schon gesagt, aus all den alarmierenden Veröffentlichungen zur Lage des Klimasystems den Schluss gezogen haben, dass die Zukunft bedrohlich wird und es daher besser ist, jetzt noch aus der Gegenwart so viel herauszuholen, wie es nur irgend geht. Wer weiß, wie lange man so ein Monstrum noch fahren darf?

Wenn man nur auf Strukturen und Systeme schaut, wird man systematisch übersehen, dass es bei allen Sachzwängen und »objektiven« Verhältnisses immer auch auf die Einzelnen ankommt, die genau jenen Unterschied machen, der die Entwicklungen in eine andere Richtung dreht. Auch da geht es um Leute, die sich nicht nach ihren »objektiven Interessen« und nach Kriterien der »individuellen Nutzenmaximierung« verhalten und deren Handeln sich weder system- noch strukturtheoretisch entschlüsseln lässt. Die machen einfach etwas. Offenbar sind solche Menschen der Überzeugung, dass es auf sie ankommt und dass es einen Unterschied macht, ob sie etwas tun oder lassen. Das sind zum Beispiel diejenigen, die irgendwann ein erstaunliches Engagement an den Tag legen und dieses im Laufe ihres Lebens immer noch erweitern.

Wir haben vor vielen Jahren eine Studie zum Verhalten von Menschen gemacht, die zur Zeit des Nationalsozialismus Verfolgten geholfen und sie gerettet haben, und eines der erstaunlichsten Ergebnisse dabei war, dass viele derjenigen, die zu Helfern und Rettern wurden, gar nicht als altruistische Persönlichkeiten geboren waren, sondern eher durch Zufall in eine Situation kamen, wo sie helfen sollten oder mussten – weil sie eine Gartenlaube besaßen, die als Versteck genutzt werden konnte, oder Arzt waren und ein verstecktes krankes Kind behandeln konnten. Ganz oft war es so, dass solche Personen regelrechte Helferkarrieren entwickelten – also manchmal erst widerwillig auf eine Bitte um Hilfe eingegangen sind (»Aber nur dieses eine Mal!«), sich aber nach ein paar Monaten als regelrechte Profis des Helfens mit mehreren Verfolgten im Versteck und einem ihnen selbst zuvor unbekannten Organisationstalent wiederfanden. Das ist übrigens eine Erfahrung, die im Zuge der sogenannten Flüchtlingskrise im Spätsommer 2015 auch die unzähligen ehrenamtlichen Helferinnen und Helfer machten: Sie entdeckten plötzlich, was sie jenseits ihrer bisherigen Rolle auch noch konnten, zum Beispiel organisieren.

Was heißt das? Zweierlei: Erstens, dass ein Schritt, den man macht, immer eine Richtung vorgibt. Der immer gleiche Schritt erhöht die Wahrscheinlichkeit, dass man auch die folgenden Schritte in derselben Richtung absolviert; der eine ungewöhnliche Schritt erhöht die Wahrscheinlichkeit, dass die nächsten Schritte der Abbiegerichtung folgen. Zweitens: Ein ungewöhnlicher Schritt, von einem selbst ausgeführt, lässt einen das eigene Selbst anders erleben, man entdeckt, was man *auch* kann, wie man sich und seine Ängste *überwindet*, wie einem Menschen *in dieser Situation* begegnen.

Seit ich das verstanden habe, scheint mir die Sache mit den Strukturen und den Systemen ein hübscher Mythos zu sein, der einen von eigener Verantwortlichkeit entbindet und auf die Ausrede hinausläuft, dass es ja keinen Unterschied macht: ob man zur Wahl geht, in den Urlaub fliegt, Auto fährt, sich für andere interessiert oder nicht. Geht ja alles unter im großen Ganzen, zum Beispiel im Kapitalismus oder der großen Ungerechtigkeit oder im allgemeinen Beschiss.

Aber das stimmt eben nicht. Es gibt Einzelne, die haben wie Clara Zetkin die Sozialdemokraten darüber belehrt, dass eine Arbeiterbewegung ohne Frauenbewegung nur eine halbe Sache ist, und den Feminismus in die Welt gesetzt. Oder die haben wie der (nichtjüdische) Schreiner Georg Elser ein Attentat auf Hitler versucht, während Millionen nichtjüdischer Deutscher dem Führer bedingungslos folgten. Oder haben wie der Schriftsetzer Lutz Beisel verletzten Kindern im Vietnamkrieg Behandlungen in deutschen Krankenhäusern ermöglicht. Dieses Beispiel ist besonders interessant, weil zur selben Zeit in derselben Situation ja hunderttausend andere auch als Fernsehzuschauer Zeuge von dem wurden, was den Kindern dort im fernen Asien geschah, und sicher viele auch ein starkes Gefühl von Empörung, Wut und Trauer hatten. Aber nur Lutz Beisel war dieses Gefühl so unerträglich, dass er – als Wehrdienstverweigerer – an die Bundeswehr herantrat und nach vielen Konflikten und noch mehr Beharrlichkeit am Ende dafür sorgte, dass militärische Versorgungsflieger bei ihrer Rückkehr verletzte Kinder mit nach Deutschland nahmen. Das war übrigens der Beginn von *terres des hommes*, dem bis heute 15 Millionen Kinder Leben und Gesundheit verdanken.

Mitgefühl ist kostenlos, nützt aber nichts, wenn es ohne Handlungsfolgen bleibt. Erst Engagement verändert die Dinge. Ich könnte jetzt eine Menge Menschen aufzählen, die es nicht beim Zuschauen, Mitleiden, Argumentieren, Schlausein belassen haben, sondern einen Unterschied machen wollten und gemacht haben. Das reicht von dem pensionierten Zweiradmechaniker, der Flüchtlingen beibringt, wie man Fahrräder repariert, über die Hartz-IV-Empfängerin, die aus Stoffresten wunderbare Kissen für Kinder auf Krebsstationen fertigt, bis hin zu vermögenden Menschen, die Stiftungen gründen, um etwas Sinnvolles mit ihrem Geld anzustellen.

Wir sammeln bei FUTURZWEI eine Menge Geschichten über Menschen, die mit ihrem Tun einen Unterschied machen, und ohne die sähen all die Systeme und Strukturen völlig anders aus. Ich habe sogar die begründete Hoffnung, mit meinen Büchern und manchmal mit Vorträgen einen Unterschied zu machen, denn oft bekomme ich Briefe oder Mails, in denen steht, was Menschen auf die Beine gestellt haben, die zum Beispiel durch mein Buch »Selbst denken« sich inspiriert und motiviert fühlten, jetzt mal dringend etwas anderes zu machen, als sie bislang immer getan hatten. Ich bin dann manchmal echt beschämt, weil ich oft denke: Wow, die machen ja viel mehr als ich selbst. Sie alle machen einen Unterschied, und wenn ich dazu einen kleinen oder letzten Impuls geben konnte, macht mich das sehr stolz.

6. *Ich möchte, dass in meinem Nachruf steht:*
Er hat einen Unterschied gemacht.

Für das Machen eines Unterschieds ist übrigens komplett irrelevant, wie groß oder klein der ist. Es kommt vielmehr darauf an, nicht unter seinen Möglichkeiten zu bleiben. In einer freien Gesellschaft, zumal dann, wenn sie so reich ist wie die der Bundesrepublik, haben alle Menschen Handlungsspielräume. Die sind, je nach sozialer Lage und gesundheitlicher Verfassung, dem Alter, dem Geschlecht, der persönlichen Charakteristika, unterschiedlich groß, aber fast niemand hat keine. Wir haben, so ähnlich wie bei der Sache mit den Strukturen und Systemen, sehr gut gelernt, diesen Handlungsspielraum kleiner aussehen zu lassen, als er in Wahrheit ist. »Man kann ja nichts machen«, heißt es dann, aber die, die das sagen, haben diese Behauptung nie geprüft.

Seit meiner Erfahrung mit der Intensivstation weiß ich, was es bedeutet, wenn Menschen davon überzeugt sind, dass man immer etwas machen kann. Genau wegen des Einsatzes der Menschen in den Krankenhäusern während der Coronakrise finde ich auch, dass unsere Gesellschaft dort versagt hat, wo es darauf ankäme, diese bis zur Selbstaufreibung engagierten Menschen mit den Handlungsspielräumen auszustatten, die ein modernes und resilientes Gesundheitssystem tatsächlich bräuchte. Dass sie, die den Laden zusammenhalten, danach frustriert kündigen und nicht in ihrem Beruf bleiben, verstehe ich völlig – sie werden vom Gemeinwesen zu schlecht behandelt.

Menschen können für eine Weile, aber nicht auf Dauer gegen die Blockaden und Hindernisse anarbeiten, die ihr Engagement erschweren. Deshalb besteht eine vergessene Aufgabe der Politik in der Demokratie darin, die Handlungsspielräume der Menschen so zu erweitern, dass die sich ermächtigt fühlen, eigeninitiativ und auch auf eigenes Risiko Missstände zu beseitigen oder Ideen umzusetzen, die das Gemeinwohl erhöhen. Wir haben auch das in der Coronakrise gesehen, wie eine anmaßende und selbst wenig verantwortungsbereite Politik und Administration probate Lösungen verhinderte und nicht nur die Leute frustrierte, sondern damit mehr Tote provozierte als unvermeidlich.

Man muss seine Rolle als Bürgerin und Bürger in einer offenen Gesellschaft als die des Ermöglichers oder der Ermöglicherin verstehen, und zwar ganz unabhängig davon, an welcher gesellschaftlichen Position man sich befindet. Ich hatte da viel Glück – übrigens auch durch das Scheitern meiner journalistischen Karriere und den Einstieg in das Universitätssystem. Denn wenn man das große Privileg hat, Hochschullehrer zu sein, hat man eine phantastische Chance zum Ermöglichen – nämlich zum Selbstdenken zu inspirieren: zum Sich-nicht-zufrieden-Geben mit dem, was zu einfach ist, zum Spaß daran, wie man selbst mehr Möglichkeiten an sich entdeckt, als man gedacht hatte, dass man sie hätte. Das größte Kompliment hat mir ein Student gemacht, der in meine Sprechstunde kam, den ich noch nie gesehen hatte und der tatsächlich auch noch keine Vorlesung und kein Seminar bei mir besucht hatte. Er wollte eine Prüfung bei mir machen, was mich sehr verwunderte. Als ich ihn fragte, warum ausgerechnet bei mir, wo wir uns doch gar nicht kannten, sagte er: »Ich habe gehört, dass man bei Ihnen auch durchfallen kann.«

Er fand es offenbar schmählich, dass ihm woanders nichts abverlangt wurde, dass es – mit anderen Worten – gleichgültig war, ob er gut oder schlecht war. Und das Wesen der Universität, so wie ich sie verstehe, ist ja, dass genau das nie gleichgültig sein darf. Denn wenn man schon so einen privilegierten Beruf ausüben darf, dann muss man ihn dazu nutzen, den Studis Räume zu eröffnen, die sie ohne einen so schnell nicht betreten würden. Und so betrachtet, ist es gruselig, dass wir infolge eines falschen Selbstverständnisses der Lehrenden und auch vieler Hochschulleitungen die jungen Menschen in ihrem eigenen Saft schmoren lassen und ihnen keine Widerstände bieten, über die sie sich ärgern, aufregen, wütend sein können. Ihnen keine Kränkungen ihres Narzissmus zumuten, keine Herausforderungen bieten, sich selbst in Frage zu stellen.

Es geht dabei nicht um Disziplin und ähnlich sinnlose Dinge, sondern um die Eröffnung von Möglichkeiten, die sonst verschlossen bleiben. Und die eröffnen sich dann, wenn Hierarchien keine Rolle spielen. Als Student habe ich Forschungsmethoden und übrigens auch programmieren nicht im Studium gelernt, sondern als Hilfskraft in einem Forschungsunternehmen, wo mir der Leiter der Umfrageforschung, Lothar Birk, wirklich eine Menge beigebracht hat. Der war eindeutig der Chef der Abteilung, aber das leitete sich aus seiner Kompetenz und nicht aus seinem Rollenverhalten als Chef ab. Wir haben mal wegen eines Streits eine ganze Woche lang kein Wort miteinander geredet, was nicht einfach ist, wenn man im selben Büro sitzt und gelegentlich miteinander sprechen muss. Die notwendige Kommunikation lief dann über die Kollegen: »Frag Lothar mal bitte …«, »Sag Harald mal … usw. Bitte: Ich war die studentische Hilfskraft, ganz am Anfang der hierarchischen Nahrungskette, Lothar Birk der weit ältere, kompetentere, erfahrenere Abteilungsleiter. Er hätte mich zum Beispiel einfach rausschmeißen können, aber er hat den Streit auf derselben Ebene mit dem kleinen Studenten ausgetragen, in aller wunderbaren Absurdität. Wie jemand so antihierarchisch Arbeit organisiert und Anerkennung durch Verhalten zeigt, wie Lothar das damals gemacht hat, ist mir ein großes Vorbild. Ich habe in all meinen eigenen Forschungsprojekten und auch bei Organisationen wie FUTURZWEI immer versucht, keine Hierarchien und keine Kontrollen einsickern zu lassen, denn Menschen werden dann am besten, wenn sie ihre Fähigkeiten entfalten können, und nicht dann, wenn sie durch irgendeinen Quatsch gegängelt werden. Bei uns gibt es keine festen Arbeitszeiten und Urlaubstage, keine Stundenzettel und ähnlichen Unsinn. Denn eine kleine, flexible, engagierte Organisation wie FUTURZWEI steht und fällt mit dem Engagement aller, die dort mitarbeiten, egal ob sie Professoren, Studierende, FÖJler oder Praktikantinnen sind. Und sie alle werden von keiner Geschäftsführung daran gehindert, sich so einzubringen, wie sie es für richtig und möglich halten. Das ist nicht nur ein sehr effizientes System, weil man keine Zeit und keine Mittel für Controlling braucht, sondern ein sehr schönes, weil es so einfach Spaß macht, gemeinsam etwas zu bewirken.

7. *Ich möchte, dass in meinem Nachruf steht:*
   Er hat Menschen Handlungsspielräume eröffnet.

Viele Menschen in sogenannt verantwortlicher Position schränken Handlungsspielräume ein. Mir fallen da spontan einige Intendantinnen und Intendanten von öffentlich-rechtlichen Radio- und Fernsehsendern ein. Die könnten, da sie der Gesellschaft und nicht irgendwelchen Investoren verpflichtet sind, gute Programme machen. Dafür müssten sie lediglich von der Vorstellung ausgehen, dass ihr Publikum aus denkenden Menschen besteht, die sich für Dinge interessieren, durchaus auch für anspruchsvolle. Also: gute Filme, gute Musik, gute Features, gute Gespräche, gute Recherchen, gute Reportagen, gute Kommentare. Wie gesagt: Sie brauchen keine Quoten, um möglichst viel Werbung an Land zu ziehen, um möglichst viel Geld zu machen. Sie haben einen gesetzlichen Auftrag, unter anderem einen Bildungsauftrag. Es gehört zu den ungelösten Rätseln der Menschheit, wieso man als verantwortliche Person mit diesem Auftrag damit befasst sein kann, Kulturprogramme abzuschaffen, Literaturkritik für überflüssig zu erklären, Gespräche, die länger als sieben Minuten dauern, für zu lang zu halten – also ihrem Publikum, den Gebührenzahlenden, alles vorzuenthalten, was bereitzustellen ihre Pflicht wäre. Stattdessen setzen sie auf Quoten, und diese Quoten hoffen sie mit Klamauk zu erzielen, also Comedy, Quiz und Talkshows, in denen es aber auf absolut keinen Fall geschehen darf, dass da ein interessantes Gespräch zustande kommt. In der Regel werden sie so besetzt, dass gegensätzliche Auffassungen vertreten sind, so dass man sich streiten wird. Tolle Sache. Ich habe nie verstanden, worin der Wert eines Streitgesprächs liegen soll, geht es dabei doch lediglich um Punktgewinne beim Publikum (übrigens ein wohltuender Effekt der Coronazeit, als die Talkshows ohne Saalpublikum stattfanden und die Gäste weniger auf billige Applaushascherei setzten – es war ja niemand zum Applaudieren da). Aus einem inszenierten Streitgespräch kommen alle Beteiligten dümmer heraus, als sie hereingegangen sind. Umgekehrt verhält es sich bei einem echten Gespräch, in dem sich zwei oder mehr Personen über eine Sache zu verständigen versuchen. Ein gutes Gespräch bringt mehr hervor als eine Addition der Gedanken der Einzelnen, es entstehen vielmehr Gedanken, auf die man allein gar nicht gekommen wäre. Und Menschen hören gern zu bei solchen Gesprächen – deshalb ist heute noch Hannah Arendts Gespräch mit Günter Gaus aus den Frühzeiten des deutschen Fernsehens ein Renner auf Youtube, und deshalb haben die Interviews, die Tilo Jung auf seinem Portal »Jung & Naiv« mit Personen wie Noam Chomsky, Annegret Kramp-Karrenbauer oder Richard David Precht führt, ein paar Hunderttausend Zuschauer. Ach so, diese Gespräche dauern minimal 90 Minuten, manchmal auch zwei Stunden. Öffentlich-rechtliche Intendantinnen und Intendanten, schaut euch so was mal an. Versucht herauszufinden, warum so etwas gesehen und kommentiert wird. Aber ich kann es euch auch sagen: Weil niemand es mag, für doof gehalten zu werden. Niemand, wirklich.

Überhaupt, und das bringt mich zum eigentlichen Punkt, wäre Ernstnehmen von Menschen und Ereignissen schon mal ein guter Schritt. Das gilt für Medienverantwortliche, aber natürlich auch für Akteure in der Politik, in NGOs, in Veranstaltungsagenturen. Mir geht es total auf die Nerven, wenn bei jeder politischen Nachricht von jeder Seite immer nur das Erwartbare kommt. Wenn ein Lieferkettengesetz beschlossen wird, das einen echten Gamechanger in Sachen unternehmerischer Verantwortung darstellt, aber tatsächlich nur ein erster Schritt ist, erfolgt sofort das todlangweilige Lamento der Wirtschaftsverbände, dass nun die deutschen Unternehmen im Wettbewerb benachteiligt sind. Usw. Und die NGOs beklagen, dass das neue Gesetz keineswegs weitreichend genug sei und keine vollständige Realisierung der Menschenrechte. Usw. Dasselbe passiert, wenn von einem Mitglied einer politischen Partei ein wichtiger Vorschlag, sogar eine Idee kommt: Sofort muss sie als unzureichend, falsch, irreführend usw. »mit Entschiedenheit« zurückgewiesen werden, als sei »Entschiedenheit« an sich schon eine Qualität. Desgleichen, wenn Politiker Dinge öffentlich vertreten müssen, von denen sie wissen, dass sie vollendeter Schwachsinn sind, aber lächelnd vortragen, das sei jetzt ein lange und sorgfältig erwogenes Ergebnis einer sehr engagierten Auseinandersetzung. »Mit fester Überzeugung«, heißt es dann, als seien Überzeugungen steigerungsfähig. So durfte man den Kanzleramtsminister (und Arzt) Helge Braun besichtigen, als er Ende Februar 2021 offenkundig geisterhafte Coronabeschlüsse verteidigen musste. Er hätte ja auch sagen können, dass er die seinerzeitigen Lockerungen medizinisch nicht gutheißen könne und daher vom Ministeramt zurücktrete, schließlich kosteten die falschen Beschlüsse Menschenleben. Stattdessen machte er sich zum »fest überzeugten« Affen. Ich finde das unernst und möchte für mich in Anspruch nehmen, Dinge so ernst zu nehmen, wie sie es tatsächlich sind.

Heißt zum Beispiel: Wenn die Demokratie angegriffen wird und man sich selbst für einen Demokraten hält, muss man das ernst nehmen und die Demokratie mit seinen Mitteln verteidigen. Heißt auch: Wenn man die europäische Flüchtlingspolitik für eine bigotte Schweinerei hält, die den zu Tode gepredigten »europäischen Werten« genauso Hohn spricht wie dem vorgeblichen Lernen aus der deutschen Geschichte, dann muss man sich für eine andere Flüchtlingspolitik engagieren. Und so weiter. Geht nicht anders. Die Lücke zwischen der Leichtigkeit des einfachen So-Seins und der Anstrengung des Ernstnehmens darf nicht zu groß werden, sonst glaubt man sich irgendwann – und das geht ziemlich schnell – selbst nicht mehr. »Lebe so, wie du denkst, sonst denkst du irgendwann so, wie du lebst«, lautet das Lebensmotto des ehemaligen Präsidenten von Uruguay, José Mujica, genannt El Pepe. Der war in jungen Jahren Mitglied der Tupamaros, einer Guerillagruppe, und verbrachte 14 Jahre seines Lebens im Gefängnis. Später, als gewählter Präsident Uruguays, lebte er weiterhin auf einem kleinen Bauernhof, fuhr einen alten VW-Käfer und behielt von seinen Präsidentenbezügen lediglich 10 Prozent, weil ihm das zum Leben reiche. Sein politisches Credo formulierte er in einem Interview mit dem österreichischen Standard so: »Wir wollten, dass Menschen mehr zu essen, ein Dach über dem Kopf, bessere Gesundheit und Bildung haben. Nichts ist schöner als das Leben, und gleich danach

kommt die Gesellschaft. Der Mensch braucht die Gemeinschaft. Er ist, anthropologisch gesehen, Sozialist.«

El Pepe nimmt die Dinge, auf die es ankommt, politisch
ernst. Und das ohne jede persönliche Verspannung.

8. *Ich möchte, dass in meinem Nachruf steht:*
   Er war bereit, die Dinge ernst zu nehmen, ohne sich
   dabei zu verspannen.

Übrigens muss man auch das Skatspielen ernst nehmen.
Den Abschnitt kann ich ganz kurz halten, meine Skat-
freunde Skater A und Skater S haben alles Wesentliche
dazu in einem großartigen Text niedergelegt.[87] Skat ist ein
wahnsinnig interessantes Kartenspiel, bei dem man auch
mit einem schlechten Blatt gewinnen kann. Und bei dem
es superinteressant ist, nach einem Spiel ewig lange darüber zu diskutieren, was geschehen wäre, wenn man statt
der Kreuz-Dame die Kreuz-Sieben genommen hätte. Dieses
Spiel funktioniert nur dann, wenn alle Beteiligten es für
den Zeitraum des Spiels (der sehr lang und alkoholisiert
sein kann) völlig ernst nehmen. »Ist ja nur ein Spiel«, kann
nur eine Person sagen, die nichts, aber auch gar nichts verstanden hat.

9. *Ich möchte, dass in meinem Nachruf steht:*
   Er war beim Skat nie so gut, wie er selbst glaubte,
   aber er war bei Gott ein Skatspieler.

Now for something totally different again: In Deutschland suchen sie ein Endlager für Atommüll. Das suchen sie
schon ziemlich lange und haben damit eine ganze Region,
nämlich das Wendland, wo ursprünglich mal das Endlager

Gorleben eingerichtet werden sollte, zu einer Art gallischem Dorf nachhaltiger und widerständiger Lebensformen gemacht. Lustigerweise ist Gorleben beim nächsten Screening einer geeigneten Endlagerstätte für strahlenden Müll schon in der Vorrunde ausgeschieden, man sucht nun anderswo einen geologisch geeigneten Ort, der für eine Million Jahre sicher ist. Wo also in den nächsten 1 000 000 Jahren mit den Erd- und Gesteinsschichten nichts passiert, wo in keinem der eine Millionen Jahre Wasser eindringt, niemand auf die Idee kommt, das verbuddelte Zeug auszubuddeln und damit eine Erpressung der Galaxie zu starten oder so – also noch mal: Eine Million Jahre soll da mal nix passieren, das wäre besser.

Mit nichts anderem könnte man die Hybris unserer Gegenwart besser beschreiben. Welches Selbstverständnis hat eine Kultur, die den nächsten 40 000 Generationen von Menschen ihren Abfall vor die Füße wirft? Na ja, Abfall ist ein Euphemismus, handelt es sich doch bei Atommüll um Zeug, das so brandgefährlich ist, dass es bei falscher Behandlung schon bei Generation 12 323 das Ende der Menschheitsgeschichte einläutet. Oder bei 564 oder 4. Oder 34 587.

Da es für alles eine passende Begleitwissenschaft nebst zuständigen Wissenschaftlerinnen und Wissenschaftlern gibt, befasst sich seit langem die »Atomsemiotik« mit der Frage, wie man den Angehörigen der Generation 12 323 klarmachen kann, dass sie da nicht buddeln soll, wo die deutsche Endlagerkommission 12 322 Generationen vorher beschlossen hat, ihre Hinterlassenschaft unter den Teppich zu kehren. Denn schlau wie die Menschen aus der Wissenschaft sind, haben sie ja erkannt, dass gar nicht völlig sicher ist, dass man in 300 000 Jahren noch bei Amazon bestellt, Influencern folgt und Urlaub auf Mallorca macht.

Mehr noch: Es ist tatsächlich gar nicht sicher, dass die Leute dann noch so miteinander kommunizieren, wie wir das heute tun! Also hat man eine Superaufgabe, Schrifttafeln aus Kryptonit zu entwickeln, die nicht verrotten, und die noch interessantere, auf diese Tafeln etwas zu schreiben, was die Menschen der Zukunft entziffern und verstehen können. Jetzt kann man sich entscheiden, das so lustig zu finden wie eine Szene aus »Per Anhalter durch die Galaxis« oder so steindumm, dass man doch wieder zu dem Schluss kommen muss, dass die Menschen evolutionär stetig unintelligenter werden, und zwar seit der neolithischen Revolution.

Die ist, gemessen an den Zeithorizonten der Endlagerfrage, gerade gestern gewesen, nämlich so vor 13- oder 14 000 Jahren. Damals machten die Menschen den verhängnisvollen Fehler, nicht mehr sammelnd und jagend umherzuziehen, sondern sesshaft zu werden, Pflanzen zu kultivieren, Felder und Speicher anzulegen, Tiere zu züchten, Vorräte zu halten und alles das in die Welt zu bringen, was dann bei Clemens Tönnies als Zwischenhöhepunkt der weiteren Rückentwicklung enden musste.

Wir erinnern uns an dieser Stelle: Der Homo sapiens trat vor etwa 200 000 Jahren auf den Plan und brauchte dann noch eine ganze Weile, bis er die ersten Höhlenwände bemalte, so 130 000 oder 140 000 Jahre etwa. Ob die Kolleginnen und Kollegen sapiens vor 60 000 Jahren redeten, und wenn ja, wie, wissen wir nicht. Wir haben trotz aller Erfolge der Paläoarchäologie streng genommen nicht mal eine Ahnung davon, denn diese unsere Vorfahrinnen und Vorfahren haben ja leider keine Kryptonittafeln hinterlassen, auf denen für uns verständlich zu lesen steht, wie sie so drauf waren und was sie womöglich Gefährliches verbuddelt haben. Wir reden hier über eine Zeit vor 2000 Generationen, nicht vor 40 000. Vor 40 000 Generationen gab es nicht mal den Homo erectus, da waren die Tiere zu ihrem Glück noch unter sich.

Abb. 24: Warnschild für das Jahr 243 077:
Gendern oder nicht?

Kurz: Die Sache mit der Atomsemiotik, genauer gesagt mit dem Atom und der Semiotik, macht klar, dass beste Wissenschaft und größte Dummheit sich keineswegs ausschließen. Wie man eine Technologie entwickeln und einen dazugehörigen metaevolutionären Leitfaden für die Nachwelt entwickeln kann, die man sich wahrscheinlich genauso vorstellt wie jetzt, nur später – das ist an lebensunkluger Hybris tatsächlich nicht zu überbieten. Wollen wir einfach sagen, dass uns das als Menschheit echt peinlich sein müsste, und zwar vor den Neandertalern genauso wie vor den Posthumantalern in x Jahren. Wollen wir im Nachruf auf uns selbst als die dümmste Kohorte der Menschheitsgeschichte dastehen?

245

Nein, wollen wir nicht. Die Lehre aus Fehlentwicklungen wie der mit der Atomenergie muss sein, dass man bei allen Entscheidungen die Folgewirkungen auf nachfolgende Generationen berücksichtigt und niemals zukünftige Entwicklungspotenziale und Handlungsräume beeinträchtigen oder gar blockieren darf. Schon gar nicht für eine Million Jahre. Das ist ein zivilisatorisches Minimum, das die Moderne erlernen muss.

Diese schlichte Erkenntnis lässt sich auf die Klimapolitik übertragen. Und nichts anderes ist es ja, was Greta Thunberg, Luisa Neubauer und all die anderen einfordern: Generationengerechtigkeit. Hier nicht im Modus absurdus für 40 000 Generationen – es würde ja schon ausreichen, wenn man der heutigen Generation der um 2000 herum Geborenen ihre Zukunftschancen nicht vermauert, indem man keinen oder unzureichenden Klimaschutz betreibt. Denn die fortlaufende Ignoranz gegenüber der Erderhitzung ist kein Phänomen, das sich naturwissenschaftlich beschreiben lässt – es ist ein moralisches und politisches Problem.

Norbert Elias hat in seinen »Studien über die Deutschen« geschrieben, dass die »Verengung und Erweiterung der Lebens- und Sinnchancen im Allgemeinen und der Laufbahnchancen im Besonderen für die jeweils jüngeren Generationen einer Gesellschaft« die Machtbalance zwischen den Generation unmittelbar beträfe und dass solche »Vorgänge den Kern der gesellschaftlichen Generationenkonflikte bilden«.[88] Generationenkonflikte sind für Elias wiederum die stärksten Treiber sozialer Dynamiken, was man nicht romantisieren sollte: Der Nationalsozialismus war ebenso ein Generationenprojekt wie die russische Revolution oder die arabische Rebellion; Elias machte seine Beobachtungen am Beispiel der RAF. Jedenfalls ist jede Blockierung der Zukunftschancen der nachrückenden Generation zutiefst ungerecht, besonders dann, wenn die Vorgängergeneration zu den größten Profiteuren genau jener Entwicklung zählt, durch die die Zukunft der Nachrückenden eingeschränkt wird. Das ist an der ungeheuren Erhöhung des materiellen Wohlstands durch eine Wachstumswirtschaft, die sich für die ökologischen Folgekosten ihres Erfolgs nicht interessiert, sehr anschaulich zu beschreiben. Hier schwimmt meine, die Boomer-Generation, gleichsam als Fettauge auf einer Suppe, die die Jüngeren auszulöffeln haben. Daraus kann gar nichts anderes folgen als die Einforderung von intergenerationeller Solidarität: Die Zukunft muss eine offene bleiben, und das geht nur, wenn die Älteren beginnen, sich gegenüber den Jüngeren zu deprivilegieren. Richard David Precht macht dazu den hübschen Vorschlag eines sozialen Pflichtjahres für Rentner und man könnte ja auch mal anregen, das Wahlalter nach oben zu begrenzen. Aber weiter gedacht müsste solche Solidarität steuerliche Benachteiligungen für umwelt- und klimaschädliches Verhalten genauso enthalten wie rechtliche Rahmensetzungen für nachhaltiges Wirtschaften. Auch wenn das viel kostet, kommt man aus Gerechtigkeitsgründen nicht daran vorbei. Aber es setzt vielleicht auch eine Menge Phantasie frei, wenn man darüber nachdenkt, wie sich Praktiken des Wirtschaftens, Bauens, Ernährens, Wohnens so verändern lassen, dass die Preise dafür nicht mehr von kommenden Generationen bezahlt werden müssen.

Ich hatte übrigens ursprünglich vor, diesem Abschnitt »Nachruf auf mich selbst« einen »Nachruf auf uns selbst« folgen zu lassen. Aber ich habe mich dagegen entschieden, weil ich in meinem letzten Buch »Alles könnte anders sein« ein Mosaik aus konkreten Utopien entworfen habe, die dafür geeignet sein können, unsere Lebensstile, Wirtschaftsformen und zivilisatorischen Regularien so einzurichten, dass unsere Lebensform wieder enkeltauglich wird. Und auf unserer Plattform FUTURZWEI haben wir Hunderte von Beispielen, die zeigen, wie man über das Bestehende hinaus nicht nur denken, sondern praktisch wirken kann – als Unternehmerin, Start-up, Genossenschaft, Bürgerinitiative und als vieles andere mehr.[89] Dies hier in kompakterer Form zu wiederholen, wäre langweilig. Aber auf eines laufen alle konkreten Utopien ja hinaus: Enkeltauglich kann unsere Praxis nur dann sein, wenn wir keine Entscheidungen treffen, die die Entfaltungschancen der nachfolgenden Generationen irreversibel einschränken.

10. *Ich möchte, dass in meinem Nachruf steht:*
    Er hat keine Entscheidungen getroffen oder
    mitgetragen, die zukünftige Menschen in ihrer
    Entfaltung beeinträchtigen.

Intergenerationelle Ungerechtigkeit ist nicht immer das Ergebnis von Absicht, sondern nicht selten auch von Dummheit. Ich habe lebenslänglich versucht, Dummheit zu bekämpfen, ein vielleicht vergebliches Unterfangen. Die Historikerin Lea Haller, die einen glänzenden Essay über die Geschichte der Dummheit geschrieben hat,[90] hält die Dummheit für eine historische Konstante, sie habe im Lauf der Zeit weder zu- noch abgenommen.

Dummheit hat auch nicht das Geringste mit geringer formaler Bildung zu tun, genauso wenig mit mangelnder Intelligenz. Es gibt intelligente Professoren oder CEOs, die dumm wie Schiffsplanken sind. Weil sie nicht in Zusammenhängen denken und keine neuen Synthesen aus einzelnen Gedankengängen bilden können.

In Robert Musils Roman »Der Mann ohne Eigenschaften« gibt es die Figur des Professor Hagauer, eines Pädagogen, der sich durch Tüchtigkeit und Bravheit auszeichnet und mit einer »Liebhaberei für großgemusterte Krawatten« wohl anzeigen möchte, dass er kein ganz gewöhnlicher, sondern ein zukunftswilliger Mann sei. »Man kann solche Menschen schon ursprünglich in ihrer Schülerzeit kennzeichnen. (...) Sie legen sich jede Aufgabe vorerst zurecht, wie man sich abends die Kleidung des nächsten Tags bis auf die Knöpfe zurechtlegen muss, wenn man morgens rasch und ohne Fehlgriff fertig werden will; es gibt keinen Gedankengang, den sie nicht mittels fünf bis zehn solcher vorbereiteten Knöpfe fest in ihr Verständnis heften könnten, und man muß einräumen, daß dieses sich danach sehen lassen kann und der Untersuchung standhält. Sie werden dadurch Vorzugsschüler, ohne ihren Kameraden moralisch unangenehm zu sein«,[91] und machen mit ihren fünf oder zehn Knöpfen im Verstand ihren Weg.

Man kann damit beruflich sehr weit kommen, Postchef werden oder Kultusministerin, aber in diesen Funktionen jede Menge dummes Zeug erzählen oder gar anrichten. Dummheit ist quantitativ eine Konstante, etwa 20 Prozent der Menschen sind in diesem Sinn dumm. Das kann, wenn man mit seiner Dummheit keinen Schaden anrichten kann, sogar ganz sympathisch sein, aber wenn man qua Funktion das Potenzial hat, Schaden anzurichten, kann Dummheit sehr weitreichende Folgen haben. Dummheit erhöht die Wahrscheinlichkeit des Mitlaufens, des Nicht-selbst-Denkens, der Verführbarkeit für Gegenmenschlichkeit und Zivilisationsbrüche. Und Gruppen- oder gar Massensituationen sind schlecht für Differenzierung und Urteilskraft, aber gut für Dummheit in allgemeiner Übereinstimmung – Sigmund Freud spricht von einer »kollektiven Intelligenzhemmung«, die in der Masse entsteht.

Und Dummheit paart sich auch gern mit der Verachtung für alle, die anders sind, als sie in die Matrix der fünf oder zehn Knöpfe hineinpassen. Nein, es ist auch keine Frage des Geschlechts oder von »links« oder »rechts« – in allen

Geschlechtern oder Nichtgeschlechtern kommt sie vor, die Dummheit, und in allen politischen Schattierungen. Mir erklärte mal eine gestandene Chefredakteurin einer politischen Wochenzeitung in einer *Me too*-Diskussion auf meine Anmerkung, dass die Digitalwirtschaft zu fast 90 Prozent von Männern besetzt sei und dass dies doch ein drängendes Problem für die Genderpolitik darstelle: »Es mag ja sein, dass mehr Männer diese Technologie entwickeln als Frauen, aber Frauen wenden sie genauso an wie Männer.« Meinen erschütterten Satz »Das merken Sie jetzt aber selber ... « hat sie nicht verstanden.

Dieses Beispiel ist willkürlich aus Millionen herausgegriffen und eher harmlos, aber Dummheit kann sehr gefährlich werden, wenn sie mit Macht gepaart ist. Dann kann in mörderischen Gesellschaften so etwas wie Adolf Eichmann dabei herauskommen, unter milderen Bedingungen des demokratischen Rechtsstaats so etwas wie Andreas Scheuer. Aber umgekehrt hat auch Klugheit nichts mit formaler Bildung, gesellschaftlicher Schicht, Geschlecht oder Herkunft zu tun. Georg Elser, der völlig autonom ein Attentat auf Hitler durchführte, hatte nicht studiert, und Stanislaw Petrov, der die Menschheit am 26. September 1983 vor dem Verdampfen im Atomkrieg bewahrte, war Oberstleutnant, nicht General oder Oberbefehlshaber der Armee. Beide waren urteilsfähiger als die allermeisten. Die Herausbildung von Autonomie und Urteilsfähigkeit muss man fördern und unterstützen, damit die Dummheit nicht so leicht gewinnen kann und es mehr von denjenigen gibt, die den Unterschied machen.

Sisyphos hin oder her, es gibt eine moralische Verantwortung, gegen Dummheit Position zu beziehen, wo immer sie in Erscheinung tritt. Das ist mühsam, tut manchmal weh und steht immer unter der dunklen Wolke der Vergeblichkeit. Dennoch.

11. *Ich möchte, dass in meinem Nachruf steht:*
Er hat immer versucht, die Dummheit zu bekämpfen.

In den Formenkreis der Dummheit gehört das Nachsprechen dummer Worte oder Sätze. Ich staune immer wieder darüber, wie sich strunzdumme Formulierungen in stehende Begrifflichkeiten verwandeln, die plötzlich in aller Munde sind. »Geld in die Hand nehmen«, »auf Augenhöhe sprechen«, »die Menschen mitnehmen«, »am Ende des Tages«, »das haben wir schon angedacht« und vieles mehr, was der Philosoph Harry Frankfurt zutreffend als »Bullshit« bezeichnet. Ich frage mich dann immer, warum zum Beispiel niemand merkt, wie unfassbar borniert das Sprechen »auf Augenhöhe« ist, denn die Höhe wird ja von demjenigen definiert, der das sagt. Genauso wie die »Menschen mitnehmen«-Fraktion nie fragt, ob die Menschen denn eigentlich mitgenommen werden möchten und warum um Himmels willen sie das wollen sollten. Superdumm ist auch das Gerede vom »Weltretten«, von »Helden« oder vom »Mut«, den man bräuchte, um ausnahmsweise mal etwas Vernünftiges zu machen.

Ganz grundsätzlich dazu: Die Rettung der Welt ist nichts, was in die Macht einzelner Menschen gestellt ist. Punkt. Held ist man nicht, wenn man Bus fährt. Nicht mal Klimaheld. Punkt. Und Mut braucht man in einem demokratischen Rechtsstaat für nichts. Punkt. Mut, um mal dabei zu bleiben, braucht man, wenn man in Belarus oder Myanmar auf die Straße geht, um für Freiheit und Demokratie einzutreten und dafür Gefängnis, Folter und Tod riskiert. Nicht, wenn man in der Bundesrepublik auf eine Demo geht oder einer NGO beitritt. Das ist eine folkloristische Überhöhung demokratischer Rechte und Pflichten. Otl Aicher, Freund von Hans und Sophie Scholl, hat in seinem autobiographischen Bericht »Innenseiten des Krieges« darauf hingewiesen, wer und was unter Bedingungen totalitärer Herrschaft mutig ist und wofür niemandem Denkmäler errichtet werden, zum Beispiel einem »kleinen Lehrer einer Dorfschule«: »Nur wer in einer finsteren Zeit gelebt hat, weiß, was es bedeutet, vielleicht nur für einen persönlich bedeutet, wenn ein Biologielehrer vor der Klasse steht und Einführungen in Grundlagen der Naturwissenschaft gibt und dann Folgendes sagt: ›Die biologische Substanz ist als Materie wertlos. Wenn ich in der einen Hand einen Nationalsozialisten hätte, in der anderen einen Haufen Dreck, so wäre das – rein biologisch gesehen – dasselbe.‹«[92]

Mutig ist der UN-Botschafter von Myanmar, der nach dem Militärputsch in seinem Land eine Rede vor der UN hält, in der er die Verbrechen des Militärs anklagt und das Drei-Finger-Zeichen des Widerstands des Volkes von Myanmar macht. Und eine Stunde später seinen Job los und sich künftig seines Lebens nicht mehr sicher ist. Mutig sind Edward Snowden, Swetlana Tichanowskaja oder Howey Ou, nicht irgendwelche Sprachpolizistinnen und Irgendwen-Watcher in westlichen Universitäten, nur zum Beispiel.

Solange man das Privileg hat, in einer freien Gesellschaft zu leben, darf man eigenen Mut höchstens dafür in Anspruch nehmen, wenn man im Schwimmbad vom Zehner springt, aber nicht dafür, dass man sagt, was man denkt. Auch nicht dafür, dass man lebt, wie man denkt. Das ist nichts Besonderes. Bildet euch nichts darauf ein, ist ganz normal, kostet auch nichts.

12. *Ich möchte, dass in meinem Nachruf steht:*
    Er fand gar nichts dabei, zu sagen, was er dachte.

Und schließlich knüpft an den Weltretten-Bullshit noch ein anderes Thema an, das mir für meinen Nachruf wichtig wäre: All die Reklame, die die Digitalwirtschaft, vor allem in ihrer Silicon-Valley-Variante, über sich selber macht, läuft auf die unermüdliche Behauptung hinaus, »die Welt zu einem besseren Ort« zu machen (mit allen möglichen Kategorien unterhalb der »Welt«, die man auf jeden Fall »besser« machen könne). In diesem Verbesserungsimpetus geht natürlich die Frage unter, ob die Dinge, die ausschließlich unter dem Gesichtspunkt der Optimierung betrachtet werden, überhaupt solche sind, die in der Welt bleiben sollten, unabhängig davon, ob man sie mit Hilfe der Digitalisierung besser oder schlechter machen könnte. Eine befreundete Designerin, Julia Lohmann, stellt dazu die gute Frage: »Wollen Sie dieses Ding in ihr Leben lassen?« In der Gegenwart scheint diese Frage mit einer Art automatischen Antwort ausgestattet zu sein, die immer sagt: »Ja klar, weil es das gibt, will ich das auch haben.« Nur so ist ja erklärlich, dass Menschen Spülmaschinen mit WLAN und Kühlschränke mit Bildschirm kaufen, die ihr Inneres zeigen.

Unter den Begriff Fortschritt fällt derlei »Verbesserung« sicher nicht. Vom Gesichtspunkt der vernünftigen Einrichtung einer Gesellschaft aus stellt sich ja viel eher die Frage, wie man ein gutes Leben für alle Mitglieder der Gesellschaft sicherstellen kann – also etwa gleiche Bildungs- und Entfaltungschancen, Gesundheits- und Vorsorgeleistungen, soziale Absicherungen, Teilhabemöglichkeiten usw. gewährleisten kann. Gerade für eine solche Gewährleistung kann es viel sinnvoller sein, Dinge abzuschaffen, als sie zu verbessern. In einer Gesellschaft, die beispielsweise gleichen Zugang zu Mobilität bieten möchte, nützt es nichts, ein Verkehrsmittel, das nur individuell genutzt wird und nicht für alle erschwinglich ist, zu verbessern – das kommt einem Mobilitätssystem für alle nämlich keineswegs zugute. Ganz im Gegenteil steht einer öffentlichen Verkehrsinfrastruktur, die digital so orchestriert ist, dass sie eine gute und am besten kostenlose Versorgung für alle garantiert, der private Individualverkehr heute buchstäblich im Weg. Heißt: Das Auto muss nicht verbessert werden, es muss weg. Dasselbe gilt für unendlich viele Gegebenheiten: Ein Kreuzfahrtschiff ist nicht optimierbar, weil es falsch ist. Dasselbe gilt für Einmalgrills, Alexa, Gesichtserkennung und unendlich viel anderes mehr: Muss weg.

Denn viele Dinge sind ja nur deshalb in die Welt gekommen, weil jemand Vermarktungs- oder Kontrollchancen gesehen und realisiert hat. Oder milder formuliert: Weil sie, wie im Fall des Autos, soziokulturell in eine andere Zeit gepasst haben. Aber wenn sie nicht mehr passen, die Dinge, dann kann man sie nicht verbessern. Sie brauchen nicht Innovation, sondern Exnovation. Wie wäre denn mal ein Start-up mit dem Geschäftsmodell, Mist aus der Welt zu schaffen?

Die Suche nach dem Guten, auch nach den guten Dingen, braucht immer eine unabhängige Variable: gut wofür? Einen Gebrauch, eine Atmosphäre, einen sozialen Zweck, eine Komforterhöhung, ein Erfreuen? Wenn diese unabhängige Variable nicht definiert wird, gibt es plötzlich Autos, die so unverständlich groß, schwer und hässlich sind, dass sich Technikhistorikerinnen in hundert Jahren nie werden erklären können, wieso es so etwas gab – ausgerechnet in Zeiten von heftigem Umwelt- und Ressourcenstress. Es gibt sie deswegen, weil die Frage nach dem »gut wofür« nicht gestellt wurde, sondern nur das »besser« übrig geblieben ist. Und das »besser« richtet auf diese Weise großes Unheil an.

Aus meiner Sicht ist das »gut wofür« aber keineswegs nur eine funktionale Kategorie; sie kann durchaus auch jede Menge Nichtfunktionales betreffen – das Spielen eines Musikstücks, Theater, alles das, was unter kulturelle Erzeugnisse fällt. Und ebenso gut auch einen Garten, ein Essen, einen Wein, Sex, Geschichten und andere Angelegenheiten, die jenseits des Funktionalen einen Mehrwert des »Guten« haben müssen, damit sie gut sind. Dazu kommt unweigerlich die gleichermaßen schwierige, aber unabdingbare Kategorie des Schönen, um die man sich dringend wieder kümmern muss. Es ist doch nicht schön, von Alexa Tipps zu bekommen, wo irgendetwas billig zu haben ist, und es ist auch nicht schön, dass Kinder nicht auf der Straße spielen können, auch wenn da nur noch E-Autos fahren und den Bewegungsraum energiesparend, aber gleichermaßen totalitär beschränken. Schön sind auch nicht aus Geld gebaute Häuser oder aus Phantasiemangel wieder aufgebaute Stadtschlösser (auch so etwas, was künftige Historiker sich nicht werden erklären können).

Schön sind möglicherweise Umgebungen, in denen man nicht von Dingen, Algorithmen, Geräuschen und Emissionen behelligt wird, die man nicht gewünscht hat, und schön sind möglicherweise Quartiere, in denen Menschen sich so wohl fühlen, dass sie gut miteinander und den Dingen umgehen. Mit anderen Worten: Schönheit ist keine technische, sondern eine soziale Aufgabe. Wir müssen uns bei unserer Arbeit wieder trauen, solche Begriffe zu verwenden, uns an Gültiges heranzutrauen, an Unverfügbares, um mit Hartmut Rosa zu sprechen. Das bedeutet nicht, dass Ergebnisse konsensfähig, standardisierbar, allgemeingültig sein müssen. Im Gegenteil: Nur etwas, worüber man streiten kann, kann gut sein. Über Mist kann man nicht streiten. Oder wie Gerhard Richter mal gesagt hat: »Unverständlichkeit zu schaffen, schließt gänzlich aus, irgendeinen Quatsch zu machen, denn irgendein Quatsch ist immer verständlich.«

13. *Ich möchte, dass in meinem Nachruf steht:*
Er war stets von Schönheit verführbar.

Was übrigens in Eugen Gomringers Gedicht »Avenidas« ausgedrückt ist, das eine Fünf-bis-zehn-Knöpfe-Studentenschaft im Bündnis mit einer gleich dummen Hochschulleitung inkriminieren und übermalen lassen hat (so kurz ist übrigens der Weg zum Faschismus, aber das ist eine andere Geschichte).

Deshalb jetzt noch mal eine Geschichte über die Schönheit. Etwas, was mich im vergangenen Jahr sehr berührt hat, war: die Tanzlinde. Die Tanzlinde? Ja, die Tanzlinde. Vor einiger Zeit war ich zu einem Vortrag vom »IT-Cluster-Oberfranken« eingeladen, und der freundliche Hans Ulrich Gruber, der die Veranstaltung organisiert hatte, zeigte mir auf dem Weg zum Bahnhof in Bamberg die Tanzlinde in dem kleinen Ort Peesten.

Aus irgendeinem Grund ahnte Herr Gruber, dass mich diese Tanzlinde faszinieren würde. Und das tat sie. Normalerweise gibt es Bäume, unter denen man tanzt. Im Fall von Tanzlinden tanzt man in dem Baum. Sie werden dafür gepflanzt, dass man ab einer geeigneten Größe einen Tanzboden in den Ästen bauen und dort Dorffeste feiern kann. Die wenigen Tanzlinden, die heute noch existieren, sind sehr alt. Die in Peesten, vor der ich staunend stand, ist ursprünglich zwischen 1550 und 1600 gepflanzt worden, ein Bericht aus der Mitte des 19. Jahrhunderts beschreibt sie so:

»Auf den weithin ausgebreiteten Ästen befindet sich ein 87 m² großer Baumsaal, zu dem man auf einer 22 Stufen zählenden steinernen Wendeltreppe mit eisernem Geländer hinaufsteigt. Der Boden dieses Lindensaales ist mit Dielen von Eichenholz belegt, und die Umfassungswände

Abb. 25: Ein Baum ist kein Hintergrund: Tanzlinde Peesten

sind ebenfalls aus grün gestrichenem Eichenholz, an welchem sich die Äste des Baumes hinziehen und eine dichte Laubwand bilden. In den Baumsaal führt eine breite Tür. Aus 11 Fensteröffnungen, von denen jede 90 cm breit und 120 cm hoch ist, genießt man eine freie Aussicht in die sehr anmutige Umgebung und das Maintal.«[93]

Natürlich muss eine solche Tanzlinde erhalten und gegebenenfalls auch neu angepflanzt werden, aber man könnte sagen: Hier haben wir etwas, das seit fünf bis sechs Jahrhunderten nur dafür existiert, den Bewohnerinnen und Bewohnern die Ausrichtung schöner Feste zu ermöglichen, indem sie im Baum tanzen. Das scheint mir ein sehr schönes Bild dafür, wie man als Gesellschaft einen friedlichen Umgang mit Natur entwickeln kann und dass dieser friedliche Umgang sehr viel mit Freude und Schönheit zu tun hat. Das ist das Entscheidende: Wir müssen Formen des Umgangs mit unseren naturalen Existenzvoraussetzungen entwickeln, die nicht zerstörerisch sind, sondern einen jeweiligen Nutzen nicht im Modus des Krieges, sondern friedlich erzeugen – so, dass nichts zerstört zurückbleibt. Ich habe oben Eva von Redecker zitiert: »Vielleicht beginnt der Fehler schon damit, die Natur für den Hintergrund zu halten.« Die Tanzlinde ist kein Hintergrund, man nutzt sie, indem man in ihr ist.

Wenn man das weiterdenkt, kommt man vielleicht auf eine Spur, die aus der fatalen instrumentellen Vernunft der Moderne herausführt, die die Welt ausschließlich unter Gesichtspunkten des Zweckes für etwas anderes betrachtet. Nehmen wir an, wir würden in Städten viel mehr Bäume pflanzen, um die CO_2-Absorption zu verbessern. Ein Baum – ein Zweck: Reduktion von CO2. Okay, kann man machen.

Nehmen wir aber an, der Grund für das Pflanzen von Bäumen in der Stadt wäre ein ästhetischer, der dem Baum einen Eigenwert, ein »an sich« zubilligt, dann würden sich ganz andere soziale Folgen ergeben. So wie man in der Tanzlinde tanzen kann, könnte man unter dem städtischen Baum picknicken, lesen, meinetwegen auch Herzen mit Initialen in ihn einritzen, falls man gerade verliebt ist. In diesem Fall wären die Bäume nicht Hintergrund »für etwas«, sondern Teil des Daseins selbst. Ihre Fähigkeit, Treibhausgase zu absorbieren, wäre ein willkommener Kollateralnutzen, im Vordergrund stünde aber ein anderes Naturverhältnis. Und genau darauf kommt es an: auf eine lebensweltliche Transformation, die gutes Leben nicht in Absehung von den Naturverhältnissen, sondern mit einem anderen Naturverhältnis realisiert. Nicht smarte Orte, sondern gute Orte. Und das ist, dafür steht die Tanzlinde, kein wissenschaftliches Projekt und keines, das sich reaktiv aus Problembewältigung bestimmt. Es ist eins, das proaktiv bessere Lebenspraktiken entwirft und umsetzt. Eine Tanzlinde ist auch dann gut, wenn es keinen Klimawandel gibt. Wir müssen Ideen und Visionen verfolgen und umsetzen, die auch dann gut wären, wenn es weder Artensterben noch Ozeanvermüllung noch Regenwaldrodung gäbe. Anders gesagt: Eigentlich macht man es sich viel zu bequem, wenn man sich nur dann bewegt, wenn der äußere Problemdruck es unvermeidlich macht. Es gibt auch ohne Druck Grund, die Dinge besser zu machen, als sie sind.

In diesem Sinn könnte es sein, dass die Tanzlinde eine richtige Antwort auf eine falsche Frage ist. Denn die gegenwärtige Art und Weise, auf die Herausforderungen zu antworten, die die Zerstörung der natürlichen Voraussetzungen unseres Daseins stellen, geht von falschen Fragen aus: Sie zielt auf Optimierung, nicht auf Verlassen des falschen Pfades, auf Weitermachen, nicht auf Aufhören, auf Hinzufügen, nicht auf Wegtun. Das alles sind routinierte Reaktionen auf falsch gestellte Fragen, wie etwa diese: Wie machen wir Autos »klimaneutral«? Antwort: E-Antrieb. Welche Technologie erlaubt weitere Steigerungen des Energieverbrauchs »klimaneutral«? Antwort: Erneuerbare. Wie »decarbonisieren« wir die globale Wirtschaft und ihr Wachstum? Antwort: Magie. Die richtigen Fragen sind: Wie bewegen wir uns fort? Wie viel Energie brauchen wir für welchen Lebensstil? Welche Wirtschaft dient uns bei dem Projekt, gutes Leben für alle zu gewährleisten?

Meine Fragen zielen auf unser Kulturmodell: Wie wollen wir leben? Wie bauen wir unser zivilisatorisches Projekt weiter? Wie garantieren wir Freiheit? Wenn man solche Fragen stellt, rückt die Technik an die Stelle, an die sie gehört: Sie dient zur und hilft bei der Realisierung einer Antwort, aber sie kann nie selbst die Antwort sein. Das ist nicht technikfeindlich, nur menschenfreundlich.

14. *Ich möchte, dass in meinem Nachruf steht:*
Er hielt die richtigen Fragen für wichtiger als die
falschen Antworten.

Und nun zum Allerschwierigsten. Nur wer vor dem Leben Angst hat, hat Angst vor dem Tod. Diesen Satz, neulich zufällig in einem Film gehört und gleich notiert, wollte ich an das Ende dieses Buches stellen. Dann habe ich mich gefragt, ob ich diesen Satz eigentlich unterschreiben könnte, und musste mir leider eingestehen: Nein, ich hab ja Angst vor dem Tod, noch immer. Hab ich deshalb Angst vor dem Leben? Das Schreiben dieses Buches hat mir sehr geholfen, weniger Angst vor dem Tod zu haben. Voraussetzung dafür war überhaupt die Anerkennung der Tatsache, dass ich irgendwann, über kurz oder lang, morgen oder in 30 Jahren oder irgendwann dazwischen, sterben werde. Aber in den Gesprächen über das Aufhören war ja wiederholt davon die Rede, dass man Aufhören nicht einfach kann, sondern üben und lernen muss. Also muss man auch gelassen üben und lernen, keine Angst vor dem Tod zu haben. Und es war die Rede davon, dass Zeit eigentlich keine Kategorie für die Bemessung des Lebens ist: Unter Gesichtspunkten des Sinns des Lebens ist es egal, wie lange es dauert. Man muss sich von dem Gedanken emanzipieren, dass ein Leben »zu kurz« sei und jemand »zu früh« gehe. Der Sinn eines Lebens, das sich – in den Worten Johannes Heimraths – gewagt hat, hängt nicht von seiner Dauer ab. Wir denken das nur ersatzweise, wie in einer Ausweichbewegung, weil uns die Moderne mit dem wilden, privaten Tod konfrontiert, den wir jeder für uns allein sterben müssen – und das wollen wir logischerweise so lange wie möglich hinauszögern. So kommt die Kategorie der Dauer überhaupt erst ins Spiel, als logische Folge der Angst. Wenn, wie Wittgenstein sagt, die »Lösung des Rätsels des Lebens in Raum und Zeit (…) außerhalb von Raum und Zeit« liegt, hat das etwas zutiefst Versöhnliches, denn wir werden dieses Rätsel nie lösen können. Nicht, solange man lebt. Alles andere ist alles andere.

15. *Ich möchte, dass in meinem Nachruf steht:*
    Er hatte gelernt, keine Angst vor dem Tod zu haben.

    Na ja, fast keine.

IV *Eine ungeheure Reise*

Ist es denn nicht einfach so, dass die Poesie des menschlichen Lebens darin liegt, dass wir alle sterben werden? Und vorher gelebt haben. Und es am Ende keinen Unterschied gibt: Niemand ist so privilegiert, dass er von der Tatsache des Todes ausgenommen wäre. Wäre es anders, gäbe es kein Empfinden von Unrecht, keinen Kampf um Gerechtigkeit, keinen Prozess der Zivilisation. Nur weil wir sterblich sind, können wir gut sein.

Und wie geht Franz Kafkas Geschichte »Der Aufbruch« weiter? So:

»Du hast keinen Essvorrat mit«, sagte er. »Ich brauche keinen«, sagte ich, »die Reise ist so lang, dass ich verhungern muss, wenn ich auf dem Weg nichts bekomme. Kein Essvorrat kann mich retten. Es ist ja zum Glück eine wahrhaft ungeheuere Reise.«

Zwölf Merksätze
zur Beantwortung der Frage:
Wer will ich gewesen sein?

Das Leben hat mich gewagt.

Der Raum der Veränderung ist innerhalb,
nicht außerhalb unserer Grenzen.

Die Zeit der Veränderung ist die Gegenwart,
nicht die Zukunft.

Ziele sind keine Handlungen.

Aufhören braucht einen Grund,
aber aufhören zu können, braucht Können.

Aufhören sichert das Erreichte,
weitermachen banalisiert es.

Mit Glaubenssätzen kommt man nicht weiter.

Mit Konjunktiven auch nicht.

Das Wort »eigentlich« ist zu vermeiden.

Die Bedeutung eines Lebens hängt nicht
von seiner Dauer ab.

Der Schluss muss vor dem Ende gedacht werden.

Es gibt ein Leben vor dem Tod. Und nur da.

Anmerkungen

I *Weg von hier*

1 Frankfurter Allgemeine Zeitung, 11. 12. 2020, S. 6.
2 Diamond, Jared: Kollaps. Warum Gesellschaften überleben oder untergehen. Frankfurt/M.: Fischer 2005.
3 Welzer, Harald: Klimakriege. Wofür im 21. Jahrhundert getötet wird. Frankfurt/M.: Fischer 2008.
4 Dieser Gedanke taucht im Roman »Die Straße« von Cormack McCarthy auf.
5 Wichtig für die Begründung des 2- bzw. 1,5-Grad-Zieles ist die Möglichkeit, dass bei Überschreiten dieser Werte unkorrigierbare Dynamiken entstehen, deren Folgen sich wechselseitig verstärken – so etwa besonders prägnant dazu Lenton, T. M. et al. (2019), deren Titel »Climate tipping points – too risky to bet against«, schon die Richtung vorgibt: »We argue that the intervention time left to prevent tipping could already have shrunk towards zero, whereas the reaction time to achieve net zero emissions is 30 years at best. Hence we might already have lost control of whether tipping happens.«
6 So sagt einer der wichtigsten Klimaforscher, Stefan Rahmstorf, in einem Interview: »Bereits bei 1,7 oder 1,8 Grad werden wir weltweit den Großteil der Korallenriffe verlieren, bei zwei Grad werden wir alle verlieren. Das Great Barrier Reef in Australien ist in den vergange-

nen Jahren zur Hälfte ausgebleicht. Diese Naturwunder sterben bereits. Ein weiteres Problem ist der Verlust der großen Eisschilde, wie etwa auf Grönland. Es gibt einen Kipppunkt, an dem das Schmelzen des Grönland-Eises unaufhaltsam wird. Wir wissen aber nicht, wo er genau liegt. Mit jedem Zehntelgrad über 1,5 Grad hinaus steigt das Risiko, dass wir ihn überschreiten und Inselstaaten und Küstenstädte später aufgeben müssen. Bei einer Erwärmung über 1,5 Grad wird die Welt nicht mit einem großen Knall untergehen – diese Vorstellung mancher Aktivistinnen und Aktivisten ist unbegründet. Aber wir laufen in ständig größere Risiken hinein und werden immer mehr verlieren, an Biodiversität, Ökosystemen, Ernährungssicherheit – mit jedem Zehntelgrad, das wir über die 1,5 Grad hinausgehen.« (https://www.rnd.de/politik/klimaforscher-rahmstorf-wir-mussen-mehr-uber-losungen-diskutieren-7K3YKDQF4FEBZMTVUSJSCZNPIE.html))

7 Horn, Eva: Zukunft als Katastrophe. Frankfurt/M.: Fischer 2014.

8 https://de.statista.com/statistik/daten/studie/185394/umfrage/entwicklung-der-lebenserwartung-nach-geschlecht/

9 Pinker, Steven: Gewalt. Eine neue Geschichte der Menschheit. Frankfurt/M.: Fischer 2011.

10 Zitiert nach Nassehi, Armin & Weber, Georg: Tod, Modernität und Gesellschaft. Entwurf einer Theorie der Todesverdrängung. Wiesbaden: VS 1989, S. 134.

11 Ariès, Philippe: Geschichte des Todes. München: dtv 2005, S. 30.

12 Ebd., S. 123.

13 Berger, Peter L. & Luckmann, Thomas: Die gesellschaftliche Konstruktion der Wirklichkeit. Eine Theorie der Wissenssoziologie. Frankfurt/M.: Fischer 1970, S. 108.

14 Ebd., S. 109.

15 Ariès (wie Anm. 11), S. 412.

16 Sloterdijk, Peter: Den Himmel zum Sprechen bringen: Über Theopoesie. Berlin: Suhrkamp 2020.

17 Nassehi & Weber (wie Anm. 10), hier insbesondere die Seiten 113 bis 155.

18 Horkheimer, Max & Adorno, Theodor W.: Dialektik der Aufklärung. Frankfurt/M.: Fischer 1969, S. 19.

19 Elias, Norbert: Über die Einsamkeit der Sterbenden in unseren Tagen. Frankfurt/M.: Suhrkamp 1982, S. 46.

20 Uwe Volkmann: Gras im Wind? Frankfurter Allgemeine Zeitung, 6.4.2021, S. 7

21 Ausgerechnet diese Sendung diente einem Autor der Neuen Zürcher Zeitung zu einer langen Abhandlung über die Unterschiede in der Professionalität von Home-Aufzeichnungen in Zeiten der Pandemie. Ich wurde als Beispiel für den wissenschaftlichen Medienprofi herangezogen, der mit professioneller Licht-, Kamera- und Tonanlage technisch perfekt auf die mediale Herausforderung reagiert habe. Medienprofi, lustig. Meine komplette Ausstattung bestand (und besteht) aus einem sieben Jahre alten MacBook Air, und ich selbst stand wenige Minuten vor einem Herzinfarkt.

22 Tolstoi, Leo: Der Tod des Iwan Iljitsch. Stuttgart: Reclam 1965 (1886), S. 7.

23 Sloterdijk (wie Anm. 16), S. 107.

24 Das gilt nicht, wenn sie – etwa aufgrund einer Pandemie – als zu begründende und zeitlich befristete Ausnahme eingeführt wird, über deren Verlängerung jeweils das Parlament befindet.

25 Kopatz, Michael: Schluss mit der Ökomoral! Wie wir die Welt retten, ohne ständig daran zu denken. München: oekom 2019, S. 27.

26 Die folgenden Absätze sind überarbeitete Fassungen eines Textes mit dem Titel »Wissen wird überbewertet«, der in den Beiheften zur Berliner Theologischen Zeitschrift im Verlag de Gruyter am 23.8.2021 erschienen ist.

27 Patel, Raj & Moore, Jason W.: Entwertung. Eine Geschichte der Welt in sieben billigen Dingen. Berlin: Rowohlt 2018, S. 141.

28 Ebd., S. 141 ff. Die Bundesrepublik hat im Februar 2021 das »Lieferkettengesetz« verabschiedet, das einen ersten Schritt zum Durchbrechen der organisierten Verantwortungslosigkeit innerhalb der Lieferketten geht, in dem

es deutsche Unternehmen (zunächst große Konzerne) in Haftung dafür nimmt, wenn ihre Subunternehmer etwa Kinder arbeiten lassen oder Arbeitsschutzstandards nicht einhalten.

29 Zitiert nach Gronemeyer, Marianne: Die Grenze. Was uns verbindet, indem es trennt. München: oekom 2018, S. 117.

30 Bloch, Ernst: Experimentum Mundi. Werkausgabe Bd. 15. Frankfurt/M.: Suhrkamp 1977, S. 237.

31 Ebd., S. 231.

32 Ebd., S. 235.

33 Welzer, Harald: Täter. Wie aus ganz normalen Menschen Massenmörder werden. Frankfurt/M.: Fischer 2005.

34 Die folgenden Überlegungen sind eine überarbeitete Fassung von Auszügen aus Welzer, Harald: Mentale Infrastrukturen. Wie das Wachstum in den Geist und in die Seele kam. Berlin: Heinrich-Böll-Stiftung, 2011.

35 Kohli, Martin: »Normalbiographie und Individualität: Zur institutionellen Dynamik des gegenwärtigen Lebenslaufregimes«, in: Hanns-Georg Brose und Bruno Hildenbrand (Hg.), Vom Ende des Individuums zur Individualität ohne Ende. Opladen: Westdeutscher Verlag 1988, S. 35.

36 Brose, Hanns-Georg & Hildenbrand, Bruno (Hg.): Vom Ende des Individuums zur Individualität ohne Ende. Opladen: Westdeutscher Verlag, S. 13.

37 Vogl, Joseph: Kalkül und Leidenschaft. Poetik des ökonomischen Menschen. Zürich: diaphanes 2009.

38 Ebd.

39 Vogl (wie Anm. 37), S. 336.

40 Schivelbusch, Wolfgang: Geschichte der Eisenbahnreise. Zur Industrialisierung von Raum und Zeit im 19. Jahrhundert. Frankfurt/M.: Fischer 1977.

41 Ullrich, Wolfgang: Habenwollen. Wie funktioniert die Konsumkultur. Frankfurt/M.: Fischer 2006.

42 Osterhammel, Jürgen: Die Verwandlung der Welt. Eine Geschichte des 19. Jahrhunderts. München: Beck 2010, S. 936.

43 Ebd., S. 937.

44 Laplanche, Jean & Pontalis, Jean Bertrand: Das Vokabular der Psychoanalyse. Frankfurt/M.: Suhrkamp 1973, S. 357.

45 Hagner, Michael: Der Hauslehrer. Die Geschichte eines Kriminalfalls. Frankfurt/M.: Suhrkamp 2010.

46 Osterhammel (wie Anm. 42), S. 1131.

47 Welzer, Mentale Infrastrukturen (wie Anm. 34).

48 Horkheimer & Adorno (wie Anm. 18), S. 10.

49 Ebd., S. 15.

50 Redecker, Eva von: Revolution für das Leben. Philosophie der neuen Protestformen. Frankfurt/M.: Fischer 2020, S. 115.

51 Marx, Karl: Das Kapital Bd. 1, Berlin: Dietz 1962, S. 529 ff.

52 Horkheimer & Adorno (wie Anm. 18), S. 32.

53 Ebd., S. 38.

54 Wittgenstein, Ludwig: Tractatus logico-philosophicus. Frankfurt/M.: Suhrkamp 1980, S. 105 ff.

55 Heidbrink, Ludger: Ambivalenzen des Finalismus. Unv. Vortragsmanuskript 2004, S. 8.

56 Horn (wie Anm. 7), S. 387.

57 Willemsen, Roger: Wer wir waren. Frankfurt/M.: Fischer 2016, S. 43.

58 Ebd.

59 Ebd., S. 31.

60 Hüther, Gerald; Adler, Lothar & Rüther, Eckart: Die neurobiologische Verankerung psychosozialer Erfahrungen. Zeitschrift für psychosomatische Medizin, Jg. 45, 1999, S. 2–17.

61 Tomasello, Michael: Mensch werden. Eine Theorie der Ontogenese. Berlin: Suhrkamp 2020, S. 57.

62 Markowitsch, Hans-J. & Welzer, Harald: Das autobiographische Gedächtnis: hirnorganische Grundlagen und biosoziale Entwicklung. Stuttgart: Klett-Cotta 2005.

63 Tomasello (wie Anm. 61), S. 23.

64 Van Schaik, Carel van & Isler, Karin: Gehirne, Lebensverläufe und die Evolution des Menschen. In Fischer, Ernst-Peter & Wiegandt, Klaus (Hg.): Evolution und Kultur des Menschen. Frankfurt/M.: Fischer, 2010, S. 143 f.

65 Schrenk, Friedemann: Menschwerdung I: Die Auskunft

der Fossilien. In Fischer, Ernst-Peter & Wiegandt, Klaus (Hg.): Evolution und Kultur des Menschen. Frankfurt/M.: Fischer, 2010, S. 47.

66 Tomasello (wie Anm. 61), S. 223.

67 Arendt, Hannah: Vita Activa oder Vom tätigen Leben. München: Piper 1981, S. 232.

68 Ebd., S. 239.

69 Ebd., S. 241

70 Diese Formulierung verweist auf die klassische Trennung von Natur und Menschen auch bei Arendt, aber das spielt für das hier wiedergegebene Argument keine Rolle.

71 Ebd., S. 242

72 Ebd., S. 243.

73 Ebd.

II *Geschichten vom Aufhören und vom Leben*

74 https://www.deutschlandfunkkultur.de/tino-sehgal-im-berlinergropius-bau-kunst-die-nicht-von.1013.de.html?dram:article_id=323682

75 https://taz.de/!598519/

76 Die folgende Beschreibung ist eine Gemeinschaftsproduktion von realities:united und mir, die in anderer Fassung schon in dem von Jörg Metelmann und mir herausgegebenen Band »Imagineering« erschienen ist (vgl. Metelmann, Jörg & Welzer, Harald (Hg.): Imagineering. Wie Zukunft gemacht wird. Frankfurt/M: Fischer 2020, S. 145 ff.).

77 Arendt (wie Anm. 67), S. 242.

78 https://www.spiegel.de/psychologie/christiane-zu-salm-im-porsche-heult-man-nicht-a-c65f57d1-9e25-4ae5-89dd-57011b479671

79 Salm, Christiane zu: Dieser Mensch war ich. Nachrufe auf das eigene Leben. München: Goldmann 2013.

80 Glaser, Barney G. & Strauss, Anselm: Interaktion mit Sterbenden. Beobachtungen für Ärzte, München/Ravensburg: Grin 2008.

81 Macho, Thomas: Das Leben nehmen. Suizid in der Moderne. Frankfurt/M.: Suhrkamp 2018.
82 Reckhaus, Hans-Dietrich: Fliegen lassen. Wie man radikal und konsequent neu wirtschaftet. Hamburg: Murmann 2020.

III *Nachruf auf mein zu lebendes Leben*

83 Weick, Karl E. & Sutcliff, Kathleen M.: Managing the Unexpected. Resilient Performance in an Age of Uncertainty. New York: Wiley 2007.
84 Arendt, Hannah: Elemente und Ursprünge totaler Herrschaft. München: Piper 1973, S. 573.
85 Zitiert nach Peter Longerich: Judenverfolgung und nationalsozialistische Öffentlichkeit. In: Kristin Platt (Hg.), Reden von Gewalt. München: Fink 2002, S. 237.
86 Arendt (wie Anm. 84), S. 557 ff.
87 Andre Wilkens & Stephan Wegner, Der Spieler. Wie man mit Skat die Welt verstehen kann. In Dana Giesecke et al. (Hg.), Welzers Welt. Störungen im Betriebsablauf, S. 437–443. Frankfurt/M.: Fischer 2018.
88 Norbert Elias, Studien über die Deutschen. Frankfurt/M.: Suhrkamp 1989, S. 320.
89 www.futurzwei.org
90 https://www.nzz.ch/geschichte/die-vielen-gesichter-der-dummheit-ld.1608417
91 Robert Musil, Der Mann ohne Eigenschaften. Reinbek: Rowohlt 1981, S. 679.
92 Otl Aicher, Innenseiten des Krieges. Frankfurt/M.: Fischer 1985, S. 35 (i. O. alles in Kleinschreibung).
93 http://www.tanzlinde-peesten.de/historische-tanzlinde/historische-tanzlinde.html

Danksagung

Ich habe von einigen Menschen bei der Arbeit an diesem Buch sehr viel gelernt: von Reinhold Messner, Johannes Heimrath, Katja Baumgarten, Christiane zu Salm, Thomas Kessler, Hans-Dietrich Reckhaus, Peter Sillem, Klaus Wiegandt – vielen Dank dafür und für die Zeit und die Gedanken, die ihr mir geschenkt habt! Jochen Hein und Hans Ulrich Gruber waren extrem hilfsbereit und haben Fotos und Informationen beigesteuert – in der Hoffnung auf ein baldiges Wiedersehen mit großem Dank! Von der wirklich großartigen Fotografin Debora Mittelstaedt stammt das Coverfoto, vielen Dank dafür! Die Zeit des Schreibens an diesem Buch fiel mit diversen Lockdowns zusammen und daher mit langen gemeinsamen Zoom-Abenden, in denen es immer auch um die Gedanken zu diesem Buch ging – fürs Zuhören, Beisteuern von Ideen und Inspiration danke ich sehr herzlich Siegrun Appelt, Heidi Borhau und Alexander Roesler.

Und ein ganz besonderer Dank gilt Sonja Diekmann, weil sie die Grundvoraussetzung für dieses Buch geschaffen hat: dass sein Autor nämlich noch am Leben ist.

Berlin, im Juli 2021

Abbildungsnachweis

Abb. 1: picture alliance / ASSOCIATED PRESS
©Maxar Technologies

Abb. 2: ©AIP/Archiv

Abb. 3: picture-alliance / ZB | Thomas Schulze

Abb. 4: lucas jackson | Lucas Jackson

Abb. 5: privat

Abb. 6: picture alliance / REUTERS | Yves Herman

Abb. 7: BILD Infografik

Abb. 8: Bloomberg / Kontributor via Getty Images

Abb. 9: © Steffen Kugler / Bundesregierung-Pool
via Getty Images

Abb. 10: Richard Baker / In Pictures via Getty Image

Abb. 11: Foto: Nicholas Czichi-Welzer

Abb. 12: ©IMAGO / Jochen Eckel

Abb. 13: privat

Abb. 14: ©WDR / Oliver Ziebe

Abb. 15: Kunsthistorisches Museum

Abb. 16: BIG Vortex, © realities:united, 2011

Abb. 17: Fazit (Frimmersdorf), realities:united, 2011/ 2019,
digitale Montage basierend auf einer Fotografie
von Arne Hückelheim (CC BY-SA 3.0)

Abb. 18: Foto: privat

Abb. 19: privat

Abb. 20: Foto: Nikolaus Huhn

Abb. 21: Foto von David Clay from Liverpool,
United Kingdom, commons.wikimedia.org
Abb. 22: Foto: Andreas Labes
Abb. 23: shutterstock /Balakate
Abb. 24: © UNITED STATES DEPARTMENT OF ENERGY
WASTE ISOLATION PILOT PLANT
Abb. 25: Hans Ulrich Gruber

Register